本书由四川师范大学学术著作出版基金资助

脱贫成果巩固与乡村振兴衔接机制研究
——以四川达川区为例

张　果　冯　庆　著

科　学　出　版　社
北　京

内 容 简 介

本书以“达川区脱贫成果巩固与乡村振兴有机衔接机制研究”项目研究成果为主要内容，介绍达川区脱贫成果巩固与乡村振兴衔接背景，总结脱贫成果巩固机制、路径与模式成果，探究脱贫成果巩固与乡村振兴衔接机制、路径与模式，实证调研达川区脱贫成果巩固与乡村振兴衔接状况，通过理论分析和实践探索，梳理达川区脱贫成果巩固经验及乡村振兴机制、路径和模式，并推广到其他类似地区，形成在全国范围可借鉴、可推广的经验范式。

本书可作为地理学、社会学、经济学、管理学等专业本科生和研究生的参考读物，也可供从事公益事业和经济管理相关工作的人员阅读。

图书在版编目(CIP)数据

脱贫成果巩固与乡村振兴衔接机制研究：以四川达川区为例 / 张果，冯庆著. —北京：科学出版社，2023.5

ISBN 978-7-03-069381-5

Ⅰ. ①脱… Ⅱ. ①张… ②冯… Ⅲ. ①扶贫-研究-四川 ②农村-社会主义建设-研究-四川 Ⅳ. ①F127.71 ②F327.71

中国版本图书馆 CIP 数据核字（2021）第 141122 号

责任编辑：刘莉莉 / 责任校对：彭 映

责任印制：罗 科 / 封面设计：墨创文化

科学出版社出版

北京东黄城根北街16号

邮政编码：100717

http://www.sciencep.com

四川煤田地质制图印务有限责任公司印刷

科学出版社发行 各地新华书店经销

*

2023年5月第 一 版 开本：787×1092 1/16

2023年5月第一次印刷 印张：11

字数：259 000

定价：129.00 元

（如有印装质量问题，我社负责调换）

前　言

持续全面推进脱贫成果巩固与乡村振兴有效衔接，是脱贫攻坚与乡村振兴交汇过渡时期的一项重大战略任务。打赢脱贫攻坚战是我国全面建成小康社会、实现第一个百年奋斗目标的一项重大政治任务；乡村振兴战略是新时代做好“三农”工作的总抓手，是全面建设社会主义现代化国家、实现“两个一百年”奋斗目标的重大历史任务，两者一脉相承，存在着紧密的逻辑关系。2020 年 3 月，习近平总书记在决战决胜脱贫攻坚座谈会上指出，“接续推进全面脱贫与乡村振兴有效衔接”。对于全国，尤其是原贫困地区，脱贫成果巩固是乡村振兴的重要组成部分，是为乡村振兴补短板。尽管脱贫攻坚工作取得了胜利，但是脱贫成果巩固与乡村振兴的衔接部分依然面临着一定的缺失与空白。同时，全面建设社会主义现代化国家，最艰巨、最繁重的任务在农村，最广泛、最深厚的基础也在农村，最大的潜力和后劲同样也在农村。

把脱贫成果巩固与乡村振兴结合进行研究，特别是创新研究脱贫成果巩固与乡村振兴互联、互促、互相衔接机制，在全国相关研究中尚属空白。脱贫成果巩固与乡村振兴衔接在学界虽然有不少的实践经验，但少有系统的逻辑体系和理论成果。本书通过梳理达川区现有的乡村振兴规划和脱贫成果巩固机制、路径与模式成果，从理论和实践方面探索总结区域脱贫成果巩固与乡村振兴的互联、互促、互助机制、路径和模式。达川区位于川东北秦巴山区，于 2019 年 4 月退出贫困县序列。因此，本书以达川区为研究对象，关注的核心问题是原贫困区（县）稳定脱贫成果问题与可持续发展问题：国家、省、市、县级各层面的政策、资金等资源如何作用于原贫困区（县），原贫困区（县）又以怎样的工作机制作用于原贫困村，原贫困村为实现脱贫成果巩固又以怎样的机制作用于原贫困户，原贫困户又如何借助脱贫机制、脱贫路径、脱贫模式实现脱贫巩固和乡村振兴。为厘清这一问题，本书结合达川区的实际案例分析了达川区花石岩村、肖家村等地区脱贫成果巩固与乡村振兴衔接较好的做法，从理论和实践层面，深入探讨“达川区脱贫成果巩固与乡村振兴衔接机制”“达川区脱贫成果巩固与乡村振兴衔接路径”“达川区脱贫成果巩固与乡村振兴衔接模式”，形成在全国可以借鉴并推广的达川经验。

本书共有十章。第 1 章介绍研究背景、研究目的及意义、国内外研究现状和研究理论与概念基础；第 2 章从达川区区域现状、脱贫成果巩固现状、脱贫成果巩固实施路径、乡村振兴规划、脱贫成果巩固与乡村振兴衔接 5 个方面介绍达川区脱贫成果巩固与乡村振兴衔接的产生背景；第 3 章为实证研究部分，以达川区花石岩村、肖家村与成都村 3 个原典型贫困村为研究对象，介绍了研究区域概况、研究方法、脱贫概况、脱贫成果巩固与乡村振兴的衔接状况；第 4 章是达川区脱贫成果巩固研究，可总结为脱贫成果巩固的机制成果、路径成果与模式成果；第 5～7 章引用大量案例，结合达川区脱贫成果巩固与乡村振兴实际情况，全面研究总结了达川区脱贫成果巩固与乡村振兴衔接机制作用、路径作用与模式作用；第 8～10 章根据大量的客观资料探讨了达川区脱贫成果巩固与乡村振兴衔接的机制推广、路径推广、模式推广，形成在全国可以借鉴并推广的达川经验，为其他原贫困地区统筹衔接脱贫成果巩固与乡村振兴提供借鉴意义。

本书由张果负责拟题、统筹协调，本书的编写由张果、冯庆负责，对本书做出贡献的还有任平、曾永明、陈玉琴、杨锦、彭滔、李心悦。本书得到了四川省乡村振兴局、达川区乡村振兴局及多个基层调研地点有关单位的大力支持，更得到了调研区域所在社区、村委的理解和支持，在此对上述单位及人员表示诚挚的感谢。本书参考了大量文献著作，因篇幅有限，并未一一列出，在此向原作者表示歉意和感谢。

尽管本书的撰写已经完成，但科研工作一直在路上，我们将倍加努力，多深入基层，多倾听群众声音，多出有价值的成果。由于主客观条件的限制，书中难免存在不足之处，如案例研究中提出的某些实践经验是否具有普遍性、可复制性、可借鉴性等，仍有待进一步验证，恳请各位专家同仁不吝赐教，不胜感激。

目　录

第1章 绪 论

1.1 研究背景

1.1.1 脱贫攻坚背景

1. 2020年是脱贫攻坚战的收官之年

2020年10月17日，在第七个国家扶贫日到来之际，习近平总书记对全国脱贫攻坚工作做出重要指示：现在脱贫攻坚到了最后阶段，各级党委和政府务必保持攻坚态势，善始善终，善作善成，不获全胜决不收兵。习近平总书记发出了“攻克脱贫最后堡垒”的进军号令，为决胜全面建成小康社会、决战脱贫攻坚注入了强大的思想和行动力量。

贫困地区首先要解决的问题是绝对贫困，脱贫攻坚就是要解决贫困地区，尤其是14个集中连片特困地区的绝对贫困问题。脱贫攻坚的重点就是要具体对待不同的贫困地区，在微观的视角上实施具体措施，推动贫困地区早日消除绝对贫困，为之后发展该地区奠定更加牢固的基础。无论是从中央一号文件制定的乡村振兴战略路线图，还是从尽快补齐相关短板的角度，如期脱贫都是实施乡村振兴战略的基础条件。打好脱贫攻坚战是实现乡村振兴战略优先考虑的任务，也是基础任务。

2014年，我国832个贫困县名单公布，涉及22个省(区、市)。其中，贫困县覆盖率最高的是西藏，全区74个县都是贫困县。当时，全国贫困县的面积总和占国土面积的1/2，全国大约每三个县中就有一个是贫困县。从2016年开始，我国贫困县逐年脱贫，退出数量在2019年达到峰值。2012年以来，连续7年我国每年减贫人口都在1000万人以上，贫困人口从2012年底的9899万人减至2019年底的551万人，贫困发生率从10.2%降至0.6%。区域性整体贫困基本得到解决，贫困群众收入水平大幅度提高，自主脱贫能力稳步提高，贫困群众“两不愁”质量水平明显提升，“三保障”突出问题总体解决。2020年初，国务院扶贫开发领导小组对2019年底未摘帽的52个贫困县实施挂牌督战。截至2020年11月23日，2019年底未摘帽的52个贫困县全部脱贫摘帽。

“十三五”期间，我国在脱贫攻坚政策上、机制上和路径上取得了一定的成果。在政策方面，国家出台了《“十三五”脱贫攻坚规划》《关于支持深度贫困地区脱贫攻坚的实施意见》《中共中央 国务院关于打赢脱贫攻坚战三年行动的指导意见》等政策。国家在《“十三五”脱贫攻坚规划》中指出，“十三五”时期，是全面建成小康社会、实现第一个百年奋斗目标的决胜阶段，也是打赢脱贫攻坚战的决胜阶段。党的十八大以来，我国把扶贫开发摆到治国理政的重要位置，提升到事关全面建成小康社会、实现第一个百年奋斗目标的新高度，纳入“五位一体”总体布局和“四个全面”战略布局进行决策部署，加大扶贫投入，创新扶贫方式，出台系列重大政策措施，扶贫开发取得巨大成就。“十三五”时期，新型工业化、信息化、城镇化、农业现代化同步推进和国家重大区域发展战略加快实施[1]，为贫困地区发展提供了良好环境和重大机遇，特别是国家综合实力不断增强，为打赢脱贫攻坚战奠定了坚实的物质基础①。《关于支持深度贫困地区脱贫攻坚的实施意见》指出，自然条件差、经济基础弱、贫困程度深，是脱贫攻坚中的硬骨头，补齐这些短板是脱贫攻坚决战决胜的关键之策；中央统筹，重点支持“三区三州”，新增脱贫攻坚资金、新增脱贫攻坚项目、新增脱贫攻坚举措主要用于深度贫困地区……构建起适应深度贫困地区脱贫攻坚需要的支撑保障体系；中央和国家机关有关部门要落实行业主管责任，对“三区三州”和其他深度贫困地区、深度贫困问题，予以统筹支持解决；地方要统筹整合资源，紧盯最困难的地方，瞄准最困难的群体，扭住最急需解决的问题，集中力量解决本区域内深度贫困问题。

省级层面的政策以四川为例，四川省“十三五”期间出台了《四川省“十三五”脱贫攻坚规划》《关于打赢脱贫攻坚战三年行动的实施意见》等文件。《四川省“十三五”脱贫攻坚规划》按照“四个全面”战略布局和省委、省政府决策部署，以“六个精准”为核心，以稳定实现贫困人口“两不愁三保障”“四个好”为重点，明确了四川省“十三五”时期脱贫攻坚的总体要求、目标任务、建设内容和重大举措，制定了脱贫攻坚路线图和时间表，这也是指导各地组织实施“十三五”时期脱贫攻坚工作的行动指南和制定相关扶贫专项规划的重要依据。《四川省“十三五”脱贫攻坚规划》提出精准实施贫困人口“五个一批”，集中解决贫困地区突出问题，大力提升贫困区域发展能力，切实形成社会帮扶脱贫合力。

县(区)级层面以达州市达川区为例，“十三五”期间，达州市达川区人民政府出台了《达州市达川区“十三五”脱贫攻坚规划(2016—2020 年)》，中共达州市达川区委、达州市达川区人民政府出台了《达州市达川区超常推进脱贫攻坚工作二十条措施》《关于打赢脱贫攻坚战三年行动的工作方案》《22 个扶贫专项 2018 年实施方案》《“19+1”个扶贫专项 2019 年实施方案》等支持政策，以及相关部门创新设计了“财政因素分配法”“沉底指数管理办法”等扶贫工作条例。这些政策条例都是脱贫攻坚取得成效、达到脱贫目标的重要前提。

在机制方面，“十三五”期间达川区取得了扶贫保障支撑机制、扶贫协同支撑机制、扶贫“识别、激励、退出”三步化工作机制、外在力量和内生动力互动机制的成果，为脱贫攻坚政策、资金、人力得到落实提供了重要的保障。扶贫保障支撑机制包括三方面内容。一是基础设施建设支撑。达川区在交通道路方面，贫困村道路路网基本形成，农村公路路网得到进一步改善；在通信扶贫方面，达川区 142 个贫困村在 2017 年就全面完成了通信脱贫任务；在水利扶贫方面，2018 年达川区在饮水安全、产水配套、水生态治理、重点水源工程等方面取得了成效。二是社会保障支持。达川区上调了农村低保标准，发放“低保兜底”脱贫补差资金，发放贫困残疾人补助资金等。三是财政补助

① 中华人民共和国中央人民政府网，《乡村振兴战略规划(2018—2022 年)》，参见 http://www.gov.cn/zhengce/2018-09/26/content_ 5325534.htm，[2018-09-26]。

帮扶。达川区强化财政要素保障，完善财政扶贫政策，创新财政扶贫方式，增强贫困群众内生动力和自我发展能力，精准使用扶贫资金，提升资金使用效益。在扶贫协同支撑机制下，建立“五个一”帮扶力量协调推进工作机制，即每个贫困村有一名联系领导、一个帮扶单位、一个驻村工作组、一名“第一书记”、一名农技员。达川区成立“5+2”“3+2”帮扶力量协调小组，加强对全区贫困村“5+2”和非贫困村“3+2”驻村帮扶工作的组织领导。同时，达川区还建立了省级部门、高校、医院、省内经济发达市县分别结对帮扶贫困地区的对口帮扶机制，国有企业、金融机构及民营企业积极参与脱贫攻坚的企业帮扶机制，社会组织、各界人士通过各种形式参与扶贫的社会扶贫机制。达川区形成扶贫“识别、激励、退出”三步化工作机制，依托“六有”大数据平台建档立卡，构建扶贫精准识别机制，建立了达川区十大民生救助制度，包括自然灾害受灾户救助制度、特殊病种救助制度、高龄老人津贴制度、残疾人专项救助制度等。达川区通过各级政府投入资金、人力、物力，构建扶贫激励机制，出台了 22 个扶贫专项，包括农业产业扶贫、工业产业扶贫、旅游扶贫等。达川区制定贫困县、贫困村、贫困人口的退出实施方案，通过政府考核验收、第三方评估，构建扶贫精准退出机制，制定贫困退出验收评价指标，贫困人口脱贫以户为单位，实行整户识别、整户退出。达川区以“一超”“两不愁三保障”“三有”（简称“一超六有”）为主要评价指标，综合进行评判。达川区扶贫保障支撑机制、扶贫协同支撑机制、扶贫“识别、激励、退出”三步化工作机制等外在力量，与两种形式的内生动力（以土地资源为载体的“物化资本”和以人力资源为载体的“人力资本”）相互作用，促进扶贫由“输血”向“造血”转变。

在路径方面，以“十三五”期间达川区的“六个一批”为例。一是扶持生产和就业发展一批。达川区对有劳动能力、可以通过生产和务工实现脱贫的贫困人口，加大产业培育扶持和就业帮助力度，因地制宜发展贫困人口参与度高的区域特色产业，坚持“一村一品、多村一品”连片推进；用好用足促进就业创业的扶持政策，开展免费创业培训；抓好劳务培训，强化转移就业和就业对接服务，通过务工实现稳定脱贫；落实鼓励支持外出务工人员回乡创业政策措施，加强创业指导服务，以回乡创业带领贫困群众就业增收。“十三五”期间，达川区贫困人口中 25 374 名有劳动能力、可以通过生产和务工实现脱贫的贫困人口通过发展生产和务工实现稳定脱贫。二是移民搬迁安置一批。达川区对生存环境恶劣、生态环境脆弱、不具备基本发展条件的地方，以及居住过于分散、基础设施和公共服务设施配套难达到居住条件，又没有能力搬迁的贫困人口，采取集中安置和分散安置两种方式，实施移民搬迁安置，做到实施一个项目、安置一方群众、实现一方脱贫。三是低保政策兜底一批。以达川区为例，“十三五”期间锁定建档立卡符合低保政策兜底对象，将丧失劳动能力、无法通过产业扶持和就业帮助实现脱贫的特困群体 16 201 人全部纳入最低生活保障范围，通过社会保障实施政策性兜底脱贫。四是医疗救助扶持一批。“十三五”期间，达川区建立“基本医保+大病保险+医疗救助”的重大疾病救助体系，进一步提高报销比例和保障水平，逐步解决因病致贫、因病返贫突出问题。五是灾后重建帮扶一批。以达川区为例，针对达川区地震、洪涝、滑坡、泥石流等因灾致贫的 38 户 103 人，实施灾后恢复重建和发展振兴计划，有效解决因灾致贫、因灾返贫问题。六是教育解困资助一批。以达川区为例，达川区对建档立卡贫困户 15 705 名在校学生(46 751 人次)进行资助，帮助其完成学业；免收贫困家庭子女幼儿保教费，提高“三儿”经费资助比例；全面落实义务教育“三免一补”政策，逐步提高贫困寄宿生生活补助比例，同时还实施了“滋蕙计划”“雨露计划”等专项资助。这些路径都是脱贫攻坚实施的重要方式与渠道。

打赢脱贫攻坚战是全面建成小康社会的内在要求，精准扶贫是全面建成小康社会的重要保障。习近平总书记曾在多个场合中指出，全面建成小康社会，最艰巨、最繁重的任务在农村，特别是在贫困地区。可以说“没有农村的小康，特别是没有贫困地区的小康，就没有全面建成小康社会”。精准扶贫就是要从根本上将所有的贫困成员一个不漏、一个不丢地带入全面小康社会[2,3]。

打好脱贫攻坚收官战，还要千方百计巩固脱贫攻坚成果，对脱贫群众和摘帽地区，还需要不断促进发展，要全力做好原贫困劳动力稳岗就业，着力解决好扶贫产品销售问题，落实“四个不摘”，即摘帽不摘责任、政策、帮扶、监管；强化返贫监测预警，建立健全防止返贫长效机制，及时对返贫致贫人口采取有效帮扶措施；培育壮大优势产业，加强社区建设，做好易地扶贫搬迁的后续工作。要总结脱贫攻坚经验，发挥脱贫攻坚体制机制作用，接续推进巩固拓展脱贫成果同乡村振兴有效衔接[4]，激发原贫困地区贫困人口内生动力，激励有劳动能力的低收入人口勤劳致富，使脱贫群众过上幸福日子，向着逐步实现全体人民共同富裕的目标继续前进。打赢脱贫攻坚战，是促进全体人民共享改革发展成果、实现共同富裕的重大举措。

2021 年 2 月 25 日，在全国脱贫攻坚总结表彰大会上，习近平总书记宣告，在我国现行贫困标准下 9899 万农村贫困人口全部脱贫，832 个贫困县全部摘帽，12.8 万个贫困村全部出列，区域性整体绝对贫困问题得到解决，完成了消除绝对贫困的艰巨任务。脱贫地区经济社会发展大踏步赶上来，整体面貌发生历史性巨变。脱贫群众精神风貌焕然一新，增添了自立自强的信心勇气。党群干群关系明显改善，党在农村的执政基础更加牢固。我国的脱贫攻坚工作形成了减贫治贫的样本，为全球贫困问题的解决提供了参考，做出了重大贡献。

四川省作为全国脱贫攻坚任务最重的省份之一，也在精准脱贫工作中取得了重大成就。截至 2020 年底，四川省 88 个贫困县全部摘帽，11 501 个贫困村全部退出，625 万建档立卡贫困人口全部脱贫，脱贫目标如期高质量完成。

四川省的脱贫成就，可以通过“四个最”来体现。一是脱贫速度历史最快。2020 年已实现 7 个县摘帽、300 个村退出，贫困发生率从 9.6%下降至基本为 0，年均减贫人数超过 100 万人，是第一个十年扶贫开发纲要实施期间(2001～2010 年)年均脱贫人数(70 万人)的 1.43 倍，改变了以往新标准实施后减贫人数逐渐减少的局面。二是脱贫成果历史最好。党的十八大以来，四川省的脱贫工作呈现出“五个巨大变化”，即贫困群众生活水平发生了巨大变化、贫困地区基础条件发生了巨大变化、贫困地区社会事业发生了巨大变化、贫困地区发展动能发生了巨大变化、贫困群众精神面貌发生了巨大变化。三是帮扶机制历史最优。这主要是指坚持加强党的领导、坚持精准择优选派、坚持动员全社会参与。四是制度体系史上最优。主要是指精准对象识别、加大资金投入、严格脱贫退出、着力稳定脱贫以及从严监督考核。2021 年，四川省从集中资源支持脱贫攻坚转向巩固拓展脱贫攻坚成果和全面推进乡村振兴。

2. 脱贫攻坚成果需要持续巩固拓展

新时代脱贫攻坚目标任务如期完成，但贫困问题具有复杂性和系统性，脱贫摘帽无法保证一劳永逸，返贫致贫风险仍然存在，打赢脱贫攻坚战后，对有关方面仍然需要持续关注。巩固拓展脱贫攻坚成果，对于可持续和稳定脱贫具有重要意义，也是在为全面建设社会主义现代化国家奠定基础。

党和国家高度重视巩固拓展脱贫攻坚成果。我国巩固拓展脱贫攻坚成果的任务依然艰巨。我国在脱贫攻坚中取得了重大成就，但脱贫攻坚具有“攻坚”性质，同时贫困问题具有复杂性和系统性，仍然存在部分方面需要持续关注：一是返贫致贫风险仍然存在，脱贫不稳定户、边缘户和特殊困难群体具有较高返贫致贫风险；二是部分脱贫户有“精神贫困”层面的“等靠要”思想，内生发展动力不足；三是产业扶贫的可持续性问题，产业扶贫由政府主导，目标具有短期性，部分产业存在同质化问题，带动能力有待提升，市场作用发挥不足；四是“两不愁三保障”问题，核心指标要持续关注，如脱贫户住房现在是否处于危房边缘，或现在不是危房，但未来有可能变成危房；五是脱贫户的持续增收问题，增收是稳定脱贫的重要基础；六是政策的调整与衔接问题，脱贫攻坚结束之后，需要充分研究政策的“变不变”和“怎么续”的问题，如驻村帮扶政策、易地扶贫搬迁后续扶持政策等。

必须加强对农村相对贫困的治理，以中共十九届五中全会通过的《中共中央关于制定国民经济和社会发展第十四个五年规划和二〇三五年远景目标的建议》为指引，对相对贫困群体提供持续增收的制度保障。因为，随着绝对贫困的消除，相对贫困将成为我国接下来反贫困工作的重点。为巩固拓展脱贫攻坚成果，针对低收入群体的特征，需要保持现有帮扶政策的总体稳定，对已经脱贫的群体要“扶上马，送一程”，在一定期限内做到“摘帽不摘责任、摘帽不摘政策、摘帽不摘帮扶、摘帽不摘监管”[4]；需要保持现有的各方面投入，保持财政投入力度总体稳定，强化易地扶贫搬迁后续扶持，特别是要持续推进扶贫产业发展壮大；需要做好制度保障，健全防止返贫动态监测和帮扶机制，加强对脱贫不稳定户、边缘易致贫户、收入骤减或支出骤增户的监测，提前采取措施给予有效帮扶。通过一揽子举措，从主体、制度、机制多方面，实现对脱贫攻坚成果的巩固拓展。

1.1.2　乡村振兴背景

1. 乡村振兴战略是新时代“三农”问题的总抓手

实施乡村振兴战略是关系全面建设社会主义现代化国家的全局性、历史性任务。党的十九大报告提出，要坚持农业农村优先发展，按照产业兴旺、生态宜居、乡风文明、治理有效、生活富裕的总要求，建立健全城乡融合发展体制机制和政策体系，加快推进农业农村现代化。其中，农业农村现代化是实施乡村振兴战略的总目标，坚持农业农村优先发展是总方针，产业兴旺、生态宜居、乡风文明、治理有效、生活富裕是总要求，建立健全城乡融合发展体制机制和政策体系是制度保障。党的二十大报告提出，全面推进乡村振兴，坚持农业农村优先发展，巩固拓展脱贫攻坚成果，加快建设农业强国，扎实推动乡村产业、人才、文化、生态、组织振兴。

脱贫攻坚目标任务完成后，“三农”工作重心将实现向全面推进乡村振兴的历史性转移。因此，新时代“三农”工作必须围绕农业农村现代化这个总目标来推进。长期以来，为解决好吃饭问题，我国不断推进农业现代化，取得了很大的进步。截至 2020 年 10 月，全国农作物耕种收综合机械化率超过 70%，农业科技进步贡献率超过 60%①，主要农产品人均占有量均超过世界平均水平，农产品供给丰富。相比而言，农村在基础设施、公共服务、社会治理等方面仍有待加强。农村现代化既包括“物”的现代化，也包括“人”的现代化，还包括乡村治理体系和治理能力的现代化。要坚持农业现代化和农村现代化一体设计、一并推进，实现农业大国向农业强国跨越。

坚持农业农村优先发展的总方针，就是要始终把解决好“三农”问题作为全党工作的重中之重。我国一直强调，对“三农”要多予少取放活，但实际工作中“三农”工作“说起来重要、干起来次要、忙起来不要”的问题还比较突出。要扭转这种倾向，就要在资金投入、要素配置、公共服务、干部配备等方面采取有力举措，加快补齐农业农村发展短板，不断缩小城乡差距，让农业成为有“奔头”的产业，让农民成为有吸引力的职业，让农村成为安居乐业的家园。由此可见，乡村振兴是包括产业振兴、人才振兴、文化振兴、生态振兴、组织振兴的全面振兴，是“五位一体”总体布局、“四个全面”战略布局在“三农”工作中的体现。统筹推进农村经济建设、政治建设、文化建设、社会建设、生态文明建设和党的建设，促进农业全面升级、农村全面进步、农民全面发展[5]。

2020 年 10 月，中共十九届五中全会审议通过了《中共中央关于制定国民经济和社会发展第十四个五年规划和二〇三五年远景目标的建议》（以下简称《建议》）。《建议》提出优先发展农业农村，全面推进乡村振兴[6]，重点从提高农业质量效益和竞争力，实施乡村建设行动，深化农村改革，实现巩固拓展脱贫攻坚成果同乡村振兴有效衔接等方面做出部署。从《建议》的内容来看，“十四五”时期我国要解决发展不平衡不充分的问题，重点在农业农村。我国未来乡镇与农村的发展，政策倾斜必将加大，特色小镇、田园综合体、乡村振兴战略等将会是“十四五”时期的战略重点。中共十九届五中全会强调要优先发展农业农村，全面推进乡村振兴，加快推进农业农村现代化。党的二十大报告提出，全面建设社会主义现代化国家，最艰巨最繁重的任务仍然在农村。这是着眼于全面开启中国特色社会主义现代化新征程，构建以国内大循环为主体、国内国际双循环相互促进的新发展格局和防风险、守底线、保安全做出的重大部署，充分体现了总书记、党中央对“三农”工作的高度重视，以及“三农”工作作为全党工作重中之重的战略地位。

乡村建设是实施乡村振兴战略的重要任务，也是国家现代化建设的重要内容[7,8]。要牢固树立农业农村优先发展政策导向，把乡村建设摆在社会主义现代化建设的重要位

---

① 农业农村部：全国农作物耕种收综合机械化率超 70%。参见 http://www.moa.gov.cn/xw/zwdt/201912/t20191224_6333838.htm.

置，加快推进乡村全面振兴。“十四五”时期是我国实现全面建成小康社会目标后向全面建设社会主义现代化国家迈进的承上启下的关键时期，也是实现全面脱贫与乡村振兴有效衔接和平稳转型的过渡时期。要切实把全国“三农”工作的重点逐步转移到全面实施乡村振兴战略上来，为 2035 年基本实现农业农村现代化和 2050 年实现乡村全面振兴奠定坚实的基础。

2. 乡村振兴有利于建立稳定脱贫的长效机制

我国需要进一步整合农村的社会保障体系和脱贫巩固政策等，以适应新形势和新变化。同时，在脱贫成果巩固与乡村振兴相交融的特殊时期，应重点加强乡村脱贫成果巩固与乡村振兴战略有效衔接的实施路径研究。在研究中应注意，乡村振兴不是脱贫攻坚单纯意义上的继续，而是在总结脱贫攻坚成效经验后，结合乡村振兴的战略目标与总要求，在农村现代化发展中进行体制、路径、政策上的调整，以避免我国从脱贫攻坚向乡村振兴过渡时出现断裂式发展。

乡村是具有自然、社会、经济特征的地域综合体，兼具生产、生活、生态、文化等多重功能，与城镇互促互进、共生共存，共同构成人类活动的主要空间。乡村兴则国家兴，乡村衰则国家衰。我国人民日益增长的美好生活需要和不平衡不充分的发展之间的矛盾在乡村较为突出，中国社会主义仍然处于并将长期处于社会主义初级阶段的特征很大程度上也表现在乡村。实施乡村振兴战略，是解决新时代我国社会主要矛盾、实现“两个一百年”奋斗目标和中华民族伟大复兴中国梦的必然要求，具有重大现实意义和深远历史意义[1]。

绝对贫困的消除并不意味着扶贫工作的结束，实现可持续扶贫最有效的途径是建立稳定的脱贫巩固长效机制，有效避免贫困户脱贫后再返贫。乡村振兴战略将从民生保障、公共服务建设、产业发展等方面为原贫困地区和原贫困人口提供支持和帮助，实现原贫困人口在脱贫后的可持续发展，特别是对原边缘贫困人口发挥强大的作用。从脱贫攻坚与乡村振兴关系的角度来看，一系列措施为乡村振兴提供了有效的保障和奠定了坚实的基础，建立长期稳定的脱贫巩固机制，将发挥有效作用防止返贫和实现可持续扶贫的回归。从一系列乡村振兴政策和相应的脱贫巩固措施来看，两者具有一定的兼容性，在扶贫的基础上，乡村振兴将有效地巩固脱贫成果，使其可持续发展。在乡村振兴的过程中，应该增加对刚刚摆脱贫困的群体和地区的政策支持力度，可有效巩固脱贫成果，提高扶贫的质量。

同时，乡村振兴战略是建设现代化经济体系的重要基础。党的十九大报告明确提出建设现代化经济体系，并首次将“实施乡村振兴战略”作为现代化经济体系的有机组成部分。党的二十大报告也为全面推进乡村振兴指明了方向。实施乡村振兴战略是建设现代化经济体系的重要基础。农业是国民经济的基础，农村经济是现代化经济体系的重要组成部分。乡村振兴、产业兴旺是重点。实施乡村振兴战略，深化农业供给侧结构性改革，构建现代农业产业体系、生产体系、经营体系，实现农村一二三产业深度融合发展，有利于推动农业从增产导向转向提质导向，增强我国农业创新力和竞争力，为建设现代化经济体系奠定坚实基础[9,10]。

为了实现巩固拓展脱贫攻坚成果同乡村振兴有效衔接，我国对脱贫地区设立了五年过渡期。2021 年 3 月 20 日，中国发展高层论坛 2021 年会经济峰会现场，国家乡村振兴局副局长夏更生接受《每日经济新闻》记者采访时强调，五年过渡期最重要的任务，是守住坚决不能出现规模性返贫，这是一个底线目标。国家设立了五年过渡期，要建立健全一系列长效机制以防止返贫，要保持帮扶政策的总体稳定，为此有关部门已陆续出台多项相关政策，后期也将继续抓好帮扶的工作。

国家乡村振兴局副局长夏更生表示，有效推进全面乡村振兴，需要做好三件事。一是绘好一张图。要做好规划先行，按照规划稳扎稳打，久久为功。二是坚持两手抓。一手抓硬件建设，继续加强农村基础设施，提升个人居住环境；另一手抓软件建设，即农村的基本公共服务供给，同时推进乡村文化和精神文明的建设。三是促进商兴。要加快发展乡村产业，没有产业的振兴是一个空壳的振兴，也是不可持续的振兴。要促进创业，发挥新型经营主体作用，要以创业带动就业。要多渠道促进就业，强化技能培训，特别是要通过劳务输出和就近就地就业双轮驱动解决问题。

1.2 研究目的及意义

1.2.1 研究目的

(1)解决新时代发展不平衡不充分的问题。当前我国巩固拓展脱贫攻坚成果的任务依然艰巨，发展不平衡不充分问题在乡村较为突出，城乡发展差距依然较大，部分乡村地区的人口流失问题依然严峻，农产品供需、农业供给质量、农村基础设施、农村环境、农村党建等各个方面都需要改善强化，而实施乡村振兴战略是解决这些问题、实现全体人民共同富裕的必然要求。推进农业农村现代化是全面建设社会主义现代化国家的重大任务，是解决发展不平衡不充分问题的重要举措，是推动农业农村高质量发展的必然选择[10]。打赢脱贫攻坚战和全面实施乡村振兴战略都是解决发展不平衡不充分突出问题、不断满足人民日益增长的美好生活需要的重要途径[11]。

(2)解决脱贫成果巩固向乡村振兴衔接过渡的问题。脱贫攻坚解决绝对贫困问题，即解决在一定的社会生产方式和生活方式下，个人和家庭依靠其劳动所得和其他合法收入不能维持其基本的生存需要的问题，目的是实现全面小康；乡村振兴则可以解决相对贫困问题，即解决在特定的社会生产方式和生活方式下，依靠个人或家庭的劳动所得或其他合法收入虽能维持其食物保障，但无法满足在当地条件下被认为是最基本的其他生活需求的问题，目的是实现共同富裕。研究脱贫攻坚成果巩固与乡村振兴战略的统筹衔接问题，可以推动构建解决相对贫困的长效机制。

同时，在脱贫攻坚向乡村振兴衔接过渡的过程中，需要调整新时期扶贫工作的任务。首先，更加注重相对贫困问题。当前在我国一些农村地区，低收入人口、低生活水平人口仍然很多，这些人口在发展过程中有可能再次回到绝对贫困状态。巩固脱贫攻坚成果，是我国“十四五”时期的一项重要工作目标。健全防止返贫监测和帮扶机制，又是巩固拓展脱贫攻坚成果的一项重要工作内容。因此，在打赢脱贫攻坚战之后，应更加重视农村地区的相对贫困问题，扶贫应该侧重于缩小贫富差距、提高生活水平。同时，为了切实防止返贫，在高质量打赢脱贫攻坚战的基础上，需要建立实施防止返贫监测和帮扶机制，坚持先富带后富，坚持和完善东西部协作和对口支援、社会力量参与帮扶等机制，进一步优化结对帮扶关系和协作帮扶方式，实现贫困人口动态清零，持续巩固拓展脱贫攻坚成果。其次，要注重多维贫困问题。多维贫困即人的贫困不仅仅指收入贫困，还应该包括诸如可接入基础设施所提供的服务(如生活用水、乡村道路、卫生设施)、获得的社会福利及保障等指标，以及对这些福利的主观感受的贫困。在对贫困进行测量时，除了以收入为标准外，还需要考虑贫困者可发展的资源、机会与能力。

(3)体现社会主义的本质要求。2014 年习近平总书记对全国扶贫开发工作作出重要批示，指出“消除贫困，改善民生，逐步实现共同富裕，是社会主义的本质要求”。在解放生产力、发展生产力的基础上，精准扶贫、消除贫困也就成为实现共同富裕的必经途径，是社会主义的本质要求[12]。

当前中国特色社会主义进入新时代，中国社会主要矛盾的“历史性变化”对中国将来的发展提出了新要求、新指引。在新的历史时期，必须坚持以人民为中心的发展思想，不断促进人的全面发展。但也不得不清醒地看到，我国乡村仍然面临着发展相对滞后的严峻形势，乡村振兴战略正是就此问题提出来的。我国有 5000 多年的悠久历史，乡村是中华民族传统文明的发源地，在经济社会发展中一直占有重要地位，乡村的富庶是农民生活富裕的重要标志。乡村振兴战略强调坚持农业农村优先发展，是对乡村地位和作用的充分肯定，是实现中华民族伟大复兴中国梦的历史使命。乡村振兴是全面建设社会主义现代化国家的必然要求[13]。

1.2.2　研究意义

(1)理论意义：形成系统的逻辑体系和理论成果。《乡村振兴战略规划(2018—2022年)》指出“推动脱贫攻坚与乡村振兴有机结合相互促进”。2019 年的《政府工作报告》强调“坚持农业农村优先发展，加强脱贫攻坚与乡村振兴统筹衔接”。2020 年中央一号文件《关于抓好“三农”领域重点工作确保如期实现全面小康的意见》又再次提出“抓紧研究制定脱贫攻坚与实施乡村振兴战略有机衔接的意见”。2021 年初发布的《中共中央 国务院关于全面推进乡村振兴加快农业农村现代化的意见》中，也提到了实现巩固拓展脱贫攻坚成果同乡村振兴有效衔接[14]，需要设立衔接过渡期，持续巩固拓展脱贫攻坚成果，接续推进脱贫地区乡村振兴，加强农村低收入人口常态化帮扶。

我国脱贫成果巩固与乡村振兴衔接具有丰富的实践经验，但少有系统的逻辑体系和理论成果。本书研究的学术价值在于通过梳理以达川区为代表的乡村振兴规划和脱贫成果巩固机制、路径与模式成果，从理论和实践上探索总结区域脱贫成果巩固与乡村振兴的互联、互促、互助机制、路径和模式，并形成在全国可以借鉴推广的达川经验，同时形成一套较为完整的脱贫成果巩固与乡村振兴衔接的逻辑体系和理论成果。

(2)实践意义：促进脱贫成果巩固与乡村振兴协同运作。目前我国正处在“两个一百年”奋斗目标的关键时期，乡村振兴战略的提出既是对以往新农村工作的传承，又是对脱贫成果巩固工作的下一步部署。全面建成小康社会是实现第一个百年奋斗目标的底线要求，也是全面建设社会主义现代化国家、实现第二个百年奋斗目标的基础[15]。脱贫攻坚战的胜利是全面建成小康社会的内在要求，乡村振兴战略则是新时代“三农”工作的总抓手。脱贫攻坚是推动发展的短期目标之一，乡村振兴是国家的中长期发展战略，两者相辅相成。因此，深入研究脱贫成果巩固与乡村振兴的内在关系与衔接路径是我国当前农村工作的重要任务。

持续全面推进脱贫成果巩固与乡村振兴有效衔接，是脱贫攻坚与乡村振兴过渡时期的一项重大战略任务，两者一脉相承，存在着紧密的逻辑关系。对于全国，尤其是原贫困地区，脱贫攻坚是乡村振兴的重要组成部分，是为乡村振兴补短板。尽管脱贫攻坚工作取得了全面胜利，但是脱贫成果巩固与乡村振兴的衔接部分依然面临着一定的缺失与空白。

探索脱贫成果巩固与乡村振兴的有机衔接，可以推动我国扶贫工作重心逐渐从脱贫成果巩固向乡村振兴过渡与转变。第一，推动发展观念转变。从脱贫成果巩固转向乡村振兴，在坚持农业农村优先发展的总方针下，充分调动农民的积极性、主动性和创造性，加快实现由“被动扶”到“主动兴”的转变。第二，推动减贫战略转型。在“十四五”时期，要根据发展阶段和情况变化做好规划衔接，推动国家减贫战略的转型。一方面，要编制好“十四五”时期脱贫成果巩固发展规划，进一步提高脱贫质量；另一方面，要明确未来减少相对贫困的战略思路和政策措施，并将其纳入乡村振兴战略，逐步建立农民持续稳定增收和防止返贫的长效机制。第三，推动工作体系转型。我国脱贫攻坚之所以能够取得举世瞩目的成效，最为关键的是充分发挥中国特色社会主义制度优势，建立了一套完整的减贫工作体系。乡村振兴是脱贫攻坚的接续战略，是对全面脱贫成果的巩固和提升。推动从脱贫攻坚转向乡村振兴，需要认真总结并借鉴脱贫攻坚中的有益经验和有效做法，逐步建立一个符合乡村振兴要求的新工作体系。第四，推动发展动力转换。政府主导是打赢脱贫攻坚战的根本保障。然而，在乡村振兴战略下，政府不可能也不应该完全包揽，而应在加大支持力度的基础上，坚持农民主体地位，充分发挥农民在乡村振兴中的主体作用。第五，推动政府政策转向。我国过去的扶贫政策大多带有帮扶性质，属于典型的帮扶政策。在乡村振兴战略背景下，这种帮扶政策依然会存在，但需要纳入统一的农业支持保护政策、农村支持政策和社会保护政策体系之中。推动脱贫攻坚转向乡村振兴，政府政策也需要从帮扶政策转向支持保护政策[16]。

1.3 国内外研究现状

1.3.1 国外研究现状

目前国外对脱贫成果巩固与乡村振兴衔接的研究较少，大多是从贫困的定义、扶贫工作和乡村可持续发展方面入手。国外学者并没有完全涉及精准扶贫机制的相关研究，他们更多地从研究相对较为宽广的“扶贫”方面入手，研究的焦点主要体现在对扶贫经验的总结、扶贫模式的探讨、扶贫理论的研究及扶贫机制的构建等方面。国外与我国乡村振兴对应的研究为农村现代化，国外仍然存在乡村衰落、城乡发展不平衡的状况，研究者大多数以农民与农村产业、乡村可持续发展为切入点进行研究。

对于贫困的定义，国外学界已有诸多研究。英国学者朗特里(Rowntree)认为，一个家庭的总收入不足以维持其最基本的生存活动需求就是贫困，即从收入的层面来定义贫困。英国的汤森(Townsend)在《英国的贫困：家庭财产和生活标准的测量》中指出："所有居民中那些缺乏获得各种食物、参加社会活动和最起码的生活与社交条件的资源的个人、家庭和群体所处的状态就是所谓贫困"，他将贫困定义为因缺乏资源而无法获得物质生活资料及基本社交条件的个人、家庭和群体，其从资源的层面定义了贫困。由此可以发现，早期对贫困的定义局限于单一维度，主要侧重于物质维度。随着人类社会的不断发展，贫困被赋予了更深层次的含义。阿尔基尔(Alkire)基于联合国千年发展目标提出了个人贫困指标的最低国际标准，构建了多维贫困指标(multidimensional poverty index，MPI)。瓦西里(Vasily)等提出，确保农村可持续发展可以通过发展农业产业、挖掘劳动力潜力，使农村收入来源多元化、稳定化。马哈茂德(Mahmood)提出了乡村贫困中公共政策的关键含义。他考虑到乡村人口之间的功能差异和重叠，构建了一个减少贫穷的政策框架，对政策选择进行了阐释。其中包括稳定管理宏观经济环境、资产转让、投资和利用有形的社会基础设施、获得信贷和就业机会以及提供安全网。最后，他还为评估减少乡村贫困的战略确定了一些指导方针。克里斯托(Cristo)指出，创造和加强农业和工业之间的协同作用，并采取缩小城乡差距的发展战略能够促进消除乡村贫困。还有学者对美国的贫困问题进行研究后发现，过去美国尽管实施了很多高投入的社会福利项目，但贫困率始终徘徊在 15%左右，并提出贫困政策的最好效果应该源于对贫困人口下一代的教育。维贾亚(Vijaya)则认为目前研究领域以家庭为单位的贫困瞄准机制具有一定的局限性，并且构建了个人层面的多维度贫困测度模型，发现该模型更能够反映家庭层面测度所掩盖的关于性别差异所导致的贫困差异。

1.3.2　国内研究现状

近年来，国内学者对脱贫攻坚与乡村振兴有机衔接的研究较多，主要集中在脱贫攻坚与乡村振兴逻辑关系探讨、脱贫攻坚与乡村振兴有效衔接的路径研究两个方面。

豆书龙和叶敬忠指出，乡村振兴与脱贫攻坚衔接过程中，仍然存在着体制机制衔接不畅、产业发展升级困难和内生动力难以激发等问题[17]。为此，应该着力在体制机制统筹落实、产业发展多元鼓励和主体意识积极培育等方面精准发力，推动乡村振兴与脱贫攻坚的有机衔接。高强认为，促进脱贫攻坚与乡村振兴有机衔接，需要明确两大战略的政策着力点，辩证分析二者之间的内在逻辑关系，从政府与市场两个层面着眼，从微观政策转移接续入手，做好规划统筹、政策统筹、监管统筹、工作统筹[18]。庄天慧等认为，脱贫攻坚与乡村振兴的理论关系表现为，乡村振兴在协调城乡资源配置实现帕累托最优理论的过程中，强化了精准脱贫的内生动力，降低了精准脱贫的制度费用；精准脱贫解决了乡村贫困居民的最低生存与发展需求，弥补了乡村振兴的最低短板。在实践关系上，精准脱贫是乡村振兴的时序前提和空间基础，乡村振兴通过助力产业脱贫和精神脱贫，为精准脱贫提供长效内生动力[19]。汪三贵和冯紫曦认为，脱贫攻坚与乡村振兴是实现中国农业与农村现代化、农民生活富裕必须完成的两大战略任务，具有很强的内在联系和承接关系[20]。李晓园和钟伟提出，精准扶贫推进乡村振兴要以高质量扶贫产业、新农村建设、繁荣农村文化为接点，同时，提出精准扶贫推进乡村振兴的三重路径，包括以产业扶贫推动农业强、以生态扶贫助力农村美、以教育扶贫实现农民富[21]。左停提出，做好脱贫攻坚战与乡村振兴战略的有效衔接，既要抓好梯度跟进，又要抓好优化升级，进而提出继续推广脱贫攻坚形成的经验、推进产业扶贫的优化升级、提供高质量的金融供给服务、提高农村治理能力和水平、加大对弱势群体的社会保障力度[22]。廖彩荣等基于协同推进打好脱贫攻坚战与实施乡村振兴战略保障措施与实施路径的分析，从国内外研究现状出发，坚持特殊到一般的分析方法，提出思想协同保障、产业协同保障、人才协同保障、文化协同保障、生态协同保障、组织协同保障和社会协同保障 7 个协同推进打好脱贫攻坚战与实施乡村振兴战略的保障措施与实施路径[23]。冯勇等提出中国要立足乡村本位和主体，自上而下与自下而上相结合，从顶层设计、制度供给和政策创设、特色产业培植、新型经营主体培育、公共服务及医疗、养老等兜底性社会保障的角度，引导和撬动多方参与，推动一二三产业融合，构建内生式发展动力，对实施“产业兴旺、生态宜居、乡风文明、治理有效、生活富裕”的乡村振兴战略具有思路性启示[24]。于开红等提出建立适度开发与充分保护相结合、创新生态移民手段与移民后期扶持相结合、创新生态补偿机制与生态追责相结合、就地碳中和与绿水青山保卫计划开发相结合等模式，以期能为深度贫困地区走出“两山困境”，实现乡村振兴提供思路[25]。

1.3.3 研究评述

国外学者对脱贫成果巩固与乡村振兴的衔接研究较少，多数是与乡村发展、贫富差距相关的研究。在研究视角上，农村贫困研究越来越重视地理和空间的作用，尤其是“空间贫困陷阱”概念的提出，丰富了地理学对农村贫困形成机理的研究。在研究方法上，关注微观个体数据和微观单元尺度的分析，重视区域贫困的测算和区域贫困影响因素的定量分析。在研究内容上，重点关注空间贫困陷阱的识别、地理因素和农村贫困耦合关系的研究、区域贫困测度和区域瞄准及评估等方面[26]。同时，许多发达国家都开展了一系列推动乡村振兴的活动，如 20 世纪 70 年代韩国开展的“新村运动”、20 世纪 50 年代日本开展的“新村建设”、20 世纪 50 年代德国的“乡村地区发展”、20 世纪 50 年代英国的“乡村农业发展”等。

国内学者对脱贫成果巩固与乡村振兴的研究主要集中于脱贫攻坚和乡村振兴现状研究、问题描述和具体实施路径探索等方面。部分研究者认为两者之间存在互斥性，大多数研究者认为两者存在过渡性关系。互斥论认为脱贫攻坚与乡村振兴在“目标任务”和“政策着力点”上具有差异性；过渡论认为“脱贫攻坚是乡村振兴的部分内容和重要方面”“脱贫攻坚是实施乡村振兴战略的基础，乡村振兴是稳定脱贫攻坚成果的有效保障”。二者在“目标导向、政策内容、主体作用和体制机制等方面具有共性”“存在内容一致、功能互构、价值一元性和主体共通等耦合性，两者本质上是共生共存共促关系”。以往研究大多探讨脱贫攻坚与乡村振兴衔接的可行性、目标的契合性、内容的统一性、主体的共同性等方面，如何协同推进二者的研究还比较少。脱贫攻坚和乡村振兴各自是一个系统工程，从范畴逻辑上看，脱贫攻坚解决绝对贫困问题，实现全面小康；乡村振兴解决相对贫困问题，实现共同富裕。脱贫成果巩固是实施乡村振兴战略的基本前提，乡村振兴又是巩固脱贫成果、提升脱贫质量的有效手段。

1.4 研究理论与概念基础

1.4.1 精准扶贫理论

2013 年 11 月，习近平总书记到湘西考察时首次提出“精准扶贫”概念。精准扶贫是相对于粗放扶贫而言的，是指针对不同贫困区域环境、不同贫困农户状况，运用科学有效的程序对扶贫对象实施精确识别、精确帮扶、精确管理的治贫方式。精准扶贫要求地方要优化整合扶贫资源，实行精准扶贫，确保扶贫到村到户。精准扶贫的对象层级即贫困县、贫困村、贫困户和贫困人口。中共中央办公厅、国务院办公厅印发的《关于创新机制扎实推进农村扶贫开发工作的意见》指出，应按照县为单位，对每个贫困村、贫困户建档立卡，深入分析致贫原因，逐村逐户制定帮扶措施。精准扶贫的关键在“精准”，即在扶贫过程中，具体问题具体分析，充分考察扶贫地区的实际情况和脱贫需求，充分考虑脱贫攻坚地区的范围、责任人、参与人员、扶贫物资、政策支持等。同时，精准识别，因地、因户制宜，构建精准扶持机制。

在 2015 减贫与发展高层论坛上，习近平总书记进一步就扶贫工作提出了“六个精准”措施：即扶持对象精准、项目安排精准、资金使用精准、措施到户精准、因村派人精准、脱贫成效精准，确保各项政策好处落到扶贫对象身上。至此，精准扶贫的战略思想基本形成，并成为党和国家新时期脱贫攻坚的重要战略举措。

此外，精准扶贫的实施必须考虑我国贫困区域和类型的多样性、差异性。贫困规模、贫困程度、致贫因子、障碍因素的区域分异性，都决定了精准扶贫的区域差异性[27]。

1.4.2 产业扶贫理论

产业扶贫是指以市场为导向，以经济效益为中心，以产业发展为杠杆的扶贫开发过程，是促进贫困地区发展、增加贫困农户收入的有效途径，是扶贫开发的战略重点和主要任务[28]。产业扶贫是一种内生发展机制，目的在于促进贫困个体或家庭与贫困区域协同发展，根植发展基因，激活发展动力，阻断贫困发生的动因。

2016 年 11 月 23 日，《国务院关于印发“十三五”脱贫攻坚规划的通知》第二章明确指出，农林产业扶贫、旅游扶贫、电商扶贫、资产收益扶贫、科技扶贫是产业发展脱贫的重要内容，同时提出农林种养产业扶贫工程、农村一二三产业融合发展试点示范工程、贫困地区培训工程、旅游基础设施提升工程、乡村旅游产品建设工程、休闲农业和乡村旅游提升工程、森林旅游扶贫工程、乡村旅游后备箱工程、乡村旅游扶贫培训宣传工程、电商扶贫工程、光伏扶贫工程、水库移民脱贫工程、农村小水电扶贫工程等“十三五”期间重点实施的产业扶贫工程。

产业扶贫的关键着力点是培育贫困户自我发展能力，让贫困群众“心热起来，身动起来”，靠自己双手摆脱贫困。要打破一些群众“靠着墙根晒太阳，等着别人送小康”的“懒汉心态”，要发动种养大户、产业能人、新型主体，通过示范培训掌握技术，“做给农民看，带着农民干”。

产业扶贫可以帮助贫困地区解决生存和发展问题。这些贫困地区一直以来靠传统农业都没有解决温饱问题，救济式扶贫也不能解决根本问题，而产业扶贫可以使对贫困人群的帮扶由“输血型”向“造血型”转变。

1.4.3 乡村振兴概念

乡村振兴战略是习近平总书记于 2017 年 10 月 18 日在党的十九大报告中提出的。党的十九大报告指出，农业农村农民问题是关系国计民生的根本性问题，必须始终把解决好“三农”问题作为全党工作的重中之重，实施乡村振兴战略。

中共十九届五中全会提出“优先发展农业农村，全面推进乡村振兴”，是党的十九大报告中关于“实施乡村振兴战略”论述的一脉相承，为我国立足“十四五”乃至 2035 年远景目标做好“三农”工作，促进农业全面升级、农村全面进步、农民全面发展提供了重要依据。

乡村振兴战略，是社会主义新农村建设的进一步战略。与新农村建设不同，乡村振兴不仅仅是农业的全面升级，也是农村的全面进步和农民的全面发展。乡村的振兴不仅涉及农村经济发展，也涉及农村的政治、文化、社会、生态文明和党的建设等方方面面。乡村振兴是实现农业农村现代化的关键。从“实施乡村振兴战略”到“全面推进乡村振兴”，“全面”二字内涵丰富，既体现了乡村振兴已取得阶段性成果，又指向下一阶段将往扩大乡村振兴覆盖面、提高乡村振兴质量方向发力。

党的十九大报告提出，实施乡村振兴战略，总要求是“产业兴旺、生态宜居、乡风文明、治理有效、生活富裕”。这二十字方针精辟地概括了乡村发展、乡村文明建设以及乡村现代化建设的方方面面。党的二十大报告也指出扎实推动乡村产业、人才、文化、生态、组织振兴。

在乡村发展方面，乡村振兴战略不仅要提高农村生产力，实现农业、农村、农民的振兴发展，还要实现各层面各区域的协调发展。也就是说，乡村振兴的实施，要将提高乡村生产力和协调乡村生产关系协同推进，推动乡村经济和社会公共事业同步发展，达到统筹兼顾，这样才能更好地朝着富强民主文明和谐美丽的社会主义现代化强国迈进。

在乡村文明建设方面，乡村振兴战略除了建设物质文明和政治文明之外，还包括建设精神文明、社会文明和生态文明。“产业兴旺”和“生活富裕”体现了建设物质文明，“乡风文明”体现了建设精神文明和社会文明，“生态宜居”体现了建设生态文明，“治理有效”即建设政治文明。总的来说，乡村振兴就是要实现统筹推进“五位一体”总体布局的战略目标。

在乡村现代化建设方面，实现乡村振兴，就是要实现经济现代化、社会现代化及人的素质现代化，也就是说，“产业兴旺”就是农村各类产业经济蓬勃发展，农民的经济水平不断提高；“生活富裕”就是农村产业发展后备资金充裕，农民用于消费享受的物质资源充足，农民不为温饱问题而担忧；“乡风文明”就是乡村风俗习惯和农民信仰均符合社会主流精神文化要求，农村一片祥和安宁的景象；“生态宜居”就是农民物质生活水平提高了，生活质量也要紧跟其后，追求各种精神生活，思想觉悟高，居住环境优美舒适，公共设施齐全便利，生态环境绿色和谐；“治理有效”就是乡村各方面均得到有效治理，农村社会秩序井然，安定和谐，无不良社会因素干扰，农民安居乐业。

1.4.4　可持续发展理论

可持续发展是指既满足当代人的需要，又不对后代人满足其需要的能力构成危害的发展。可持续发展的定义包含两个基本要素或两个关键组成部分：“需要”和对需要的“限制”。满足需要，首先要满足人民的基本需要。对需要的限制主要是指对未来环境需要的能力构成危害的限制，这种能力一旦被突破，必将危及支持地球生命的自然系统中的大气、水体、土和生物。决定这两个基本要素的关键性因素有：收入再分配以保证人们不会为了短期生存需要而被迫耗尽自然资源；降低自然灾害和农产品价格暴跌等带来的贫困脆弱性；普遍提供可持续生存的基本条件，如卫生、教育、水和新鲜空气，保护和满足社会最脆弱人群的基本需要，为全体人民，特别是为贫困人民提供发展的平等机会和选择自由[29]。

可持续发展以公平性、持续性、共同性为三大基本原则。公平性是指本代人之间的公平、代际的公平和资源分配与利用的公平。持续性是指人类经济和社会的发展不能超越资源和环境的承载能力[30]，从而真正将人类的当前利益与长远利益有机结合。共同性是指可持续发展是超越文化与历史的障碍来看待全球问题。它所讨论的问题是关系全人类的问题，所要达到的目标是全人类的共同目标。只有全人类共同努力，才能实现可持续发展的总目标，从而将人类的局部利益与整体利益结合起来。

在具体内容方面，可持续发展涉及可持续经济、可持续生态和可持续社会三方面的协调统一，要求人类在发展中讲究经济效率、关注生态和谐及追求社会公平，最终达到人的全面发展。这表明，可持续发展虽然缘起于环境保护问题，但它已经超越了单纯的环境保护，还可以运用于经济发展、社会文化等方面。它将环境问题与发展问题有机地结合起来，成为一个有关社会经济发展的全面性战略[31]。

可持续发展是关于自然、科学技术、经济、社会协调发展的理论和战略，最早出现于 1980 年由联合国环境规划署委托国际资源和自然保护联合会编写的《世界自然资源保护大纲》（World Conservation Strategy）：“必须研究自然的、社会的、生态的、经济的以及利用自然资源过程中的基本关系，以确保全球的可持续发展。”1994 年中国政府编制了《中国 21 世纪议程——中国 21 世纪人口、环境与发展白皮书》，首次把可持续发展战略纳入我国经济和社会发展的长远规划。1997 年，党的十五大把可持续发展战略确定为我国“现代化建设中必须实施”的战略。2002 年，党的十六大把“可持续发展能力不断增强”作为全面建成小康社会的目标之一。可持续发展是以保护自然资源环境为基础，以激励经济发展为条件，以改善和提高人类生活质量为目标的发展理论和战略，它是一种新的发展观、道德观和文明观[32]。

1.4.5 区域经济发展理论

区域经济发展是一门经济学理论，首先由西方发展起来。对于任何地区，经济发展都是社会发展的核心问题，区域经济发展也是经济地理学和区域经济学的重点研究内容。区域经济是指在一定区域内经济发展的内部因素与外部条件相互作用而产生的生产综合体，是以一定地域为范围，并与经济要素及其分布密切结合的区域发展实体。区域经济反映不同地区内经济发展的客观规律以及内涵和外延的相互关系。因此，区域经济发展是指通过产业关联和区域关联对周围地区发生示范、组织、带动作用。区域经济发展理论包括区域经济发展梯度理论、区域经济发展辐射理论、区域经济发展增长极理论、区域经济发展的比较理论等。

区域经济作为发展经济学研究的一个重要课题，具有严格的内涵：在一个自然环境、人文条件基本相似的地理区域内，如何有效地利用人力、物力、财力以实现最优化的发展。必不可少的要素有：特定的地理区域，资源条件相同或相似，人文社会条件基本相同，经济活动的方式及特征具有连续性和一致性，区域内形成统一、有序、健康的市场。在我国现阶段，研究区域经济发展具有特殊的意义。我国是个大国，各个区域发展条件均有所不同，不同地区甚至同一地区的贫富水平差距大。怎么使各地区都发展起来，区域经济活跃，整体效益高，就是发展经济学要研究和解决的关键问题。对区域经济环境的研究，有助于对所研究区域的经济发展模式形成提供有力支撑。

当前，我国区域经济发展已有显著成效。改革开放以来，我国先后实施东部沿海率先发展的区域非均衡发展战略，东、中、西、东北四大板块差别化发展的区域发展总体战略，进入新时代以来的区域协调发展战略，促进了区域经济的分工协作和优势互补，支撑了国家经济和社会发展各阶段战略目标任务的完成。除此之外，区域之间不同尺度范围内的通达性有很大的改善，地区之间人口流动、物资转换、资源协调程度不断提高。

1.4.6 生态经济理论

生态经济是指在生态系统承载能力范围内，运用生态经济学原理和系统工程方法改变生产和消费方式，挖掘一切可以利用的资源潜力，发展一些经济发达、生态高效的产业，建设体制合理、社会和谐的文化，以及生态健康、景观适宜的环境[33]。生态经济的基本理论包括社会经济发展同自然资源和生态环境的关系、人类的生存发展条件与生态需求、生态价值理论、生态经济效益、生态经济协同发展等。生态经济是实现经济腾飞与环境保护、物质文明与精神文明、自然生态与人类生态高度统一和可持续发展的经济[34]。它强调的是一种“循环经济”，即资源循环型经济，也就是一种以资源节约和循环利用为特征、与环境和谐的经济发展模式。它强调把经济活动组织成一个“资源—产品—再生资源”的反馈式流程，有着低开采、高利用、低排放的特征。在这种经济发展模式下，所有的物质和能源能在这个不断进行的经济循环中得到合理和持久的利用，以把经济活动对自然环境的影响降低到尽可能小的程度[35]。

生态经济具有时间性、空间性、效率性三大特征。时间性，即资源利用在时间维度上的持续性。在人类社会再生产的漫长过程中，后代人对自然资源应该拥有同等或更美好的享用权和生存权，当代人不应该以牺牲后代人的利益换取自己的舒适，应该主动为后代人留下宽松的生存空间，让他们同我们一样拥有均等的发展机会。空间性是指资源利用在空间维度上的持续性。区域的资源开发利用和区域发展不应损害其他区域满足其需求的能力，并要求区域间农业资源环境共享和共建。效率性，即资源利用在效率维度上的高效性。它是“低耗、高效”的资源利用方式，以技术进步为支撑，通过优化资源配置，最大限度地降低单位产出的资源消耗量和环境代价，以此不断提高资源的产出效率和社会经济的支撑能力，确保经济持续增长的资源基础和环境条件。

生态经济的本质，就是把经济发展建立在生态环境可承受的基础之上，实现经济发展和生态保护的“双赢”，建立经济、社会、自然良性循环的复合型生态系统。乡村要走生态之路，就要在坚持“注重经济效益、社会效益和生态效益”原则的同时，坚持以“生态宜居”为根本目标，实现乡村与自然的和谐统一，坚持依靠科技进步，推进产业结构调整、提高资源利用效率，将促进人与自然的和谐作为关系乡村长远发展的根本大计[36]。

1.4.7 发展社会学理论

社会发展从其内在特征看，可以看作是一种社会动态过程，具体来说，是一种从落后走向先进、从低级走向高级的社会过程。无发展的增长理论表明，社会的现代化会受到经济与非经济发展因素的影响。因此从外显范围看，社会发展是一种相对于自然环境、经济发展、政治发展、文化发展、科技发展的发展，是一种协调发展。协调发展即社会各个领域在相互开放的条件下，相互依存、相互适应、相互促进、共同发展的状态和过程。

发展社会学是一门研究现代化和社会发展问题的社会学分支学科，以发展中国家如何摆脱贫困和实现经济增长与社会发展为研究重点。在发展社会学的理论下，一些发展中国家由于侧重经济因素而忽视了社会因素，错误地选择实施以新古典经济学为基础的发展战略，从而导致这些国家在现代化建设进程中遭遇曲折和挫败。

20 世纪晚期，世界社会发展的快速变化，促使发展社会学也进行了相应的改革变换。在发展社会学的研究领域，可以发现一些在 20 世纪中期兴起的发展理论流派，与现实社会发展的不同步，导致其对国家及政府发展实践的指导作用逐渐减弱，在对世界社会发展的影响中呈现出一种衰退的现象。当今时代，即世界大发展大变革大调整的时代，人们面临着更为困难和复杂的挑战，对“发展”的研究成为热点。我国已进入中国特色社会主义新时代，提出了构建“双循环”发展新格局，而脱贫成果巩固向乡村振兴过渡如何有效衔接成为新时代社会发展的一项重大战略任务。

如今，在工业化与城市化的发展背景下，发展社会学面临着研究主题的变换与研究对象的调整，主要体现在两个方面。一是研究对象的拓展，即突破以往仅仅以发展中国家为研究对象，根据社会发展现状，对发展社会学研究对象范围进行重新界定。二是研究主题的转换，从围绕“经济发展”向“经济与社会协同均衡发展”转换、从“传统”向“现代”过渡的重新认识，其次还包括对学科功能的调整。因此，可以说发展社会学正处于学科更新和研究再出发的真实背景和现实契机。

包括中国和其他东亚国家在内的众多非西方国家的发展，提供了可借鉴的发展经验，并且通过对经验的总结，提出了完整的体系化的理论，为发展社会学提供了新的理论资源。本书从发展社会学的视角出发，运用发展社会学的相关知识与理论，对达川区脱贫成果巩固与乡村振兴的衔接机制进行研究。本书通过对达川区脱贫成果巩固与乡村振兴衔接机制的研究，将实践经验转化为系统的理论成果，在丰富发展社会学理论的同时，对区域脱贫攻坚向乡村振兴衔接过渡具有一定的借鉴意义。

第 2 章　达川区脱贫成果巩固与乡村振兴衔接的产生背景

2.1　达川区区域现状

(1) 地理区位。达川区地处大巴山南麓，位于川东平行岭谷区、盆中丘陵区、盆周低山区连接地带，东经 106°59′～107°50′，北纬 30°49′～31°33′，面积为 $2245km^2$。达川区东与宣汉县、开江县相邻，南与重庆市梁平区、大竹县接壤，西与渠县相连，北与通川区和巴中市平昌县毗邻。达川区有襄渝铁路、达万铁路过境，现有 G542 和 G210 国道 2 条，省道 4 条。达渝高速纵贯南北，河市镇有机场，水路有巴河、州河通航，交通优势比较明显。

(2) 地形地貌。按照地质力学的观点，达川区所处大地构造属新华夏系四川沉降带，全区整个地形趋势为北西高、东南低。达川区属四川盆地川东平行岭谷区，主要由丘陵和低山构成，海拔 240～1104m，其中，大部分区域海拔为 400～1104m，地势较为平坦，以中部的铁山为界，铁山以东、条形低山之间为广阔的红色浅丘地貌；铁山以西为丘陵区地貌，坡度以 0°～8° 居多；铁山以北为台状低山地貌，坡度以 12°～18° 居多。全区山地面积约占总面积的 29%，丘陵面积约占 70%，平坝面积约占 1%(主要分布于河谷地带)。

(3) 资源状况。达川区属亚热带湿润季风气候类型，区域气候差异较大，分为两大气候区域，西北部为川北温凉气候，东南部有着川东炎热伏旱区的特点。全区热量资源丰富，雨量充沛，但时间分布不均，夏天雨水集中，多年平均气温为 17.2℃，多年平均降水量为 1192.5mm，多年平均日照时长为 1472.7h，无霜期最短为 237d、最长为 337d。因特殊的地质构造和气候特征，达川区境内干旱、洪涝、冰雹、低温、阴雨、秋绵雨等灾害天气频繁。

达川区境内水网较密集，河流属于渠江上游的巴河和州河水系，主要有州河、巴河、明月江等河流，均顺应北西高东南低的地势条件，呈现由北向南的整体流向。铁山为两地表水系的分水岭，铁山西北属于巴河水系，流域面积约为 $1376km^2$；铁山东南属于州河水系，流域面积约为 $1120km^2$。水能资源理论蕴藏量为 16.05 万 kW，可开发量为 5.1 万 kW。

达川区辖区内矿产资源丰富，可开采的矿种有煤、石油、菱铁矿、石灰石、石膏矿、砂岩矿、高岭土、矿泉水、天然气等。达川区已探明矿藏 12 种，其中煤、天然气、岩盐储量分别达 2.4 亿 t、2700 亿 m^3、2.1 万 t，石灰石资源分布广、储量大。

达川区因地形地貌类型多样，适宜多种动植物和微生物生长发育，物种资源丰富，粮油、蔬菜、水果、生猪、乌梅是达川区主要农产品；药材、森林、竹木等资源储量大，利用价值高，拥有森林面积 85.9 万亩(1 亩≈666.67m^2)，林木蓄积量为 395 万 m^3，具有较大开发潜力。达川区属四川盆地丘陵土壤区，大部分由紫色或紫红色砂岩、页岩构成，土壤也呈紫色或紫红色。

达川区拥有初具规模和接待服务功能的旅游景区(点)18 个，有风景名胜区 10 个。其中，国家级森林公园 1 个，省级森林公园 1 个；省级乡村旅游示范乡镇 5 个、示范村 3 个；巴河、州河、九龙湖、真佛山宝刹、铁山、雷音铺森林公园等秀丽壮美的风景名胜与石桥列宁街等红色人文景观交相辉映。

(4)经济社会状况。截至 2019 年底，达川区辖 52 个乡镇，683 个行政村，4798 个自然村，6186 个小组(含 5836 个村民小组、350 个居民小组)。达川区总户数为 44.71 万户，其中农业户 33.74 万户，占总户数的 75.5%；总人口为 120.45 万人，其中农业人口为 95.48 万人，农业人口占总人口的 79.3%；总人口中，男女比例为 1.09∶1；人口密度为 540 人/km^2，人口自然增长率为 3.6‰。人口集中分布形成“一心两翼”格局，村庄主要沿主要交通要道、水系分布。全区外出务工人数为 354 621 人，全区农村劳动力人口为 618 503 人。

2020 年，达川区生产总值达到 2216 亿元，同比增长 84%。地方公共财政收入达到 147 亿元，同比增长 111%，连续 5 年实现两位数增长。地方公共财政支出达到 62 亿元。全年向上争取财政资金 43 亿元，其中项目专项资金 23 亿元。争取棚户区改造申贷资金 37 亿元，居全市第一。三次产业结构比为 226∶281∶493。现代服务业充分发展，服务业增加值、社会消费品零售总额稳居全市第一。

2.2 达川区脱贫成果巩固现状

达川区是四川省达州市的一个市辖区，由原达县改设而成，是全省人口最多、面积最大、以农业农村为主的市辖区。“十二五”期间，达川区经历了两次重大行政区划调整，2012 年 1 月经开区成立，原达县化工园区被划出；2013 年 9 月撤原达县，设立达川区，原达县碑庙乡等 9 个乡镇被划出；改设后的达川区共辖 52 个乡镇、2 个街道办事处，是全国产粮、产油、生猪大区。同时，达川区也是达州市建设四川东出北上综合交通枢纽和川渝陕结合部区域中心城市的核心区，是革命老区和四川省 88 个原贫困县之一，也是原秦巴山区连片扶贫开发区县之一。2013 年底，全区精准识别贫困村 151 个，占行政村总数的 24.55%；贫困人口 31 941 户、91 260 人，占全市 71.6 万贫困人口的 12.75%。2014～2018 年累计脱贫 30 289 户、88 293 人，退出 151 个贫困村，贫困发生率从 10.1%降至 0.65%。2020 年达川区全面脱贫。

“十三五”期间，达川区成立了 54 个乡镇(街道)脱贫摘帽前线指挥部，严格实行“八方同责”工作机制，压实压紧各方责任，“两不愁三保障”“一低五有”“一超六有”全面达标。2018 年，该区拟退出的 31 个贫困村 8356 名贫困人口达到脱贫退出标准，82 602 名脱贫人口脱贫成效持续巩固，贫困发生率降至 0.7%。

2.3　达川区脱贫成果巩固实施路径

“十三五”期间，达川区相继出台了一系列政策。《达州市达川区“十三五”脱贫攻坚规划(2016—2020 年)》指出，“十三五”(2016～2020 年)是达川区与全省全市同步全面建成小康社会、建设幸福达川的决战决胜阶段。按照“五年集中攻坚、一年巩固提升”的要求，坚持“先难后易、因地施策、统一规划、统筹推进、因人而异、精准施策”的工作取向，切实做到“六个精准”，切实做到识真贫、扶真贫、真扶贫。该区《关于打赢脱贫攻坚战三年行动的工作方案》指出，达川区脱贫成果巩固的重点工作包括打好住房建设攻坚战，打好产业扶贫、就业扶贫、教育扶贫、健康扶贫、保障扶贫、基础设施扶贫、生态扶贫、社会扶贫、扶贫扶志攻坚战，最后，还要打好防止返贫攻坚战。在扶贫工作推行中，要强化支撑保障、强化精准管理、强化党的领导、强化宣传培训、强化风险防范。具体方法有如下几种。①“财政因素分配法”较好地做到了客观、科学、合理地评判乡镇实情，财政预算公开透明、经费拨付及时到位，按照“保工资、保运转、保民生、促发展”的原则统筹，在区级财政财务体制全面保障辖区内机关事业单位人员工资的基础上，保障乡镇政权机构和村级组织正常运转、履行公共管理职能和提供公共服务等必要性支出需求，进一步赋予乡镇财权与事权，充分调动乡镇和村级组织履职的积极性，为落实民生政策和农村经济社会发展提供必要的财力保障。②“沉底指数管理法”通过查阅资料、实地走访、个别访谈、听取汇报、电话查询、随机抽查等方式，对第一书记工作情况进行考核督查。同时，运用随机督查、明察暗访、交叉检查等办法开展督查。进一步增强了贫困村党组织第一书记的责任意识和担当意识，有效发挥其在决战脱贫成果巩固工作中的生力军作用，结合达川区实际，引导第一书记生活、工作、业绩、情感“四个在村”。

2.3.1　东部片区

1. 以统筹城乡为抓手，全面夯实基础设施建设

“十三五”期间，东部片区按照“两区、三中心、四基地”的发展定位，加快实施重大交通干线建设，着力优化交通路网、提升道路通行能力，形成内畅外联、快捷便利的交通网络，重点抢抓雷音铺隧道建设，城(口)宣(汉)大(竹)高速过境段建设，S305 线木头大竹界至葫芦任市界段升级改造工程，G542 线过境公路升级改造工程建设机遇，着力抓好达川至梁平快速公路、葫芦至安仁、南岳至黄庭公路建设。东部片区围绕提高城镇综合承载能力，大力完善城镇基础设施和公共服务设施，积极推进工业废水、生活污水、各类垃圾的资源化、无害化处理，建成麻柳、福善镇污水处理厂。东部片区建成斑竹沟水库、明星水库，打通多条水渠，加强对明月江流域的综合治理，建立上下游污染防治协作联动机制，全面做好河道整治、畜禽养殖污染防治、水生态修复、应急清污等工作。

2. 以打造“两区”为核心，加快建设东部片区全域旅游景点

东部片区主打文化牌和生态牌，充分挖掘“孝善文化”特色，增强宣传力度，对东部片区各乡镇旅游景点进行包装、完善和提高，加快真佛山5A级和九龙湖4A级旅游景区创建步伐，带动片区围绕农业产业布局，推出万亩油菜花节、亭子三江源、万家月亮湾、江阳两角寨等乡村旅游线路；积极对接、融入重庆新盛“百里竹海”景区，精心规划打造一条乡镇休闲观光一日游精品文化旅游线；加快建好各景点游客接待服务中心、停车场、公厕、游步道等配套基础设施；积极开展景区环境治理，健全完善服务管理，抓好旅游产品开发；同时，在各条旅游线的节点上科学布局和培育发展一批高品质的乡村酒店和星级农家乐。

3. 以建设“三中心”为重点，加快建好东部片区特色小镇

东部片区立足乡镇自然资源禀赋和现有产业发展基础，以亭子为中心，加快城市副中心建设，不断拓展城市规模；以全国村镇建设文明集镇麻柳镇为中心，加快麻柳创业园、农产品加工园、达万铁路物流园建设，形成具有较强辐射能力的农村区域性工业和商贸中心；以大树镇为中心，充分发挥片区独有的与重庆交界的区位优势，加强与重庆的对接、交流，共建两地休闲、观光生态旅游中心；在东部片区各乡镇形成组团、互补、各有特色的发展新局面。

4. 以四大产业基地为引领，全力推进农业产业提档升级

东部片区围绕达州脆李、安仁柚、达川山胡椒等特色产业，加大政策支撑力度，积极培育新型农业经营主体，鼓励农民通过流转土地经营权，发展适度规模经营，不断提升脆李、柚子、山胡椒产业基地示范带动效应，不断提升农业产业现代化水平。东部片区坚守耕地“红线”，着力巩固“达川粮仓”地位，打造万亩优质粮油高产高效栽培示范基地，加快麻柳—亭子—檀木万亩粮油高产示范片区创建，辐射带动亭子、大树、万家、东兴等平坝乡镇发展15万亩粮经复合产业基地示范带。抓好智能制造，农副产品深加工、应急、包装等产业，延长农副产品产业链，实现精细化生产，增加农副产品附加值。

5. 以精准扶贫为依托，统筹发展东部片区民生事业

东部片区落实《达州市达川区“十三五”脱贫攻坚规划(2016—2020年)》，大力发展社会民生事业，确保群众住有所居、劳有所得、学有所教、病有所医，共享改革发展成果；加快实施农村危旧房改造和农村廉租房工程，围绕各乡镇特色产业，统筹安排安置房建设、易地扶贫搬迁、灾后重建与幸福美丽新村建设；围绕特色农业产业和乡村旅游发展需要，开展有针对性的职业技能培训，着力培育新型职业农民，多渠道增加群众收入。2016年完成东部片区乡镇学校食堂、学生宿舍、教师周转房及幼儿园建设，提升东部片区整体教育硬件水平，带动人口聚集和城镇发展。东部片区狠抓水体污染和生活垃圾治理工作，开工建设花红、大风、东兴、安仁等卫生院污水垃圾处理及改建业务，

增建垃圾中转站，为群众健康和旅游业发展提供保障。东部片区增加派出所数量，为社会安定和谐保驾护航；加强和创新基层社会治理，积极构建“党政善治、社会共治、群众自治”社会治理模式，为东部片区发力腾飞营造良好政风、民风及社风。

2.3.2　西部片区

1. 打好基础设施建设“这张牌”，提升区域发展保障力

“十三五”期间，西部片区把夯实发展基础、改善民生作为出发点和落脚点，切实解决长期制约发展的道路不畅、水利不兴突出问题及电力、通信薄弱等问题，奋力推进内通外达的现代交通体系和农田水利建设。

(1) 以完善交通路网骨架为重点，打造“一小时交通经济圈”。西部片区全力推进镇(陕西镇巴)广(四川广安)高速前期工作，力争在沿河、石桥、石梯等经过乡镇设置互通，并修建连接道路；加快推进达(州)营(山)高速、G542 线一级公路升级改造(新规划建设 2 座单向两车道铁山隧道和 4 车道石梯大桥)；规划建设石桥—石梯—九岭—管村—罐子—申家—木子—马家至机场快速通道；适时启动 S204 线沿巴河省道建设；改造升级银铁至渠县报恩乡、堡子至通川区金石乡破石村村道，修建洛车、道让连接巴达高速快速通道等外联道路，打通西部乡镇第二经济通道；畅通大堰至滴河、堡子至虎让、金檀至赵固、堡子至龙滩、大学堂至檬双、石梯至桥湾、石桥至洛车、石桥至道让、石桥柳池村至香隆、陈家至龙会、九岭至龙会 11 条县乡道建设；修建石梯田家店—五四—银铁—香隆—永进接 G542 线联乡环线、渡市镇至渡市火车中间站、渡市镇至柏腊坪火车站、石桥镇至石桥火车站连接道路 15km，确保西部片区形成全域路网，与达巴高速、达营高速、镇广高速、达巴铁路、达州飞机场有机连接，切实解决“道路不通、通而不畅、畅而不快”的交通瓶颈问题。

(2) 以完善农田水利基础设施为重点，增强农业发展产业动力。西部片区加快推进石峡子水库建设，重点抓好产业带内病险水库整治、渠道修复、田间道路修建、高标准农田建设等农业基础设施建设，形成方便、快捷、高效的产业发展保障体系；加快推进农村电网升级改造、“宽带乡村”工程，提升供电质量和信息化整体发展水平。2017 年，西部片区全面完成农网升级改造，供电可靠率达 99.9%。据统计，2019 年，西部片区新建、修复渠道 25km，整治山坪塘 90 口，新建蓄水池 120 座，整治病险水库 10 座，治理山洪沟 5 条，新建堤防护岸 10km，综合治理河道 10km，治理水土流失面积 10km^2，新建高标准农田 12 万亩，形成田网、渠网、路网和林网“四网”配套；西部片区 23 个乡镇互联网覆盖率达到 100%。

2. 下活特色优势产业“这盘棋”，促进区域经济跨越式发展

西部片区按照“联乡布局、农旅融合、规模发展”的思路，依托石梯银宏、宏羽、龙会、罐子天禾茶场、香隆红辣椒加工厂、永进恒天食品有限公司等龙头企业，大力推进柑橘、贡米、葡萄、茶叶、花椒、油用牡丹、畜禽等主导产业发展，适度发展良种

梨、桃、枇杷、杏、柿、草莓等特色优质水果。据统计，2020 年，西部片区水果种植面积达 30 万亩，种植经济作物达 40 万亩，年出栏生猪 50 万头、肉牛 6 万头、肉羊 10 万只、特色家禽 150 万只，实现人均可支配收入年均增长 10%。

(1)大规模发展四个特色农业产业带。西部片区以建设特色农业产业基地和特色农产品研发中心为基础带动特色农业产业带发展。2020 年，西部片区在每个产业带内建成 2 个以上特色农业产业基地和 1 个特色农产品研发中心。①以管村、石梯为中心，发展优质柑橘、优质花椒、畜禽养殖产业带。2020 年，种植优质柑橘 15 万亩，种植优质花椒 4 万亩以上，产值达 2 亿元以上，养殖牲畜 20 万头。②以米城、堡子为中心，发展贡米种植、家禽养殖产业带。2020 年，种植贡米 5 万亩，养殖家禽 100 万头(只)。③以石桥、香隆为中心，发展红辣椒、葡萄种植产业带。2020 年，全片区种植红辣椒 2 万亩，种植优质葡萄 1 万亩。④以渡市、龙会为中心，发展茶叶、油用牡丹种植产业带。2020 年，全片区种植茶叶 5 万亩、油用牡丹 3 万亩。

(2)大马力推进两中心建设。西部片区在石梯、渡市分别规划建设占地面积 500 亩以上的农副产品集散和加工中心。①大力扶持农产品产地初加工企业。2020 年，西部片区新建农产品初加工企业 15 家以上，其中入驻石梯、渡市农产品加工中心企业分别不少于 5 家。②构建农副产品集散中心。西部片区依托 G542 线、巴达铁路、达营高速，围绕石梯火车站、渡市火车中间站，构建两个面积达 50 亩以上的农副产品集散和加工中心。

(3)大决心发展农村电子商务。①大力实施“互联网+农业”战略，建设达川区农产品综合信息服务平台，实现农业信息化全产业覆盖。2020 年，西部片区农产品加工企业、农民专业合作社和家庭农场入驻平台入驻率达到 30%以上。②大力推进供销、邮政物流服务“三农”等农资配送体系建设，发展农村社区综合服务社 40 个。③依托供销系统服务“三农”体系，加快建设县级农村供销电商平台，实现贫困村农产品电商交易额占全部农产品交易额的 30%以上。

3. 迈好特色小镇建设“这个步”，加快推进新型城镇化进程

“十三五”期间，西部片区以“百镇建设试点行动”为契机，按照“精心规划、彰显个性、突出特色”的原则，坚持开发与保护并重的工作思路，统筹城乡建设发展。

(1)打造特色小城镇。西部片区依托特色优势产业，利用便利的交通条件和丰富的水资源、土地资源，以石桥镇、石梯镇、管村镇、渡市镇为核心，打造向西部延伸的特色小城镇。①红色旅游、历史民俗重镇：石桥；养生、休闲水乡(镇)：渡市、桥湾、洛车、虎让、道让、龙会。②风味小吃、特色食品小镇：石梯、金檀；生态采摘、风情体验小镇：堡子、米城、永进、香隆。

(2)开发与保护并重。西部片区加强传统村落、历史文化名村和古树名木、历史文物保护，注重地域特色和文化传承；完善历史文化名村、传统村落和民居及古树名木名录，建立健全保护和监管机制；加快实施传统村落保护发展项目，着力打造一批传统文化价值突出和独具地域特色的传统村落；积极研究地域、民族文化与建筑的发展融合，对有价值的传统民居院落实施结构加固和外观修复，对建筑质量较好的普通民居实施外

观改造，充分挖掘农耕文化，突出民居的地域文化特色。

(3)统筹城乡全面发展。西部片区充分利用核心镇、重点镇的辐射带动作用，推进基础设施向农村延伸，公共服务设施向农村覆盖；推进农村危旧房改造，加大农村廉租房建设力度，创新农村棚户房改造机制。2020 年，西部片区已全面完成 82 个贫困村的新村建设，完成 2290 户危房改造。

4. 布好社会功能服务“这个局”，促进社会资源共享

西部片区坚持民生优先、共享发展理念，大力发展社会事业，加快完善公共服务体系，完善社会服务功能，共享发展成果。

(1)优先发展教育。西部片区完善义务教育保障机制，改善办学条件，加大教师周转宿舍建设力度，推进义务教育均衡发展；每个乡镇至少建成一所幼儿园，建档立卡贫困村村小(教学点)建立附设幼儿园(班)，完成桥湾初中搬迁。2020 年，西部片区基本普及学前三年教育，高中阶段毛入学率已达 90%以上。

(2)加强文化建设。西部片区加快建设幸福美丽新村文化院坝，加快实施贫困村广播电视脱贫工程，推动广播电视节目无线数字化覆盖工程建设；开发传承省级“翻山铰子”“石桥火龙”等非物质文化遗产项目，着力打造“巴河龙舟文化艺术节”，开展农民演艺、传统手工艺制作、古镇古村营运、创意农业与花卉园艺等农村文化创意活动；健全覆盖城乡的公共文化、体育、影视一体化服务体系，不断满足广大群众日益增长的精神文化需求。2020 年，西部片区实现文化院坝示范点全覆盖，广播电视数字化覆盖率达 100%。

(3)提升医疗服务。“十三五”期间，西部片区改、扩建石桥中心卫生院为达川区第二人民医院；升级改造渡市、管村、堡子中心卫生院，配齐配强医务工作人员，增强医院服务辐射范围，满足群众医疗需求；发挥医保支付贫困人口医疗费用的主体作用，资助贫困人口参加新型农村合作医疗保险，实现参保率 100%；推进乡镇卫生院、村卫生室标准化建设，统筹安排乡镇卫生院职工周转房建设，逐步改善医务人员生活待遇和住房条件。2020 年，西部片区实现乡镇卫生院、村卫生室标准化建设 100%达标，40%的村卫生室建成甲级村卫生室，乡以上卫生院建成标准化中医科和职工所需周转房，中医药服务网络全覆盖。

(4)强化生态保护。“十三五”期间，西部片区启动修建石桥片区、石梯片区、堡子片区、渡市片区垃圾处理站和 23 个乡镇污水处理站，合力整治巴河沿线场镇，注重新区开发与古镇保护相结合；加强州河、巴河流域的综合治理，全面做好河道清淤、生态修复、沿岸打造等工作。2019 年，西部片区垃圾无害化处理率达 95%以上，场镇污水无害化处理率达 80%以上，生活污水无害化处理率达 100%，饮用水水源地水质达标率保持 100%，创建省级生态乡镇 10 个以上。

5. 唱好魅力西部农家游“这支曲”，促进农旅大结合

西部片区结合特色农业产业发展和特色小镇、美丽新村建设，依托“孝善”“红色”“民俗”三大文化品牌，以“魅力西部、拥抱自然、乐享生活”为主题，打造西部精

品旅游线。

(1)全力打造三条精品旅游线。西部片区坚持三条精品旅游线同步推进开发建设西部旅游产业，形成内环外联的西部旅游网络，把西部建设成为“人人想来耍、耍得住、很留恋”的农旅结合示范地：①以州河为主线，开发建设城区至金盘子电站、龙会天禾茶场观光旅游线；②以巴河为主线，开发建设铁山森林公园—石梯—桥湾—洛车—道让—江陵、铁山森林公园—石梯—石桥—永进—香隆集红色、乡村生态、巴河风情观光于一体的精品旅游线；③以石峡子水库为主线，开发建设管村—大堰—米城—堡子集采摘、农耕文化于一体的特色旅游线。

(2)精心推进旅游载体建设。西部片区大力开发州河、巴河两条黄金水道，规划建设两系干流码头 6 个；推进铁山森林公园、石桥列宁街红色文化旅游产业基地建设，推进花石岩秦巴民俗文化旅游产业基地、高湖峡水利风景区等项目建设，推进农村危旧房改造、易地扶贫搬迁工作，建设一批特色乡村、特色小镇；着力培育石梯凉粉、石梯蒸鱼、巴河河鲜、金檀蒸羊肉等名特小吃和石梯珍珠豆瓣等名特产。2020 年，西部片区每个乡镇扶持 1 个或 2 个村发展乡村旅游，创建 1 个或 2 个星级农家乐或乡村酒店。

2.3.3 南部片区

(1)以统筹城乡为依托，全面夯实基础设施建设。“十三五”期间南部片区按照建设城市副中心发展定位和打造“一环线、三组团、多亮点”发展布局，加快实施重大交通干道建设，着力优化交通路网、提升道路通行能力，形成内畅外联、快捷便利的交通网络，重点抓好城市轨道交通 1 号线和工业园区“两纵五横”主干道建设、G210 线改造升级工程，实施乌梅山庄景区百节至景市、仙女山景区平滩至碑高等道路提档升级工程。南部片区围绕提高城镇综合承载能力，大力完善城镇基础设施和公共服务设施，积极推进工业废水、生活污水、各类垃圾的资源化、无害化处理，建成工业园区污水处理厂。南部片区加强对铜钵河流域的综合治理，建立上下游污染防治协作联动机制，全面做好河道整治、畜禽养殖污染防治、水生态修复、应急清污等工作。

(2)以“一环线”为依托，精心打造南部片区全域景点。南部片区对各乡镇旅游景点进行包装、完善和提高，精心规划打造一条主城区及周边城市居民休闲养生度假一日游精品旅游环线，即：主城区沿 G210 线—石板镇福泰疗养院—百节乌梅山—景市胭脂湖—平滩温泉—碑高仙女山—赵家帝源生态农庄—双庙二东村—木子蓝莓基地—马家工业园区—百节高速路口。南部片区在各景点加快建好游客接待服务中心、停车场、公厕、游步道等配套基础设施，积极开展景区环境治理，健全完善服务管理，抓好旅游文化产品开发。同时，在环线节点科学布局和培育发展一批高品质的乡村酒店和星级农家乐。

(3)以“三组团”为依托，创新推进产业提档升级。南部片区加快构建“石板、百节、马家、赵家、双庙、渡市”沿线南部产城一体示范片，实现南部片区现代工业、现代农业和现代服务业创新发展。南部片区以工业园区为组团，建成“两纵五横”路网，重点抓好智能制造以及农副产品深加工、应急、包装等产业，2020 年建成面积约为 $10km^2$、入园企业超百家的产城一体示范园；以空港片区为组团，抓住达州新机场 2018

年建成投运和达渝高铁穿越南部片区的重大历史机遇，抢占发展战略制高点，重点发展现代物流业，将空港片区建设成为达州市对外开放首要口岸和形象名片；以赵双木现代农业示范园区为组团，大力培育新型经营主体，完善利益联结机制，着力发展适度规模经营，快速提升农业生产现代化水平，辐射带动南部 13 个乡镇发展蔬菜产业和观光农业。

(4) 以“多亮点”为依托，建好南部片区特色小镇。南部片区立足乡镇自然资源禀赋和现有产业发展基础，加快建成一批各具特色的小城镇，逐步提升辐射带动范围，多点支撑南部片区建成城市副中心；把百节打造为乌梅之乡、景市打造为生态小镇、平滩打造为温泉小镇、碑高打造为观光休闲小镇、马家打造为工业重镇、赵双木打造为现代观光农业小镇、石板打造为军工文化和养老休闲镇、申家打造为湿地生态小镇、草兴打造为生态羊养殖乡。

(5) 以精准扶贫为依托，统筹发展南部片区民生事业。南部片区落实《达州市达川区“十三五”脱贫攻坚规划(2016—2020 年)》，大力发展社会民生事业，确保群众住有所居、劳有所得、学有所教、病有所医，共享改革发展成果。南部片区加快实施农村危旧房改造和农村廉租房工程，围绕各镇特色产业，统筹安排安置房建设、易地扶贫搬迁、灾后重建与幸福美丽新村建设；围绕蔬菜种植、乡村旅游和园区企业需要，开展有针对性的职业技术培训，增加群众劳务收入；打造优质教育新名片，提升南部片区整体教育水平，带动人口聚集和城镇发展；立足服务城市副中心的定位，高起点规划建设 1 家综合性等级医院，同时加强基层医疗卫生服务体系建设；加强和创新基层社会治理，积极构建起“党政善治、社会共治、群众自治”社会治理模式，为片区发力腾飞营造良好政风、民风及社风。

2.4　达川区乡村振兴规划

达川区乡村振兴战略发展规划以习近平新时代中国特色社会主义思想为指导，深入贯彻党的十九大、二十大精神[37]，坚持稳中求进工作总基调，牢固树立新发展理念，落实高质量发展要求，紧紧围绕统筹推进“五位一体”总体布局和协调推进“四个全面”战略布局，按照“产业兴旺、生态宜居、乡风文明、治理有效、生活富裕”的总体要求[38]，坚持农业农村优先发展，统筹推动乡村产业振兴、人才振兴、文化振兴、生态振兴、组织振兴。同时，达川区以“规划先行，分步实施；党建引领，农民主体；城乡统筹，农村优先；产业为本，三产融合；突出重点，彰显特色”为规划原则。

达川区按照“产业兴旺、生态宜居、乡风文明、治理有效、生活富裕”的总体要求，以“六相古郡，锦绣巴乡”为主题形象，以“建设现代化巴人乡村”为主基调，突出“山乡”“巴人”两大特色，并推动资金、技术、人才等要素“上山下乡”，架起城乡要素资源互融互通的桥梁，将“三农”资源转化为创富资本、创业乐园和幸福家园，让农业成为有奔头的产业，让农民成为有吸引力的职业，让农村成为安居乐业的美丽家园，努力构建“工农互促、城乡互补、共同繁荣”的新型城乡关系，全力打造四川省乡村振兴示范区、样板区，乡村振兴达川模式成为全省标杆、全国品牌。

达川区规划形成“一核两轴两环三区”的总体布局，其中：一核：功能核心；两轴：南北发展联系轴、东西发展联系轴；两环：近郊休闲农旅环、远郊现代产业环；三区：西部引领区、中部引领区、东部引领区。

2.4.1 近郊休闲农旅环

近郊休闲农旅环为城市近郊城市化改造型村落环，通过城市带动乡村的方式推动乡村发展，适合建设郊区乡村游的村庄。达川区近郊休闲农旅环的范围包括石桥新城、麻柳新城、石板百节新城及城区周边，形成近郊30分钟发展环。

农业旅游作为农业和旅游业的结合物，是利用农业景观和农村空间吸引游客游览消费的一种新型农业经营形态，是依托现代农业发展和新农村建设两大载体，通过整合优势产业资源、优化空间布局、拓展农业旅游功能、创优品牌形象，全面提升农业旅游产业。农旅融合不是简单地给二者做加法，而是通过加快农业结构调整，推动农业从生产走向生态、生活功能的拓展，促进农业产业链延伸，建立现代农业和乡村旅游业的产业体系。

为深入推进“宜居乡村·美丽达川十大行动”工作方案，达川区结合实际情况，为打造近郊休闲农旅环，开展了以下三方面的工作。

(1) 实施美丽经济“五变”行动。达川区实施园区变景区、田园变公园、家园变花园、农房变客房、农产品变商品“五变”行动，指导乡村旅游经营业主开展园区景观化改造，发展养生养老、森林康养、运动健康、电子商务、文化创意等美丽业态，探索具有达川乡村特色的“美丽经济”路径，加快推进达川乡村旅游整体形象提档升级。

(2) 乡村旅游景区建设。达川区提升乡村旅游公路等级，推进帝源生态农场、成都山玫瑰谷、双庙果桑基地等乡村旅游景区建设，促进景区质量整体提升；指导乡村旅游业主开展旅游标准化建设，对照行业标准，创建A级景区和国家级、省级乡村旅游品牌；深度包装旅游招商引资项目，加大招商引资力度，力争引进有实力、有眼界的业主投资开发达川区农旅景区。

(3) 乡村品牌创建。达川区持续开展各类乡村品牌建设，区文化体育和旅游局牵头创建四川省星级农家乐乡村酒店、乡村旅游精品特色业态、省级乡村旅游特色乡镇和精品村寨。到2021年底，达川区全区星级农家乐乡村酒店达到30个，乡村旅游特色业态经营户达到10个，乡村旅游特色乡镇、精品村达到5个。达川区推进乡村民宿经济发展，鼓励业主依托旅游景区和乡村旅游点，建设和经营主题鲜明、独具特色的乡村民宿，留住过夜客，增强旅游产品吸引力。达川区农业农村局牵头创建全国休闲农业与乡村旅游示范县及示范点、中国美丽休闲乡村、乡村振兴先进村、示范休闲农庄等，区住房和城乡建设局牵头创建全国特色景观旅游名村、全国历史文化名村、国家级及省级特色小镇等，区自然资源局牵头创建森林康养人家、省级森林特色小镇、竹林小镇等。

达川区在近郊地区形成近郊休闲农旅环，协同农业与旅游业推动乡村振兴的发展。农旅融合是农业农村发展大势所趋，也是城市消费需求的热点所在，更是实现乡村振兴的好途径。通过发展旅游，培育生态游、乡村游、观光游、休闲游、农业体验游等农旅融合产业，开发农业农村生态资源和乡村民俗文化，促进农业产业链延伸、价值链提升、增收链拓宽，带动农民增收、农村发展、农业升级，从而很好地解决“三农”问题。达川区展示农业与旅游混搭所呈现的多层次创意模式，通过“农旅结合、以农促旅、以旅强农”创新“田园综合体+特色小镇业态”，践行乡村振兴战略，提速乡村旅游发展。

2.4.2　远郊现代产业环

远郊现代产业环的形成是达川区基于对现有农村资源的挖掘，选择具有发展潜力、具有保护价值的村庄进行整体提升。远郊现代产业环的范围为除近郊休闲农旅环外围的区域空间。

乡村振兴战略作为关系全面建设社会主义现代化国家的全局性、历史性任务，当下如何贯彻执行、如何创新模式，推动乡村创新发展尤为必要和关键。未来发展现代农业产业要放在乡村振兴的重要位置，构建符合乡村定位、具有市场竞争力的现代农业产业体系，推动乡村产业高质量发展。

“十三五”期间，达川区进一步加快区域产业发展，加快培育促进贫困村和贫困户增收的产业体系，加快发展特色农业、乡村旅游业等；同时以放活土地承包经营权为突破口，积极培育龙头企业、农民专业合作社、种养大户、家庭农场等新型农业经营主体，完善利益联结机制，带动群众增收致富；达川区实施品牌工程，创建农产品优势品牌，依托品牌实现产业增效。加强农业科技宣传应用，提高农民生产经营能力。达川区紧紧围绕区委“深入推进三大战略、加快实现五区目标”战略部署，按照全区农业产业发展“双三双五”工程，着力推进“优质粮油、蔬菜、水果、生猪、乌梅”五大主导产业，“茶叶、双椒、金银花、柠檬、蓝莓、食用菌”等特色产业及“休闲农业和乡村旅游、农产品原产地初加工、农村电子商务、养老服务、农村文化创意”等新兴产业，扶持贫困村、贫困户发展特色产业，形成一村一品、多村一品、一乡一业的产业发展格局。达川区加大无公害、绿色农畜产品认证和农畜产品宣传，强化知名产品、名牌产品打造，着力提升达川特色农畜产品知名度。突破食用菌产业发展，东部片区发展草(粪草)腐食用菌，南部片区发展木腐食用菌，西部片区发展草(粪草)或木腐食用菌，充分利用农作物废弃物，促进资源循环利用。达川区以市场为导向，以资源优势为基础，以土地流转制度改革为动力，积极构建新型经营体系，推进农业现代化进程。达川区重点推广以农民家庭经营为基础，联户经营、专业大户和家庭农场为市场主体，专业合作、产权合作相结合的适度规模经营方式。达川区大力培育农民专业合作社，2020 年培育农民专业合作社 500 家，家庭农场 50 家。达川区大力培育经营性农业服务组织，为农业生产提供专业化、市场化服务，促进农业电子商务发展，建立发展 3 个专业协会组织。达川区创建无公害、绿色农(畜)产品认证 25 个，市级知名产品 1 个，建设无公害农产品基地 8~10 个，培育有影响力的名牌农产品 5 个以上，特色优势农产品占比达到 60%以上。“十三五”末，达川区已实现农林牧渔业增加值达 55 亿元，年均增长 5%左右。

2.4.3 西部引领区

西部引领区以区农业农村局为牵头单位，以区水务局、区市场监督管理局、各相关乡镇(街道)为责任单位，推进西部现代农业园区建设。该区以九岭罐子为核心连片规范发展花椒产业，配套完善基础设施和精深加工，建设花椒现代农业园区；以堡子、米城为核心，推进达川贡米产业布局区域化、种植规模化、生产标准化、加工现代化，着力建设达川贡米产业带。到2021年底，全区建成达川贡米生产基地10万亩，品牌化、标准化效果彰显。

2.4.4 中部引领区

中部引领区采取“龙头企业+基地+农户”“专合组织+基地+农户”“业主(大户)+基地”等模式，以区农业农村局为牵头单位，以区林业开发与保护中心、区自然资源局、区经济和信息化局、各相关乡镇(街道)为责任单位，通过提升老基地，扩展新基地，实施项目带动战略，突出良种化、规模化、产业化和品牌化发展，在百节、马家、景市、平滩、碑高等地大力发展乌梅产业园。2020～2021年，该区新改建乌梅产业示范基地2万亩；2019年新发展乌梅种植面积10 000亩；2020年新发展2000亩，提质增效3000亩；2021年新发展3000亩，提质增效2000亩。同时，在赵家镇、双庙镇、木子镇等地建设蔬菜产业示范带，构建集生产、储存、加工、营销、休闲于一体的全产业链，带动全区蔬菜产业可持续健康发展。

2.4.5 东部引领区

东部引领区以区农业农村局为牵头单位，以区林业开发与保护中心、区文化体育和旅游局、区自然资源局、区经济和信息化局、各相关乡镇(街道)为责任单位，推进东部现代农业园区建设。该区以万家镇双桥村、五洞村为核心，加快推进中华银杏谷田园综合体建设，打造集农旅、休闲、观光、康养等于一体的中华银杏谷康养中心；以麻柳丽天牧业为核心，加快推进集种养循环、春申君文化于一体的休闲立体观光农业；以安仁乡为核心，加快推进安仁柚产业化基地和产业园区建设，2019年新发展安仁柚种植面积1.1万亩，2020年新发展0.9万亩，2021年安仁柚种植面积达到5万亩，并配套完善基础设施；以麻梁路、达开线为核心，集中连片规模发展粮油产业，建设万亩粮油高产高效示范片5万亩。

2.5 脱贫成果巩固与乡村振兴衔接产生的背景

2.5.1 政策背景

我国出台了一系列有关脱贫攻坚与乡村振兴的政策文件，为脱贫成果巩固与乡村振兴的衔接提供了参考与指导。

2018 年 1 月 2 日，中共中央、国务院印发《中共中央 国务院关于实施乡村振兴战略的意见》，指出实施乡村振兴战略，是党的十九大做出的重大决策部署，是决胜全面建成小康社会、全面建设社会主义现代化国家的重大历史任务，是新时代“三农”工作的总抓手，并提到“做好实施乡村振兴战略与打好精准脱贫攻坚战的有机衔接”[38]。2018 年 9 月，《乡村振兴战略规划(2018—2022 年)》正式印发，标志着乡村振兴战略的正式实施，文件指出，“把打好精准脱贫攻坚战作为实施乡村振兴战略的优先任务，推动脱贫攻坚与乡村振兴有机结合相互促进”。2019 年中央一号文件《中共中央 国务院关于坚持农业农村优先发展做好“三农”工作的若干意见》指出：“做好脱贫攻坚与乡村振兴的衔接，对摘帽后的贫困县要通过实施乡村振兴战略巩固发展成果。”2020 年 2 月，中央一号文件《中共中央 国务院关于抓好“三农”领域重点工作确保如期实现全面小康的意见》明确提出“抓紧研究制定脱贫攻坚与实施乡村振兴战略有机衔接的意见”，为下一步“三农”工作进一步明确了方向。2020 年 10 月，在中共十九届五中全会上，《中共中央关于制定国民经济和社会发展第十四个五年规划和二〇三五年远景目标的建议》审议通过，指出要实现巩固拓展脱贫攻坚成果同乡村振兴有效衔接，健全农村社会保障和救助制度，坚持和完善东西部协作和对口支援、社会力量参与帮扶等机制。在我国“十四五”规划的开局之年发布的中央一号文件，即《中共中央 国务院关于全面推进乡村振兴加快农业农村现代化的意见》中，国家要求各层级各地区农业农村部门认真学习宣传贯彻中央一号文件精神，按照“三农”工作的重要部署，全面推进乡村振兴，提高发展的质量，聚焦“产业招商落地攻坚年”，加快农业农村现代化发展，全力推进“农业高质高效、乡村宜居宜业、农民富裕富足”。2021 年 2 月，中共中央办公厅、国务院办公厅印发《关于加快推进乡村人才振兴的意见》，指出到 2025 年，我国乡村人才振兴制度框架和政策体系基本形成，乡村振兴各领域人才规模不断扩大、素质稳步提升、结构继续优化，各类人才支持服务乡村格局基本形成，乡村人才初步满足实施乡村振兴战略基本需要。

在中央和四川省委脱贫攻坚和乡村振兴战略背景下，达川区委、区人民政府和扶贫开发局也印发了一系列政策文件，围绕脱贫攻坚与乡村振兴的有机衔接做了大量工作。达川区 2020 年的一号文件——《关于推进“三农”工作补短板强基础确保如期实现全面小康的意见》，要求持续推进“宜居乡村·美丽达川十大行动”建设，不断深化农业农村改革，提高乡村治理水平，提升全区人民获得感、幸福感、安全感，确保脱贫攻坚战圆满收官，确保与全国全省全市同步全面建成小康社会；2021 年达川区委发布的《关于全面推进乡村振兴加快农业农村现代化的实施意见》，为达川区全面实施乡村振兴战略，促进农业高质高效、乡村宜居宜业、农民富裕富足，开启了农业农村现代化建设新征程。

2.5.2　时间背景

乡村振兴战略“三步走”中的第二步已经开始，即“到 2035 年，乡村振兴取得决定性进展，农业农村现代化基本实现”。对脱贫成果巩固与促进乡村振兴有机衔接的相关问题进行研究，成为当前摆在我们面前刻不容缓的重要课题。

2021 年 2 月 25 日，习近平总书记在全国脱贫攻坚总结表彰大会上的讲话指出，“经过全党全国各族人民共同努力，在迎来中国共产党成立一百周年的重要时刻，我国脱贫攻坚战取得了全面胜利，现行标准下 9899 万农村贫困人口全部脱贫，832 个贫困县全部摘帽，12.8 万个贫困村全部出列，区域性整体贫困得到解决，完成了消除绝对贫困的艰巨任务”，“要围绕立足新发展阶段、贯彻新发展理念、构建新发展格局带来的新形势、提出的新要求，坚持把解决好‘三农’问题作为全党工作重中之重，坚持农业农村优先发展，走中国特色社会主义乡村振兴道路，持续缩小城乡区域发展差距，让低收入人口和欠发达地区共享发展成果，在现代化进程中不掉队、赶上来。全面实施乡村振兴战略的深度、广度、难度都不亚于脱贫攻坚，要完善政策体系、工作体系、制度体系，以更有力的举措、汇聚更强大的力量，加快农业农村现代化步伐，促进农业高质高效、乡村宜居宜业、农民富裕富足。”[35]

我国社会现阶段的主要矛盾为“人民日益增长的美好生活需要和不平衡不充分的发展之间的矛盾”。因此，要针对主要矛盾的变化，推动脱贫攻坚向乡村振兴平稳过渡，建立长短结合、标本兼治的体制机制。在脱贫攻坚目标任务完成后，对摆脱贫困的县，从脱贫之日起设立 5 年过渡期，做到扶上马送一程。过渡期内保持现有主要帮扶政策总体稳定，并逐项分类优化调整，合理把握节奏、力度和时限，逐步实现由集中资源支持脱贫攻坚稳定过渡到全面推进乡村振兴，推动“三农”工作重心的历史性转移。抓紧制定各项政策完善优化的具体实施办法，确保工作不留空档、政策不留空白。

2.5.3 实践背景

我国一直以来都是一个农业大国，当前解决城乡发展不平衡问题的落脚点就在农村。

在脱贫成果巩固与乡村振兴的衔接之际，国家也为此做出了行动。①通过积极推动脱贫攻坚普查工作，检查巩固脱贫攻坚成果，普查脱贫成果的准确性与真实性，全面了解建档立卡贫困人口脱贫实现情况。②按照党中央、国务院决策部署，带动相关地区、部门和各级普查机构共同努力，经过广大普查人员的艰辛付出和普查对象的积极配合，国家脱贫攻坚普查如期完成方案设计、清查摸底、现场登记、事后质量抽查、数据汇总、公报等各项任务。③健全防止返贫动态监测和帮扶机制，对潜在返贫致贫人口及时发现、及时帮扶，守住防止规模性返贫底线。④以大中型集中安置区为重点，稳步做好易地搬迁后续帮扶工作，不断加大就业和产业扶持力度，继续完善安置区配套基础设施、产业园区配套设施、公共服务设施，切实提高社区治理能力。⑤加强扶贫项目资产管理和监督。⑥实施脱贫地区特色种养业提升行动，广泛开展农产品产销对接活动，深化拓展消费帮扶。⑦持续做好有组织劳务输出工作。统筹用好公益岗位，对符合条件的就业困难人员进行就业援助。在农业农村基础设施建设领域推广以工代赈方式，吸纳更多脱贫人口和低收入人口就地就近就业。⑧在脱贫地区重点建设一批区域性和跨区域重大基础设施工程。⑨加大对脱贫县乡村振兴支持力度。在西部地区脱贫县中确定一批国家乡村振兴重点帮扶县集中支持。支持各地自主选择部分脱贫县作为乡村振兴重点帮扶县。⑩坚持和完善东西部协作和对口支援、社会力量参与帮扶等机制[37]。

本书以达川区为研究对象，结合脱贫成果巩固，围绕“产业兴旺、生态宜居、乡风文明、治理有效、生活富裕”总要求，着重探索在脱贫成果巩固中乡村产业发展、乡村基础设施建设、乡村治理有效对于乡村振兴的重要支撑作用。只有乡村产业发展好、基础设施完善、乡村治理有效，才能做到真脱贫、脱真贫、不返贫，同时乡村振兴才有基础。比如，达川区龙会乡的花石岩村，有花椒、无花果、脆李等产业支持乡村发展，有治理有效的村委会及带头人，通村道路、医疗卫生、教育等建设完好，为花石岩村振兴提供了重要保障，同时结合乡村旅游，成为达川区脱贫成果巩固与乡村振兴的样本和模式，其经验可向全国推广。

达川区委、区政府为开好局、起好步，部署了“精准脱贫攻坚年”等“十个年”的实施方案，分别为《达川区“精准脱贫攻坚年”实施方案》《达川区“城市综合管理年”实施方案》《达川区“民生改善实效年”实施方案》《达川区“党建提升年”实施方案》《达川区“交通提升年”实施方案》《达川区“乡村振兴开局年”实施方案》《达川区“招商引资落地年”实施方案》《达川区“工业巩固提升年”实施方案》《达川区“项目攻坚突破年”实施方案》《达川区“环境治理攻坚年”实施方案》，为推动达川区由脱贫成果巩固向乡村振兴过渡提供了实施依据。

第3章 脱贫成果巩固与乡村振兴衔接实证调研案例

3.1 研究区域与研究方法

(1)研究区域。为探寻达川区脱贫状况、脱贫成果巩固与乡村振兴衔接状况，本书选择原典型贫困村：龙会乡花石岩村、马家镇肖家村、河市镇成都村为调研执行区域，科学客观地分析在不同区域、不同条件下，各地区如何通过国家、省、市及地方力量实现脱贫和脱贫后的可持续发展。

(2)实证研究方法。本书的实证研究方法如下。①资料收集法。本书通过资料的收集与查询，对脱贫成果巩固调查执行区域的脱贫情况进行详细分析；收集脱贫攻坚档案，进行脱贫攻坚政策实施的调查总结。②村委座谈法。本书在对原贫困地区进行调查的过程中，首先组织乡镇、村级干部进行座谈，总体了解该村的脱贫成果巩固情况，包括致贫原因、贫困现状与脱贫现状，选定脱贫成果巩固的调查区域范围。③问卷调查法。本书对选定的脱贫成果巩固区域采用问卷调查的实证研究方法(调查问卷见附录)，以县为重点，以村镇为单位，采取村委会号召、入户调查等方式，进行一对一的问卷发放调查，确保回收问卷的有效性。④个别访谈法。在调查区域，本书通过对村支书及产业业主进行个别访谈记录，以补充问卷调查的实证研究结果。

3.2 调查区域脱贫概况

达川区脱贫总体进度：2018 年，达川区 31 个贫困村、8356 名贫困人口脱贫退出，82 602 名脱贫人口脱贫成效持续巩固，贫困发生率降至 0.65%，省定贫困区摘帽[①]；2019 年，6103 名贫困人口脱贫，所有贫困人口全部脱贫，巩固 142 个贫困村和 8.2745 万名贫困人口脱贫成果；2020 年全面脱贫并进入巩固提升阶段。达川区通过“四大会战”“四大政策”“四轮驱动”等帮助措施，在扶贫保障支撑机制、扶贫协同支撑机制、三步化工作机制、外在力量和内生动力互动机制等多方面形成了特色的扶贫模式。达川区的扶贫保障支撑机制主要体现在对原贫困户的社会保障、基础设施的投入和建设方面。达州市达川区人民政府印发的《达州市达川区“十三五”脱贫攻坚规划(2016—2020 年)》

---

① 数据来源于达川区人民政府 2019 年政府工作报告，参见 http://www.dazhou.gov.cn/xxgk-show-2033.html.

中，制定了减贫标准和减贫计划。

1）贫困人口退出标准

在贫困人口脱贫方面，达川区要求达到“两不愁”“三保障”“三有”标准。“两不愁”指不愁吃、不愁穿，家庭人均纯收入稳定超过国家扶贫标准（2016 年省定扶贫标准为人均纯收入达 3100 元以上）。“三保障”指实现义务教育保障、基本医疗保障、住房安全保障，其中：家庭子女义务教育阶段，无因贫困而未读和辍学；新农合参保率达到 100%，个人医疗费用支出应控制在 10%以内；贫困户中没有无房户、危房户和住房困难户，实现住有所居，住房保障率达 100%。“三有”指有安全饮用水、有生活用电、有广播电视。要求贫困人口每人每天可获得水量不低于 60 升且水质符合国家相关标准，正常成人取水的人力取水往返时间不超过 10 分钟，供水保证率不低于 95%；贫困户家中通生活用电且能满足照明、电视、电风扇、冰箱、洗衣机、电饭煲等日常生活用电需求；通过直播卫星、有线电视、地面数字电视三种方式收听收看广播电视节目。

2）贫困村退出标准

“十三五”时期，在贫困村退出标准方面，达川区要求达到“一低”“五有”。“一低”指贫困发生率低至 3%以下。“五有”指有集体经济收入、有硬化路、有卫生室、有文化室、有通信网络，要求村级集体经济有合理、持续稳定的收入来源，有健全的运行机制；乡（镇）政府所在地或上级路网至建制村村委会驻地（村小学）通硬化路；村有卫生室，业务用房建筑面积达 $60m^2$，当年退出村至少有 1 名合格乡村医生/执业（助理）医师；文化室建筑面积不低于 $50m^2$，设有文化活动室、党员远程教育-文化信息资源共享工程基层服务点和图书阅览室等；以窄带（拨号上网、GPRS 等）或宽带（ADSL、3G、4G、光纤等）方式，在已通电贫困村实现至少一处有互联网覆盖。具体的政策措施主要体现在 6 个方面。

(1)扶持生产和就业发展一批。“十三五”时期，达川区对有劳动能力、可以通过生产和务工实现脱贫的贫困人口，加大产业培育扶持和就业帮助力度，因地制宜发展贫困人口参与度高的区域特色产业，坚持“一村一品、多村一品”连片推进。贫困户有产业庭院，培育庭院经济，通过发展生产实现长效脱贫。用好用足促进就业创业的扶持政策，支持用人单位在贫困村建立劳务培训基地，实行定向、订单培训，对具有创业意愿的贫困劳动力，开展免费创业培训。强化转移就业和就业对接服务，抓好劳务经济，根据市场需求，开设对口专业，抓好劳务培训，有效提升贫困户劳动技能和素质，通过务工实现稳定脱贫。落实鼓励支持外出务工人员回乡创业政策措施，加强创业指导服务，以回乡创业带领贫困群众就业增收。

(2)医疗救助扶持一批。“十三五”时期，主要采取了以下措施。①调整新型农村合作医疗政策，逐步提高贫困人口新农合筹资标准和政策范围内报销比例。②加强新农合定点医院监管，严格控制目录外费用占比和不合理医疗消费，降低贫困人口就医费用支出。③完善大病保险制度，降低贫困人口住院报销起付线，提高报销比例。④资助最低生活保障家庭成员和特困供养人员等重点救助对象参加基本医疗保障；加大医疗救助力度，对贫困户、残疾人因重大疾病发生在定点医疗机构政策范围内的住院费用，除基本医疗保险、城乡居民大病保险、各类补充保险、商业保险报销之外，对需要个人负担的费用，在年度救助限额内予以补助。

⑶低保政策兜底一批。“十三五”时期，主要采取了以下措施。①将丧失劳动能力、难以通过产业扶持和就业帮助实现脱贫的，全部纳入最低生活保障，通过社会保障实施政策性兜底扶贫。②落实低保线和扶贫线“两线合一”实施办法，逐步把低保线提高到扶贫线标准。③加快养老服务设施建设，在供养对象自愿的前提下，对无劳动能力、无生活来源、无赡养人或抚养人的特困人员实行集中供养，有效解决好贫困优抚对象生活难、就医难、住房难等问题。④对残疾人扶贫对象实行生活费补贴，核定其年收入与国定贫困线标准差额，据实发放差额补助，使其年收入达到国定贫困线标准。

⑷移民搬迁安置一批。“十三五”时期，主要采取了以下措施。①对生存在自然条件恶劣、生态环境脆弱、不具备基本发展条件的地方，以及居住过于分散、基础设施和公共服务配套难的地方，居住在地质灾害威胁区的贫困户，实施移民搬迁安置。②对搬迁安置地制定特殊政策，通过调整、转让或集中进行土地开发等形式，解决搬迁贫困户的宅基地和口粮田。③用好城乡建设用地增减挂钩政策、土地整治政策、地质灾害避让政策、生态保护搬迁政策和易地扶贫搬迁政策等，提高易地搬迁补助标准，给予搬迁建房贷款贴息，解决部分搬迁资金。④统一规划易地扶贫搬迁集中安置区的基础设施和公共服务设施建设，集中资金加大投入，优先安排。制定和实施全区移民搬迁专项规划，结合新型城镇化、城镇保障性安居工程、幸福美丽新村和农村廉租房建设，合理安排搬迁地点、搬迁资金和搬迁进度。

⑸灾后重建帮扶一批。“十三五”时期，主要采取了以下措施。①针对因灾致贫的贫困村和贫困户，制定并落实灾后恢复重建规划和相关扶持政策，帮助灾区恢复基础设施，帮助贫困户重建美好家园。②坚持以人为本，优先推进住房重建，对个别建不起房的特困家庭实行政府兜底和推进农村廉租房建设。③加快学校、医院等服务设施建设，加强道路、水利、电力、通信等基础设施重建。④支持灾区迅速恢复生产，在重建中推动产业转型升级，增加更多就业机会，促进灾区群众增收脱贫。

⑹教育解困资助一批。“十三五”时期，主要采取了以下措施。①针对贫困代际传递现象，大力发展教育事业，资助贫困学生完成学业，以教育促就业促脱贫。②实施基础教育巩固提升计划，健全学前教育资助政策，逐步提高贫困地区幼儿保教费减免比例，免收贫困家庭子女保教费，提高“三儿”经费资助比例。③全面落实义务教育“三免一补”政策，逐步提高贫困寄宿生生活补助比例。④巩固和提升义务教育成果，教育建设项目和资金优先保障农村边远地区和薄弱学校教育需要，并向农村寄宿制学校和“村小”教学点倾斜。⑤加大对建档立卡贫困户家庭学生的资助力度，对确定为特困家庭的高中生除免学费外，还享受助学金补助，同时纳入“滋蕙计划”。⑥落实免费职业教育政策，提高原贫困学生就读职业技术学校的比例，对原贫困家庭的中高职在校生，除享受国家职业教育资助政策外，再给予“雨露计划”专项资助。⑦拓展贫困大学生资助渠道，通过发放奖学金、助学金、助学贷款等实现助学全覆盖[38,39]。

3.2.1　花石岩村脱贫状况

达州市达川区龙会乡花石岩村位于铁山以西，距达州城区约 60km，离龙会乡场镇约 6.5km，截至 2019 年底，全村总面积约为 4300 亩，其中耕地面积为 1503.5 亩，全村共有 4 个村民小组，365 户，1235 人。该村原有贫困户 75 户 281 人，2018 年已脱贫 75 户 281 人，贫困发生率为 0%。截至 2018 年底，全村村民人均收入已达到 11 216 元。

本书作者团队于 2019 年对达川区花石岩村进行实地调研，抽取了花石岩村 24 户原贫困户作为调查对象，其中有 1 户资料残缺，故剔除。以下为 23 户原贫困户的统计资料。

1. 概况

通过对达川区花石岩村进行实地调研，以文化程度、劳动人口占比、致贫原因为统计对象，以下为 23 户原贫困户的基本情况。

(1) 文化程度。接受调查的 23 户原贫困户的户主中，有 20 人为小学及以下学历，2 人为初中学历，1 人为高中学历(表 3-1)。

表 3-1　原贫困户户主文化程度

文化程度	小学及以下	初中	高中	职校-中专	本科(大专)及以上
人数/人	20	2	1	0	0

(2) 劳动人口占比。此处所述的劳动人口占比，即劳动人口与户籍人口之比。由于问卷中调查的是非劳动人口，因此劳动人口＝户籍人口-非劳动人口。在受调查的 23 户原贫困户中，有户籍人口 84 人，非劳动人口 36 人。由上所述，劳动人口为 84-36=48(人)。由此可得劳动人口占比约为 57%(图 3-1)。

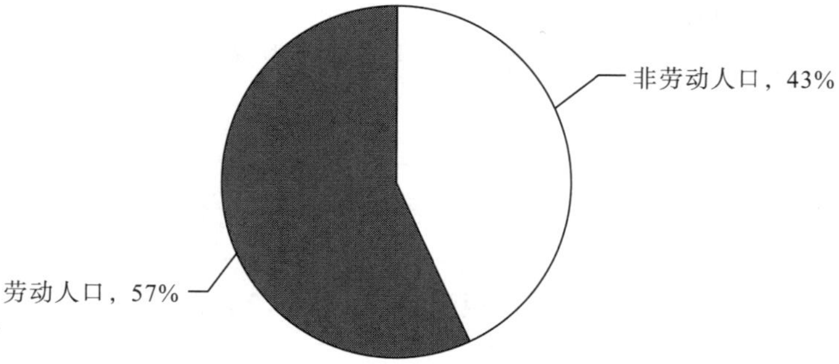

图 3-1　花石岩村原贫困户劳动人口占比

(3) 致贫原因。在受调查的 23 户原贫困户的致贫原因中，有 13 户因病致贫，有 1 户因残致贫，有 1 户因学致贫，有 2 户因缺技术致贫，有 3 户因病、缺资金致贫，有 3 户因病、缺技术、缺劳力致贫(图 3-2)。

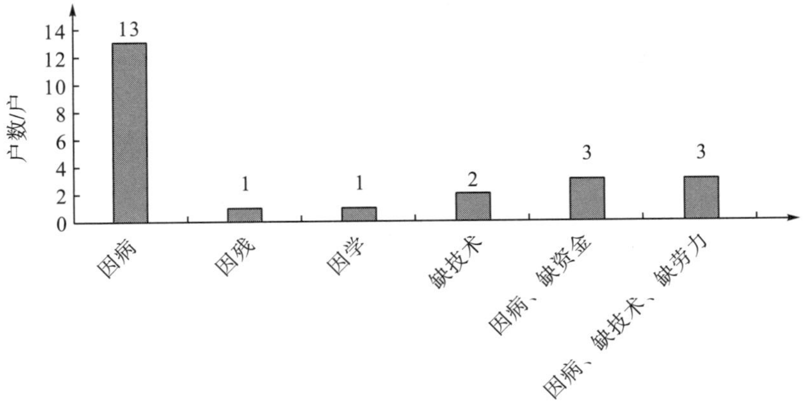

图 3-2　花石岩村原贫困户致贫原因

2. 脱贫成果巩固现状

(1)经济发展方面。花石岩村 2018 年已脱贫 75 户 281 人，贫困发生率降为 0%。开展脱贫攻坚工作以来，全村立足村情谋发展、苦干实干兴产业，倾力打造秦巴生态民俗文化村，发展生态农业、发掘民俗文化、建设乡村旅游示范村，积极创建“AAA”级旅游景区；大力发展无花果、青脆李、水产、鸡、花卉、中药材等产业。截至本书完成时，该村已布置 4 个无花果生产基地，占地面积达 200 余亩，栽种青脆李 1000 余亩，其中业主流转 700 多亩。截至 2018 年底，全村村民人均收入已达到 11216 元。

(2)社会发展方面。“十三五”期间，花石岩村总共完成村道建设 9km，实现原贫困户硬化道路全通达。

(3)环境方面。石岩村山川灵秀，人杰地灵，截至 2019 年，已形成“果药花钓”的基础产业，其中，无花果 300 亩，青脆李 700 亩，九叶菊和金银花 200 亩，4 个湖泊可同时容纳 1000 人野钓，同时花石岩村创“AAA”级旅游景区的规划已通过审核，并初具规模，后续的投资与建设正在进一步推进，新增乡村酒店、景区大门、游客服务中心、巴人文化石刻园、牛魂艺术园、生肖人品走廊、中国巴渠民间文化陈列馆、传统农耕文化记忆园等。

3.2.2　肖家村脱贫成果巩固状况

肖家村位于达川区马家镇东北部，距离场镇 8km，最高海拔 800m，面积 $3.2km^2$，截至 2019 年，有 6 个村民小组，223 户，727 人，劳动力 374 人，森林面积为 5500 亩，耕地面积为 1555 亩，种植乌梅 5000 多亩，带动其他特色种、养产业和乡村旅游产业齐头并进，快速发展。2014 年肖家村识别建档立卡贫困户 51 户 166 人，贫困发生率为 18.6%。全村有劳动力 458 人，富余劳动力 37 人，在家劳动力 167 人(其中男劳动力 88 人，女劳动力 79 人)，外出务工 291 人。本书作者团队于 2019 年对肖家村进行实地调研，抽取了肖家村 10 户原贫困户作为调查对象。

1）概况

（1）受访户男女比例：10 户受访人员中，有男女各 5 人。

（2）文化程度：10 户受调查的户主均为小学及以下文化程度，说明该村村民受教育水平较低。

（3）劳动人口占比：在调查的 10 户受访人员中，共有户籍人口 34 人，其中非劳动人口 17 人，在家务农人口 10 人，共占劳动人口的 79%，外出打工人口为 7 人（表 3-2）。

表 3-2　肖家村劳动人口状况

类别	人数/人	占比/%
非劳动人口	17	50
在家务农人口	10	29
外出打工人口	7	21

（4）脱贫年度：在受访的 10 户原贫困户中，6 户于 2017 年脱贫，2 户于 2016 年脱贫，2015 年和 2019 年各脱贫 1 户（表 3-3）。

表 3-3　肖家村脱贫年度表

年份	户数/户	占比/%
2015	1	10
2016	2	20
2017	6	60
2019	1	10

（5）致贫原因：在受访的 10 户原贫困户中，因病致贫最多，为 10 次，因缺劳力致贫 5 次，因残致贫 2 次，因学致贫 1 次（表 3-4）。

表 3-4　肖家村致贫原因表

致贫原因	次数/次
因病	10
缺劳力	5
因残	2
因学	1

2）脱贫概况

（1）经济发展方面。截至 2019 年，肖家村种植乌梅 5000 余亩，带动其他特色种、养产业和乡村旅游产业齐头并进，快速发展。①各类产业蓬勃发展：拥有金海龙专业合作社、宏山林、鸿酤酒厂、乌梅山庄、康养中心等产业，既使原贫困户通过入股分红、土地流转、务工等方式实现增收，又使村集体经济不断发展壮大。②乡村旅游崛起：肖家村结合现有的民俗风貌、乌梅产业、四季果园产业、林下养殖产业，森林漫步道、山地马拉松等项目，形成具有本村特色的乡村旅游产业。

(2)社会发展方面。截至 2019 年，①基础设施全面改观：硬化村社道路 25.6km(其中，硬化村道 3.9km、社道 11.29km、入户路生产道 4.41km)，形成四通八达的旅游交通，确保生产生活出行及旅游通畅。②整治山坪塘 6 口、微水池 22 口、人畜饮水点 10 个，并完成自来水入户工程，建立完善了肖家村村级人畜饮水工程建后运行管理机制。③累计建有村级卫生站卫生间面积 $70m^2$，党群服务中心 $837m^2$，设有办公室、党员活动室、会议室、旅游接待中心、图书室、广播室、调解室及脱贫攻坚教育基地展示厅各 1 个。④投资新建移动信号基站、实施电网改造及变电器增容、引入民用天然气进村、光纤入户等，实现了农村居民农村电网、通信建设全覆盖、全达标。⑤设有村级电商平台、农信代办点及爱心超市；依托党校培训、夜校等发展康养中心。⑥新村建设面貌一新：肖家村已建有新村点 2 个，其中茶园桥就近集中安置点占地 20 余亩，安置搬迁农户 19 户；肖家村易地搬迁点占地 14 亩，集中搬迁安置贫困户 8 户、非贫困户 7 户，并建有幸福广场、健身广场、微田园、停车场、公共厕所、污水处理站、农耕文化走廊。

3)环境方面

当地新建公共厕所 3 个、生产生活垃圾集中堆放点 4 个，改善了村民居住条件和环境。

3.2.3 成都村概况

成都村位于河市镇南边约 5km，距主城区 17km，三面临洲河形成半岛，平均海拔 350m，村域面积为 $2.88km^2$，截至 2019 年底，成都村辖 8 个村民小组，365 户，总人口 1202 人。截至 2013 年底，成都村共有建档立卡贫困户 91 户 313 人，贫困发生率为 26%，属于达州市高贫困发生率地区。成都村耕地面积为 1218.6 亩(其中水田 720 亩、旱地 498.6 亩)，森林面积为 1160 亩；堰塘 3 口，水域面积为 40 亩。村内山清水秀，树木十分茂盛。独特的三面临河地理优势以及紧邻主城区的地域优势造就了成都村丰富的旅游资源。据有关资料记载，成都村是山冈县遗址，南朝梁大同二年(公元 536 年)置县治，到北宋熙宁六年(1073 年)撤除并入通川县为止，共经历 537 年县城历史。该村经济收入以近郊旅游、种植业、养殖业为主。

本书研究团队于 2019 年对达川区成都村进行实地调研，抽取了成都村 24 户原贫困户作为调查对象。其中 6 户户主为女性，18 户户主为男性。

1. 概况

(1)文化程度。在接受调查的 24 户中，初中学历有 3 户，小学及以下有 21 户，无更高的文化程度(表 3-5)。

表 3-5　成都村原贫困户文化程度

文化程度	小学及以下	初中	高中	职校-中专	本科-大专及以上
户数/户	21	3	0	0	0

(2)劳动人口占比，即劳动人口与户籍人口之比。由于问卷中调查的是非劳动人口，因此，劳动人口＝户籍人口-非劳动人口。在受调查的 24 户原贫困户中，有户籍人口 84 人，非劳动人口有 34 人。由上所述，劳动人口为 84-34=50(人)。由此可得劳动人口占比约为 60%(图 3-3)。

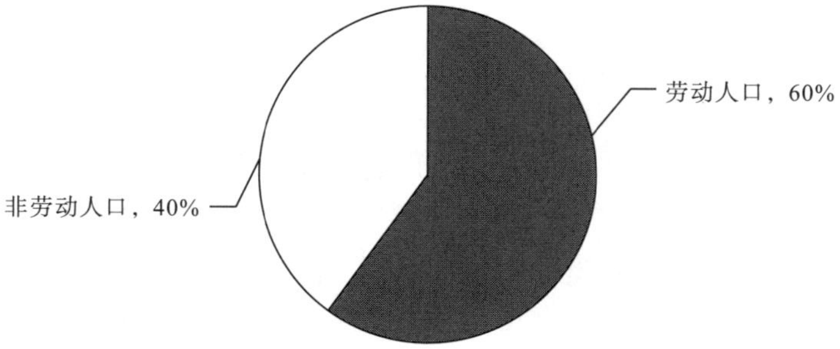

图 3-3　成都村原贫困户劳动人口占比

(3)致贫原因。受到多种致贫因素叠加的影响，在接受调查的 24 户原贫困户的致贫原因中，有 20 次因病致贫，有 2 次因残致贫，有 1 次因缺资金致贫，有 1 次是因病、缺资金、缺劳力致贫。

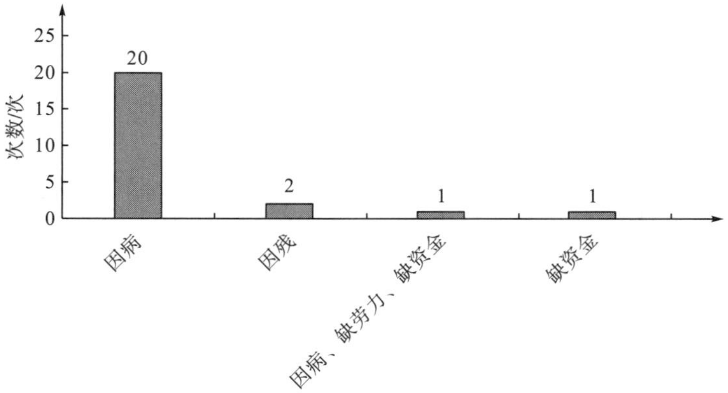

图 3-4　成都村原贫困户致贫原因

2. 脱贫概况

2019 年以来，该村两委紧紧围绕基础设施、产业发展、群众增收、民生改善等，强力推进脱贫成果巩固，取得了显著成效，根本性改变了该村“无硬化道路、无规模产业、无增收来源”和基础差、环境差、发展差的落后面貌；先后升级改造通村道路 20 余公里，新建水渠 7km，引进花纤谷、品上品等投资 500 万元以上的农村项目 3 个。

(1)经济发展方面。①生产方面。截至 2019 年，成都村农作物总播种面积为 3676

亩，其中：粮食作物播种面积为 1912 亩，经济作物播种面积为 497 亩，粮食总产量为 732 吨，人均粮食占有量约为 732 千克。猪年末存栏数为 120 头、出栏数为 300 头，牛年末存栏数为 42 头、年出栏数为 10 头，羊年末存栏数为 30 头、年出栏数为 20 头，小家禽年末存栏数为 1000 只、年出栏数为 3000 只。全村生产总值约为 605 万元，其中农业总产值为 300 万元，劳务收入为 305 万元，农民人均纯收入为 3600 元。②产业发展现状。成都村依托毗邻达州市机场独特的区位优势以及旖旎的自然风光，全力推进市民近郊休闲娱乐产业发展，打造乡村旅游胜地。截至 2019 年，该村已发展四星级乡村酒店 1 家，农家乐 3 家，民宿客房共计 80 余间，大型旅游观光体验农业企业三家，每年吸引游客 15 万人次；农业产业方面有养猪场 2 个，年出栏 1000 头；建成养鸡场 1 个，年出栏 6 万余只，年出鸡蛋 360 万枚。

⑵社会发展方面。①基础设施方面：2019 年以来，全村共投资 700 余万元新建村社道路 20 余公里，修建人行便道 5km，全村所有村民小组均已通水泥路，2017 年底实现 100%通院户路，彻底解决了村民出行难的问题；全村新建引水渠 7km，铺设自来水管道 35km，新建维修堰塘水池 5 口，覆盖全村 8 个社，彻底解决了生产生活用水困难；全村引进龙头企业，连片流转整理土地 1500 亩，荒山 200 亩，提高了土地利用效率，彻底解决了土地撂荒问题。②社会事业：2019 年有在校学生 135 人，入学率为 100%；有村卫生室 1 个，医务人员 2 人；有村务活动室 1 个，面积为 $40m^2$，有文化活动室 1 个，面积为 $20m^2$。

⑶环境方面。农户居住环境已明显改善，改厨改厕基本完成，大部分农户都住进了砖混结构的房屋。

3.3　调查区域脱贫成果巩固与乡村振兴衔接状况

3.3.1　花石岩村衔接状况

花石岩村紧紧围绕“强党建、抓发展、助民富”的总体目标，倾力打造秦巴生态民俗文化村，发展生态农业、发掘民俗文化、建设乡村旅游示范村。该村支部一班人立足村情谋发展、苦干实干兴产业，积极创建国家“AAA”级旅游景区，大力发展无花果、青脆李、水产、鸡、花卉、中药材等产业，通过加强自身建设、抓党建、促经济、上项目、引资金、谋发展，大力抓基础设施建设，着力为民办好事实事，使村容村貌发生了翻天覆地的变化，群众的生活水平犹如“芝麻开花节节高”，党支部的威信不断提高，全村出现了团结拼搏攀高峰、众志成城奔小康的喜人局面。

1. 脱贫途径及产业发展现状

花石岩村接受调查的 23 户原贫困户于 2018 年全部脱贫，其脱贫途径有多种，其中，因“发展特色产业增加收入”的有 11 次，因“外出务工”的有 12 次，因“看病有保障”的有 20 次，因“居住条件改善”的有 13 次，因“子女上学负担减轻”的有 6 次，因“养老保险减轻赡养老人负担”的有 5 次，因“子女赡养”的有 2 次(表 3-6)。

表 3-6　花石岩村原贫困户脱贫途径

脱贫途径	发展特色产业增加收入	外出务工	看病有保障	居住条件改善	子女上学负担减轻	养老保险减轻赡养老人负担	子女赡养
次数/次	11	12	20	13	6	5	2

首先，花石岩村发展青脆李、无花果、西瓜、花卉、肉牛、水产养殖、老酒坊等产业，以无花果 300 亩、青脆李 700 亩、九叶菊和金银花 200 亩为基础，打造“果药花钓”特色景观基础产业；其次，创建“AAA”级旅游景区，新增乡村酒店、景区大门、游客服务中心、巴人文化石刻园、牛魂艺术园、生肖人品走廊、中国巴渠民间文化陈列馆、传统农耕文化记忆园等。

2. 进一步发展需求

花石岩村接受调查的 23 户原贫困户的进一步发展需求中，对“加大资金支持力度”需求的有 14 次，对“提高社会保障力度和覆盖率”需求的有 15 次，对“积极培育和推进产业发展”需求的有 10 次，对“加强生产和生活设施建设”需求的有 3 次，对“解决子女上学难的问题”需求的有 5 次，对“提供技能培训和技术指导”需求的有 12 次，其他需求的有 1 次(表 3-7)。

表 3-7　花石岩村原贫困户进一步发展需求

发展需求	加大资金支持力度	提高社会保障力度和覆盖率	积极培育和推进产业发展	加强生产和生活设施建设	解决子女上学难的问题	提供技能培训和技术指导	其他需求
次数/次	14	15	10	3	5	12	1

3.3.2　肖家村衔接状况

根据本书在肖家村的研究数据统计，2019 年肖家村在产业方面共扶持 16 人，就业帮扶 43 人；医疗救助 36 人；教育解困资助 21 人；低保政策兜底 11 人；移民搬迁 1 户；获得资金支持 27 户，物资支持 1 户，技术培训 1 人；另外扶持种植水稻 19 亩、油菜 15.7 亩、玉米 7.4 亩，养殖猪 11 头、牛 3 头、羊 3 只、鸡 60 只。

通过各级部门的不断扶持，2019 年全村已基本实现“七有”：①有集体经济收入；②有通村硬化路、硬化村社道路 25.6km(其中，硬化村道 3.9km；硬化社道 11.29km、入户路生产道 4.41km)，形成四通八达的旅游交通，确保生产生活出行及旅游通畅；③有安全饮用水，整治山坪塘 6 口、微水池 22 口、人畜饮水点 10 个，并完成自来水入户工程，建立完善了肖家村村级人畜饮水工程建后运行管理机制；④有卫生室，累计建有村级卫生站卫生间面积 70m^2；⑤有公共活动场所，党群服务中心面积为 837m^2，设有办公室、党员活动室、会议室、旅游接待中心、图书室、广播室、调解室及脱贫成果巩固教育基地展示厅各 1 个；⑥有生产生活用电；⑦有通信网络，投资新建移动信号基站、实施电网改造及变电器增容、引入民用天然气进村、光纤入户等，实现了农村居民农村电网、通信建设全覆盖、全达标。

1. 肖家村打造的脱贫成果巩固模式

(1)建立良好的工作机制，全面推动脱贫成果巩固示范村建设。①村支部当领头羊，带动村民发展，以乌梅种植为主导。经考察，肖家村素有种植乌梅的传统，拥有乌梅等经果林生长的土质、光照等自然优势，结合这些情况，驻村工作队和村两委商议将乌梅产业确定为肖家村的主导产业，将乌梅林下养殖作为辅助。②借助政策引领，建设经营新村。通过各级部门整合涉农帮扶资金、加大捆绑投入，引导群众积极参与新村建设事业，村级基础设施和社会事业得到了大发展。其中，在经营新村方面，采取了如下措施。一是在“三中心一基地”的基础上，积极与相关部门对接，成功创建省级农民夜校示范学校、达川区委党校乌梅山分校，为经营新村奠定了基础；二是积极引导村民在新村聚居点自办农家乐和民宿，鼓励发展小超市等；三是立足资源禀赋和产业特色，打造农旅经济。

(2)加强领导班子建设，打造高素质的领导团队。①依法换届选举，组建良好领导班子；②加强学习，提高素质，发挥好领导作用；③优化党员、干部队伍结构，建设新时期具有先锋模范作用的党员队伍。

(3)注重实效，扎实解决突出问题。①夯实基础设施；②建立完善人畜饮水工程；③完善配套设施；④做好危房改造、易地扶贫搬迁工作；⑤做好特色产业增收工作；⑥做好教育扶贫工作；⑦做好文化建设工作；⑧做好本村信息化工作。

2. 脱贫途径及产业发展现状

肖家村将蔬果种植与家禽饲养有机结合，建立乌梅种植基地。“十三五”期间，该村流转专业合作社土地400亩带动乌梅种植，乌梅山庄流转1000余亩，累计发展乌梅种植3000余亩；修建乌梅加工厂，创立肖家村乌梅酒品牌“冯山林”乌梅酒，建立村级农业检测站，打造乌梅林下辅助养殖，建立小规模肉牛养殖场和寨子梁养鸡场，发展乌梅林下跑山鸡养殖，并主研乌梅研发接待，修建接待中心，形成了以“乌梅竹马”为主题的民俗乐园、农家乐等，实现了多产业融合式发展。

通过调研数据整理可以看出(表3-8)，肖家村脱贫途径中，“特色产业的发展增加了收入”有5次，“外出务工”有4次，“看病有保障”为7次，“居住条件改善”有4次，“子女上学负担减轻”有2次，“养老保险减轻了赡养老人的负担”有7次，“子女赡养”有6次。

表3-8 肖家村脱贫途径

类别	次数/次	占比/%
特色产业的发展增加了收入	5	14
外出务工	4	11
看病有保障	7	20
居住条件改善	4	11
子女上学负担减轻	2	6

续表

类别	次数/次	占比/%
养老保险减轻了赡养老人的负担	7	20
子女赡养	6	17

注：因四舍五入，占比总和不为 100%。

3. 进一步发展需求

在进一步发展需求的调查中，“加大资金支持力度”有 9 次，“提高社会保障力度和覆盖率”有 7 次，“加强生产和生活设施建设”和“提供技能培训和技术指导”各 3 次，可以印证，肖家村原贫困户还是需要政府财力物力的大力扶持引导(表 3-9)。

表 3-9　肖家村进一步发展需求

类别	次数/次	占比/%
加大资金支持力度	9	36
提高社会保障力度和覆盖率	7	28
积极培育和推进产业发展	2	8
加强生产和生活设施建设	3	12
解决子女上学难的问题	1	4
提供技能培训和技术指导	3	12

3.3.3　成都村衔接状况

1. 成都村扶贫三做法

(1)“一配”，即：配套基础。2014 年以来成都村整合资金近 1000 万元，共新建村道社道 26km，全村所有村民小组、所有住户均已通水泥路；维修水渠 7km，新建村口形象广场 1 个，维修整治堰塘 3 口，修建惠民售货亭 5 个，基本实现自来水入户。

(2)“二树”，即：树立典型鼓励扶持村民发展旅游经济。成都村让群众身处发展旅游经济及生产过程中，利用群众自身并影响身边人，发放产业扶贫贷款近 50 万元用于改善闲置房屋并发展农家乐 3 家。

(3)“三劳务”，即：就近解决务工问题。成都村引进的业主优先使用本村劳动力，按照统一的标准(8 元/小时)发放工资，群众根据自身情况选择务工时间并获取务工报酬。至 2019 年，务工群众累计务工收入达 200 万元。全村在家劳动力(80 岁以下)人均月工资为 900 元。

2. 成都村扶贫三亮点：“一线”即主线、“一引”即引进业主、“一靓”即靓旅游

截至 2019 年底，成都村引进大型业主 4 家，流转土地林地近 2000 亩，完成投资 4000 万元。成都村依托占地 1000 亩的玫瑰谷发展近郊乡村旅游。成都村毗邻达州市河

市机场以及秦巴物流园区，独特的区位优势及旖旎的自然风光让成都村近年来成为达州市民近郊休闲娱乐的常选之地，周末及大型节假日日均游客量达 6000 人，每年的黄金周、重阳节登高等重要节日，游客更是多达上万人。

成都村通过集体及村民资金入股、土地入股等方式，发展近郊旅游经济；通过解决村民务工、销售村民农产品、租赁村民闲置房屋等方式增加群众收入。截至 2019 年，该村已建及在建项目有成都山玫瑰谷、森林酒店、户外拓展中心、水果采摘园，还有发展项目如花卉观光、苗木销售、婚纱摄影、农事体验、水果采摘、露营户外拓展、农家餐饮、森林探秘等。

3. 脱贫途径及产业发展现状

接受调查的 24 户原贫困户的脱贫途径有多种，其中因“发展特色产业增加收入”的有 9 次，因“外出务工”的有 15 次，因“看病有保障”的有 24 次，因“居住条件改善”的有 11 次，因“子女上学负担减轻”的有 9 次，因“养老保险减轻赡养老人的负担”的有 10 次，因“子女赡养”的有 4 次(表 3-10)。

表 3-10 成都村原贫困户脱贫途径

脱贫途径	发展特色产业增加收入	外出务工	看病有保障	居住条件改善	子女上学负担减轻	养老保险减轻赡养老人的负担	子女赡养
次数/次	9	15	24	11	9	10	4

成都村通过打造“AAAA”级旅游景区，修建产业规范园区，发展三星级乡村酒店及农家乐，引进大型旅游观光体验农业企业 2 家，引进“花纤谷”“品上品”等投资 500 万元以上的农村产业项目，为成都村的产业发展注入了新的源泉。

4. 进一步发展需求

接受调查的 24 户原贫困户的进一步发展需求中，对“加大资金支持力度”需求的有 13 次，对“提高社会保障力度和覆盖率”需求的有 20 次，对“积极培育和推进产业发展”需求的有 8 次，对“加强生产和生活设施建设”需求的有 9 次，对“解决子女上学难的问题”需求的有 11 次，对“提供技能培训和技术指导”需求的有 11 次，“其他需求”的有 4 次(表 3-11)。

表 3-11 成都村原贫困户进一步发展需求

发展需求	加大资金支持力度	提高社会保障力度和覆盖率	积极培育和推进产业发展	加强生产和生活设施建设	解决子女上学难的问题	提供技能培训和技术指导	其他需求
次数/次	13	20	8	9	11	11	4

第4章　达川区脱贫成果巩固研究

达川区脱贫成果巩固成绩喜人。全区脱贫总体进度为：2018 年全区脱贫 8356 名贫困人口和退出 31 个贫困村，巩固 111 个贫困村和 7.4389 万贫困人口脱贫成果，省定贫困区摘帽；2019 年脱贫 6103 名贫困人口，所有贫困人口全部脱贫，巩固 142 个贫困村和 8.2745 万贫困人口脱贫成果；2019 年 4 月全区进入巩固提升阶段。本章主要从脱贫成果巩固机制、路径、模式 3 个方面介绍达川区脱贫成果巩固工作取得的重大成果。

4.1　脱贫成果巩固的机制成果

达川区是四川省农业大区、百万人口大区、革命老区，也是全省原 88 个贫困县之一，农村人口占总人口的 80%，2010 年作为秦巴山区连片扶贫开发区纳入四川省规划。达川区原贫困总量大、贫困程度深，因病致贫现象突出，贫困人口达 9.2 万人。达川区委、区政府深入贯彻中央、省委和市委决策部署，紧扣“两不愁三保障”目标，围绕“六个精准”“三个重点”，通过“四大会战”“四大政策”“四轮驱动”等帮扶措施，在脱贫成果巩固保障支撑机制、扶贫协同支撑机制、扶贫“识别、激励、退出”三步化工作机制、外在力量和内生动力互动机制等多方面形成了特色的扶贫模式。

4.1.1　脱贫成果巩固保障支撑机制成果

达川区的脱贫成果巩固保障支撑机制主要体现在对原贫困户的社会保障、基础设施保障和教育扶贫保障等方面。达州市达川区人民政府印发的《达州市达川区“十三五”脱贫攻坚规划(2016—2020 年)》中，制定了减贫标准和减贫计划。

1. 社会保障

(1)社会保障工作举措。达川区民政局等部门在 2018 年对社会保障扶贫进行了专题部署，研究制定《达州市达川区社会保障扶贫专项 2018 年实施方案》：明确了目标任务、政策措施和责任分工，为推进精准扶贫描绘出具体路线图和时间表；调整了工作领导小组，坚持主要领导统抓统管、分管领导牵头负责、股室具体办理的机制。建立起社会保障扶贫交流微信群，提高了工作效率。达川区民政局相关工作人员多次深入乡镇(街道)，以问题为导向，重点针对低保政策与扶贫政策衔接、残疾两项政策落实等情况进行指导调研，确保对象精准、措施精准和成效精准。达川区组织了 20 余名机关干部，分组对社会保障扶贫专项工作开展情况进行督查，通过查阅资料、走访群众等，对政策落实、资金使用、对象认定、工作衔接等重点环节进行监督检查，确保社会保障扶贫方案相关政策执行落到实处。

(2)社会保障资金投入。截至 2020 年，达川区农村最低生活保障项目计划投入资金 8200 万元，实际投入 11 455 万元，完成率超过 100%。其中，省级投入资金 7000 万元，市区级投入资金 4455 万元。重度残疾人护理补贴计划投入资金 927 万元，实际投入 882.852 万元；困难残疾人生活补贴计划投入资金 1126.848 万元，实际投入 1127.24 万元；残疾人扶贫对象生活补贴 280 万元，实际投入 124.9947 万元，其中省级资金 56.43 万元，市区级资金 68.5647 万元。城乡居民基本养老保险全年按要求为建档立卡未标注脱贫的、已建档立卡标注脱贫后返贫的贫困人员、低保对象、特困人员等困难群体[39]，按 100 元/(人·年)的标准代缴城乡居民基本养老保险费，完成率达 100%。

(3)社会保障工作成果。①2017 年，达川区民政局将农村低保保障标准从原来的 290 元/(人·月)上调至 330 元/(人·月)。达川区对全区农村低保分类补助标准进行了普调，普调增加金额于 2017 年 7 月全部打卡发放到户。②发放“低保兜底”脱贫补差资金。为确保低保兜底一批对象人均年收入达到脱贫标准，对全区低保兜底一批对象，在低保补助标准普调后，凡家庭人均年收入仍达不到脱贫标准的(时间段为 2017 年 10 月～2018 年 9 月)，发放了脱贫补差资金。2019 年，全区共有农村低保对象 36 414 户，63 377 人，全年共发放农村低保金 11 455 万元。③发放贫困残疾人补助资金。一是按一级每人每月 100 元、二级每人每月 80 元的标准，为 8507 名重度残疾人发放了护理补贴，共计发放补贴资金 882.852 万元；二是按每人每月 80 元的标准，为 11 915 名城乡低保对象中的困难残疾人发放了困难残疾人生活补贴，共计发放补贴资金 1127.24 万元；三是按自身收入与国定贫困线的差距，为 1099 名残疾人发放了残疾人扶贫对象生活补贴，共计发放补贴资金 124.9947 万元。④代缴城乡居民基本养老保险，按 100 元/(人·年)的标准为 35 690 名建档立卡未标注脱贫的、已建档立卡标注脱贫后返贫的贫困人员、低保对象、特困人员等困难群体代缴了城乡居民基本养老保险，共代缴金额 356.9 万元。

2. 基础设施保障

(1)加快推进交通扶贫行动。截至 2020 年底，达川区新改建公路 856.8km，完成投资 21.3 亿元；积极配合推进营达、绕城、镇广等高速公路建设和国、省干线公路提档升级；全力推进农村公路网络加速完善畅通，彻底破除原贫困地区交通瓶颈制约，有序推进“四好农村路”建设，构建起内联外达的综合交通运输体系；实现 100%的乡镇通油路、100%的村通硬化路，实现条件成熟的乡镇有客运站(或停靠站)，具备条件的建制村建有招呼站并通农村客运。

(2)大力推进水利扶贫行动，实施产水配套工程。截至 2020 年底，达川区新增蓄水能力 120 万 m^3，新增、恢复和改善灌溉面积 1.5 万亩，新增节水灌溉面积 2.0 万亩。为达川区脱贫成果巩固奠定水利基础。实施农村饮水安全巩固提升项目，解决 3 万余人的饮水安全问题，其中包括原贫困人口 0.8356 万人；实施达州市达川区河道整治工程——铜钵河空铁新区“引平济赵”工程，改善赵映河河水环境质量；实施水源保障工程，建设完成石峡子水库主体工程；整治小型病险水库 23 座；实施小型农田水利建设，新建蓄水池 25 口，整治维修山坪塘 30 口。

(3) 扎实推进电力扶贫行动。截至 2020 年底，达川区完成投资 2.65 亿元，解决原贫困地区供电设施落后、供电能力不足的问题，全面提升配网供电能力和供电质量。2020 年，达川区实现原贫困地区农村电网改造全覆盖，区域电网同网同价、供电服务均等化。

(4) 积极推进网络扶贫行动，截至 2020 年底，达川区完成投资 1.1 亿元，解决原贫困村不通光纤、不通无线宽带的问题，实现所有原贫困村有光纤或无线宽带网络。实施农村地区降费专项行动，推动企业制定贴近原贫困用户需求的特殊优惠套餐。

(5) 大力实施易地扶贫搬迁。截至 2020 年底，达川区高质量完成“十三五”规划的 1.533 万建档立卡贫困人口易地扶贫搬迁任务。严格执行人均建房面积不超过 $25m^2$、户均自筹不超过 1 万元等政策红线和规范标准，不让原贫困群众因建房背负沉重债务。同步完善基础设施和公共服务，做好产业配套和就业安置。统筹各项扶贫和保障措施，让原贫困家庭搬得出、稳得住、能脱贫。

(6) 深入实施农村危房改造。2018 年完成达川区存量贫困户的危房改造 4092 户，土坯房改造 3591 户，非贫困户危旧房改造 1428 户。在 2020 年底前已完成动态调整新增贫困户的危房改造。鼓励通过统建农村集体公租房及幸福大院、修缮加固现有闲置公房、置换或长期租赁村内闲置农房等方式，兜底解决特殊贫困群体基本住房安全问题。

3. 教育扶贫保障

(1) 全面提升受教育程度。在保障义务教育的前提下，2020 年以前达川区普及高中阶段教育，毛入学率达到 90%以上；高等教育大众化水平进一步提高，毛入学率达到 40%以上；新增劳动力平均受教育年限由 12.4 年提高到 13.5 年；主要劳动人口平均受教育年限从 9.5 年提高到 11.2 年，其中受过高等教育的比例达到 20%以上。

(2) 全面推进义务教育薄弱学校改造工作，推进“乡乡有标准中心校”建设。2018 年达川区修建 23 所标准中心校；继续推进农村教师周转房建设；启动 2017～2020 年达川区第三期学前教育行动计划；运用 2019 年中央预算内资金建设赵固镇中心学校学生宿舍及食堂、麻柳中心小学学生宿舍项目；2018～2020 年实施寒暑假维修改造计划。

(3) 大力加强乡村教师队伍建设。2018 年达川区公招教师 40 名；招收特岗教师 130 名、“三支一扶”教师 10 名、免费师范生 10 名，区外考调专任教师 40 名，2020 年前引进 60 名硕(博)士研究生进达川；加强原贫困地区教师培养培训，计划每年全员培训 3000 名教师，计划培训 800 名青年教师，计划“三名工程”及校长培训 540 名，计划学科新教材教师培训 1000 名，高中教师课堂研训 1500 名。

(4) 落实 2018～2020 年学前教育免保教费、义务教育“三免一补”等政策。义务教育阶段贫困寄宿生生活补助小学每人 500 元/学期、初中每人 625 元/学期；高中贫困户免学费和享受助学金，生活补助 500 元/学期；中职助学金 500 元/学期，建档立卡户特别资助 500 元/学期；本、专、高职教育建档立卡户特别资助每人 4000 元/年(其中生活补助 2000 元/年，学费 2000 元/年)。

4.1.2 扶贫协同支撑机制成果

达川区扶贫协同支撑机制主要体现在发展产业方面。2018 年，中共达州市达川区委办公室、达川区人民政府办公室联合印发了《22 个扶贫专项 2018 年实施方案》，并把农业产业、工业产业分别放到首位与第二位。同年，达川区筹措农业产业扶贫专项资金共计 17 848 万元(表 4-1)，用于支持全区农业耕地地力保护补贴和农机购置补贴、发展特色产业、建设现代农业融合园区、高标准农田建设等项目(表 4-2)。其次，达川区将实施乡村振兴战略与推进工业产业扶贫紧密结合起来，制定全区工业产业扶贫 2018 年度实施方案，使得达川区特色产业、优势企业、产业园区得到进一步发展，一批扶贫项目落地实施，工业产业扶贫效果显著。由此可见，产业发展对达川区进一步巩固农业产业发展成果、实现乡村振兴筑牢产业基础以及改善达川区工业发展条件具有重要作用。

表 4-1 达川区脱贫成果巩固农业产业扶贫专项实施计划投入资金清单

项目大类	计划投入资金/万元				
	合计	中央	省级	市级	区级
农业产业扶贫	17 848	12 819	4 679	120	230

表 4-2 达川区脱贫成果巩固农业产业扶贫专项 2018 年实施方案计划实施项目清单

项目名称	投入资金/万元	主要内容	实施范围
中央财政农业专项资金	9349	耕地地力保护和农机购置补贴	全区
省级现代农业发展项目	1010	发展特色产业、建设现代农业融合园区、打造农产品品牌	—
四川省达州市达川区全国新增1000亿斤粮食生产能力田间工程建设项目	1200	渠网建设、路网建设、田网建设(田型调整、田间道路和生产路建设)	花红乡、亭子镇、檀木镇、
达川区现代农业生产发展(水稻)项目	500	渠网建设、路网建设、田网建设(田型调整、田间道路和生产路建设)	赵家镇、碑高乡
达州市达川区中央财政产油大县奖励资金集中使用项目	400	渠网建设、路网建设、田网建设(田型调整、田间道路和生产路建设)	申家乡
四川省达州市达川区国家农业综合开发高标准农田建设项目	2176	渠网建设、路网建设、田网建设(田型调整、田间道路和生产路建设)	花红乡

1. 农业产业扶贫专项 2018 年实施方案

在农业产业方面，达川区 2018 年围绕农业“5+5”工程，以贫困村为核心，以农业供给侧结构性改革为主攻方向，大力建基地、创品牌、搞加工，积极补齐农业产业发展短板，进一步巩固贫困村农业产业发展成果，扎实推进达川区贫困村特色产业发展，为打赢脱贫成果巩固战、实现乡村振兴筑牢产业基础。

达川区 2018 年全区建设粮油绿色高产高效示范片 3 万亩，新建或提质改造特色产业基地 13 万亩，其中在已脱贫的 114 个村(含经开区 3 个)建设粮油绿色高产高效示范片 1

万亩，新建或提质改造特色产业基地 2.6 万亩，在 2018 年拟退出的 37 个贫困村(含经开区 6 个)建设粮油绿色高产高效示范片 0.3 万亩，新建或提质改造特色产业基地 1 万亩；全区年出栏猪 82 万头、牛 6.7 万头、羊 16.3 万只、小家畜禽 900 万只，其中在已退出的 114 个贫困村(含经开区 3 个)出栏猪 12 万头、牛 1 万头、羊 2.5 万只、小家畜禽 150 万只，在 2018 年拟退出的 37 个贫困村(含经开区 6 个)年出栏猪 3 万头、牛 0.2 万头、羊 0.6 万只、小家畜禽 50 万只。达川区加快丽天牧业生猪养殖基地建设，带动 5000 户贫困户运用扶贫小额信贷资金参与产业发展；全区发展水产养殖 4 万亩，其中在已脱贫的 114 个村(含经开区 3 个)发展水产养殖 4800 亩，在 2018 年拟退出的 37 个贫困村(含经开区 6 个)发展水产养殖 700 亩；全区建设高标准农田 5.76 万亩，其中在贫困村建设高标准农田 1.2 万亩；培育现代林业产业基地 1.5 万亩；建设现代农业产业融合示范园区 1 个；全区新增农机动力 1 万 kW，其中 151 个贫困村(含经开区 9 个)新增农机动力 2000kW。到 2018 年底，全区 37 个贫困村(含经开区 6 个)农业产业实现全覆盖，2689 名贫人口(含经开区 50 人)依靠农业产业发展脱贫。

2. 工业产业扶贫专项 2018 年实施方案

达川区将实施乡村振兴战略与推进工业产业扶贫紧密结合起来，努力促进达川区工业发展条件显著改善，特色产业、优势企业、产业园区得到发展，一批扶贫项目落地实施，产品质量得到提高，品牌知名度和影响力得以提升。2018 年，达川区推进 2 个竣工、2 个在建、2 个新开工产业扶贫项目建设，培育小升规企业 12 户，新增中小微工业企业 25 户，新增 220 名贫困人口就业；积极推进“生态产业进农村、环保车间到家门”，培育一批带动能力强、脱贫效果好的企业，助力贫困群众脱贫致富。

(1)突出区域特色优势。2018 年，达川区新建或提质改造特色农业产业基地 20 万亩，新建或改扩建标准化养殖场(小区)30 个、水产养殖基地 3 个。“十三五”期间，达川区深化三产融合发展，全力支持建设现代农业产业融合示范园区 2 个，新建或改扩建农产品产地初加工设施 18 座；积极开展特色农产品“三品一标”建设，打造一批农产品区域公用品牌和农产品品牌，注册推行扶贫产品公益性集体商标；健全农业产业发展技术支撑体系，配齐配强乡镇农技人员，优化配置驻村农技员、农业技术巡回服务小组和农业专家服务团，帮助贫困户协调解决生产经营问题。

(2)大力发展集体经济。达川区依托股份经济合作社积极发展经营风险小、管理科学的集体经济项目，在财政、土地、金融、税收等方面给予优惠支持，建立健全村级集体经济积累机制，增强各村自我发展、自我服务、自我管理能力。

(3)大力发展林业生态经济。达川区积极参与秦巴山区建设木本油料产业集中区，2019 年建成青花椒产业基地 20 万亩；支持依托森林、湿地、野生花卉等自然资源，举办花卉(果类)等生态旅游节会，建成一批国家级和省级旅游与生态康养示范区。

(4)突出科技扶贫。达川区建设科技扶贫产业示范基地 3 个、“四川科技扶贫在线”区运管中心 1 个。

(5)积极推进旅游扶贫。达川区 2018 年支持 3 个贫困村创建省级旅游扶贫示范村，创建 10 户贫困户民宿旅游达标户，培育乡村旅游合作社 1 个；指导 15 个以上乡村旅游企业创建省级星级农家乐(乡村酒店)、特色业态经营户等品牌，开发 1 条或 2 条乡村一日游、两日游线路，组织和开展各类旅游人才培训 3 次以上，指导举办乡村旅游节会活动 10 次以上。

(6)大力实施电商扶贫。达川区 2018 年深入开展电子商务进农村综合示范项目建设，支持建设乡村电商服务和物流配送站点，帮扶有条件的贫困户开设网店(微店)。①探索建立电商销售奖补政策、贫困地区特色农产品销售专区(专柜)租金补贴政策、运输物流补贴政策，实施贫困地区特色农产品销售信息员补助政策。②打造农产品电商平台，建立“名特优”农产品线下体验网络中心，促进电商与经营主体有效结合，实现“网货下乡”和“农产品进城”。③拓宽农产品销售渠道，进一步完善农贸市场、特色商品市场、特色商业街等市场体系和农产品冷链、仓储、物流配送体系等流通设施。④加大宣传推介和产销对接力度，实施电子商务营销、帮扶单位促销、商业流通企业承销、定向直供直销等农产品推介行动。⑤支持引导达川企业、产品参与“惠民购物全川行动”“川货全国行”等活动。

(7)完善产业扶贫利益联结机制。达川区 2018 年推广股份合作、订单帮扶、生产托管等产业扶贫模式，实现贫困户与现代农业发展有机衔接。2020 年，100%的贫困村有 1 个以上运作良好的新型农业经营主体，20%以上的依靠农业产业脱贫的人口通过新型农业经营主体带动实现致富；全区新培育省级示范社 4 个、示范场 4 家。

4.1.3 扶贫“识别、激励、退出”三步化工作机制成果

“十三五”期间，达川区区划调整后及时开展贫困人口精准识别工作，坚持“先难后易、因地施策、统一规划、统筹推进，因人而异、精准施策”的工作原则，以“六个精准”为目标，严格坚持“八步走”，认真开好“三个会”，按照“六个不纳入”要求，严把“十关”，精准锁定建档立卡贫困村 142 个、贫困户 34 065 户、贫困人口 96 641 人，其中 142 个贫困村有贫困户 12 489 户、贫困人口 36 912 人，分别占全区贫困户、贫困人口的 36.7%、38.2%，为脱贫成果巩固摸清了家底。切实做到识真贫、扶真贫、真扶贫。

(1)扶持对象精准。“十三五”期间，达川区聚焦建档立卡贫困村、贫困户，实行精准化识别、针对性帮扶，规范化、动态化管理，严格坚持“八步走”，认真开好“三个会”，按照“六个不纳入”要求，严把“十关”，在督查组的监管下，由驻村帮扶组配合村两委进村入户，围绕住房环境、生活条件、家庭收支、子女就学、身体状况、扶贫愿望等方面，扎实开展建档立卡“回头看”，做好扶持对象复核清理、致贫原因分析校正、信息数据审核纠错，锁定全区“十三五”脱贫攻坚对象，全面完善“六有”建档立卡数据信息库，实现联网运行、公开查询，做到扶贫对象底数清、任务清、责任清，切实解决“扶持谁”的问题。

(2)扶贫项目精准。“十三五”期间，达川区调整和完善 142 个贫困村村级“十三五”脱贫攻坚规划，把产业项目与农民意愿相结合，“造血式”扶贫与“输血式”救济相结合，近期脱贫与长远致富相结合，明确实施主体、实施内容、投资规模、资金渠

道、进度安排、责任分解、受益对象等内容，确保项目规划到户；对贫困户实行分类帮扶，落实帮扶措施，明确增收目标和脱贫时限，逐户建立帮扶台账，切实解决“扶什么”的问题，而针对非贫困村的贫困户达川区也要求户户有脱贫项目。

(3)资金使用精准。“十三五”期间，达川区加大资金整合使用力度，制定和完善《涉农资金管理办法》《财政专项扶贫资金项目竣工验收办法》《财政扶贫资金报账制管理办法》《财政专项扶贫资金项目公示公告办法》，加大资金整合使用和管理力度，确保项目精准安排和资金精准使用，解决建档立卡扶持对象和项目安排“两张皮”的问题，增强资金使用的针对性和实效性。

(4)扶贫措施精准。“十三五”期间，达川区对 142 个贫困村进行分类指导，根据建档立卡贫困村、贫困户脱贫需求，因人因地施策、因致贫原因施策、因贫困类型施策，制定“六个一批”脱贫攻坚行动计划，坚持项目资金、帮扶力量、脱贫措施和监测评估到村到户，明确进度，倒排工期，精确制导，做到有的放矢，精准“滴灌”。

(5)驻村帮扶精准。“十三五”期间，达川区完善区级扶贫工作机制、扶贫开发领导小组运行机制、乡(镇)扶贫工作机制和驻村帮扶工作机制四大扶贫工作机制，142 个贫困村由区级部门派出工作组，非贫困村由乡镇(街道)派出工作组，不脱贫不撤出；强化驻村帮扶组的职能职责，充分发挥“第一书记”作用，加强“第一书记”日常管理，严格执行《达川区村党组织第一书记选派调整办法》，对帮扶人员选派不好、工作任务不明、驻村时间不够、帮扶流于形式、帮扶效果差等问题，实行召回制，重新选派，切实解决“谁来扶”的问题。

(6)脱贫成效精准。“十三五”期间，达川区制定年度贫困人口脱贫、贫困村退出计划；强化信息管理，建立乡镇(街道)、村、户减贫档案，在建档立卡信息系统中认定和标注扶贫对象脱贫情况，实施动态管理；完善扶贫开发工作考核评价体系，对目标任务、脱贫对象、扶贫措施、组织实施、减贫成效分类考核，制定严格的减贫验收和考核办法，分年度逐级验收脱贫成效，增强脱贫群众的获得感。

4.1.4　外在力量和内生动力互动机制成果

脱贫成果巩固是一项系统工程，需要内生动力与外在力量的共同作用。一方面，统筹调度好帮扶单位提供的外在力量，才能凝心聚力，从而帮助贫困地区和贫困群众消除贫困，因此需要充分利用政府主导的多元帮扶力量，充分调动达川区外部的省市单位、企业组织、社会各界的积极主动性，充分发挥外在力量驻村帮扶机制作用。另一方面，内因是起决定作用的因素，因此巩固拓展脱贫攻坚成果要更加注重提升内生动力。打赢脱贫成果巩固战，必须充分调动原贫困地区干部群众的积极性主动性，让他们的心热起来、手动起来，摒弃“等人送小康”的心态。习近平同志在中央扶贫开发工作会议上指出：“脱贫致富终究要靠贫困群众用自己的辛勤劳动来实现”[40,41]。因此，应充分激发贫困地区脱贫的内生动力，形成外部多元扶贫与内部自我脱贫的互动机制，确保实现脱贫成果巩固目标，推动外在力量与内生动力的相互作用，才能促进扶贫由“输血”向“造血”转变。

外在力量对达川区脱贫成果巩固的作用可以体现在各级部门对达川区的全覆盖帮扶方面。中共中央政治局常委、全国政协主席曾深入达州，把党和国家的关怀送到了老区人民的心坎上；全国人大常委会副委员长亲临达川调研指导；四川省人大常委会主任莅临达川调研指导脱贫攻坚工作；交通运输部副部长调研达川农村公路建设及脱贫攻坚工作；致公党四川省委、省政府政务服务和公共资源交易服务中心、人保财险四川省分公司等挂包单位全力帮扶达川；达州市委、市政府相关领导及12个市级部门对口帮扶达川区。除此之外，达川区实行上下联动“总动员”，通过安排1位省领导、5位市领导和35个省市部门进“驻”达川区，投入帮扶资金和物资折款达到3000余万元；每位区级领导联系帮扶2个乡镇(街道)及所辖贫困村；全区116个部门(单位)按职工人数、职能分工等因素分别承担了1～3个贫困村的帮扶任务，让各级部门全覆盖帮扶，实现了贫困村帮扶全覆盖。脱贫攻坚以来，达川区接受中央和省级资金28.8亿元、市级资金3.2亿元。各外在力量的帮扶，使得达川区综合实力得到了大跃升。

为了把中央和省(区、市)坚决打赢脱贫攻坚战的决策部署落到实处，激发脱贫成果巩固的内生动力，达川区聚焦“两不愁三保障”标准，印发了《达州市达川区“十三五”脱贫攻坚规划(2016—2020年)》《关于打赢脱贫攻坚战三年行动的工作方案》《达州市达川区超常推进脱贫攻坚工作二十条措施》等政策文件。达川区通过农业产业、工业产业、商务、科技、文化、生态等扶贫专项计划，指导各部门帮扶工作的实施；通过不断培育新型业态，拓展农业多种功能，推动农村三产融合发展；同时积极做强特色产业，重点抓园区建设，让产业园区成为乡村振兴、产业兴旺的坚实基础和核心载体；不断加强公共文化设施功能完善与使用管理，加大公共文化产品与服务有效供给，积极开展示范创建与精神文明建设；从人力资本内生动力的角度出发，达川区创新实施了“315群众工作法”，深入推进依法治访工作，全区信访突出问题的解决效率与质量均有所提升，信访秩序和社会风气明显好转，充分体现了人力资本内生动力的机制成果。“十三五”期间，达川区不断发挥地区优势，制定发展规划，整合帮扶力量，强化基层组织建设，激发贫困地区要素活力；在贫困群众方面，对其加强思想教育，把扶志和扶智并重，同时加强技能培训，提高贫困群众脱贫致富的综合能力，大大激发了人民群众参与脱贫成果巩固的热情。

外在力量和内生动力都是脱贫成果巩固中的重要机制，二者的目的都在于推动达川区脱贫成果巩固工作的开展，并不会由于推动力量的来源不同而不同。因此，需要发挥外在力量和内生动力共同的优势，让二者“互感互动”，即实现内外融合。在不断完善外部推动、内部发展的扶贫机制的基础上，在体制和机制上使二者融合(图4-1)。另外，脱贫摘帽不是终点，对于脱贫地区的帮扶，都要做到帮扶力量、政策、要求的“三不变”，即无论是在脱贫攻坚时期或是脱贫摘帽后的衔接发展时期，帮扶力量不断档、帮扶工作不掉链，才能建立稳定长效的脱贫机制，为后续的发展提供强有力的基础。

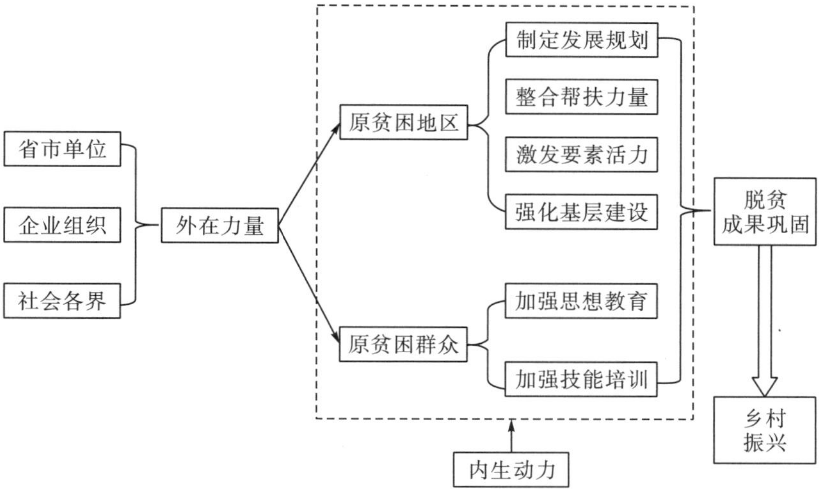

图 4-1　外在力量和内生动力互动机制

4.2　脱贫成果巩固的路径成果

2015 年 10 月 16 日，习近平主席在减贫与发展高层论坛上首次提出“五个一批”的脱贫措施，为打通脱贫“最后一公里”开出破题药方。

“五个一批”是指：①发展生产脱贫一批，引导和支持所有有劳动能力的人依靠自己的双手开创美好明天，立足当地资源，实现就地脱贫；②易地搬迁脱贫一批，贫困人口很难实现就地脱贫的要实施易地搬迁，按规划、分年度、有计划组织实施，确保搬得出、稳得住、能致富；③生态补偿脱贫一批，加大贫困地区生态保护修复力度，增加重点生态功能区转移支付，扩大政策实施范围，让有劳动能力的贫困人口就地转成护林员等生态保护人员；④发展教育脱贫一批，治贫先治愚，扶贫先扶智，国家教育经费要继续向贫困地区倾斜、向基础教育倾斜、向职业教育倾斜，帮助贫困地区改善办学条件，对农村贫困家庭幼儿特别是留守儿童给予特殊关爱；⑤社会保障兜底一批，对贫困人口中完全或部分丧失劳动能力的人，由社会保障来兜底，统筹协调农村扶贫标准和农村低保标准，加大其他形式的社会救助力度[42]。基于此，可将达川区的脱贫成果巩固路径总结为“产业帮扶一批、教育帮扶一批、生态移民一批、医疗救助一批、政策兜底一批”，本节从以上五个方面总结达川区的脱贫成果巩固路径成果。

4.2.1　产业帮扶一批

2016～2020 年达川区通过制定产业扶持计划（表 4-3），对有劳动能力、可以通过生产和务工实现脱贫的贫困人口，加大产业培育扶持和就业帮助力度，因地制宜发展贫困人口参与度高的区域特色产业，坚持“一村一品、多村一品”连片推进；通过用好用足促进就业创业的扶持政策，实行定向、订单培训，开展免费创业培训；抓好劳务培训，强化转移就业和就业对接服务，通过务工实现稳定脱贫；落实鼓励支持外出务工人员回乡创业政策措施，加强创业指导服务，以回乡创业带领贫困群众就业增收。

表 4-3 达川区 2016～2020 年产业扶持计划 (单位：人)

扶持项目	年度计划					
	2016～2018 年	2016 年	2017 年	2018 年	2019 年	2020 年
合计	22 884	6 216	11 551	5 117	—	—
产业扶持	21 874	5 944	11 046	4 884	—	—
旅游产业	1 010	272	505	233	826	650

“十三五”期间，达川区对全区贫困人口中 25 374 个有劳动能力、可以通过生产和务工实现脱贫的贫困人口通过发展生产和务工实现稳定脱贫。一是通过“公司+专业合作社+基地”的农业产业化经营模式，带动有劳动能力的 21 874 个贫困人口发展特色农业产业(种养业)，1010 人发展观光农业、乡村旅游。二是开展贫困户技能培训，通过农产品产地初加工业和农村电商等确保 500 人以上就地就近务工；组织贫困家庭中的青壮年劳动力职业技能培训 2000 人，通过政府统一组织输出务工，增加贫困群众收入。

达川区大力发展达州脆李、优质柑橘、安仁柚、葡萄、茶叶、“川凤”大米、蔬菜、乌梅、金银花、苎麻、蚕桑、食用菌等特色种植业，加强生猪、肉牛、肉羊、特色家禽等养殖业发展或种养结合，结合农业发展乡村酒店、农家乐、民宿达标户等乡村旅游业，以就近务工和发展劳务输出，带动一批贫困户稳定脱贫致富。

达川区以承包脱贫减贫方式，带动 25 374 个贫困人口发展生产和就业而脱贫。一是通过发展特色种养业，使 21 874 个贫困人口实现年均增收 4000 元/人左右；二是通过发展乡村旅游，使 1000 个贫困人口在景区或农庄就业或开展农副产品销售，实现个人平均增收 10 800 元；三是通过发展农产品产地初加工和农村电商等，使 500 人在区域内就近就地就业和回乡创业，实现个人平均增收 20 000 元；四是劳务输出，2000 人由政府统一组织外出务工，实现个人平均增收 30 000 元。

4.2.2 教育帮扶一批

“十三五”期间，达川区对建档立卡贫困户在校学生 15 705 人(46 751 人次)进行资助，帮助其完成学业(表 4-4)。①免收贫困家庭子女幼儿保教费，提高“三儿”经费资助比例。②全面落实义务教育“三免一补”政策，逐步提高贫困寄宿生生活补助比例。③对确定为特困家庭的高中生除免学费外，还享受助学金补助，同时纳入“滋蕙计划”。④落实免费职业教育政策，对贫困家庭的中职在校生，除享受国家职业教育资助政策外，再给予“雨露计划”专项资助。⑤拓展贫困大学生资助渠道，通过发放奖学金、助学金、助学贷款等实现助学全覆盖。

表 4-4　教育帮扶一批年度计划　　（单位：人次）

扶持项目	年度计划					
	2016～2018 年	2016 年	2017 年	2018 年	2019 年	2020 年
合计	46 751	12 432	20 425	13 894	—	—
幼儿保教	7 343	1 724	3 693	1 926	5 400	5 100
义务教育	29 452	8 003	12 505	8 944	17 200	29 628
滋蕙计划	4 249	1 155	1 804	1 290	0	310
雨露计划	1 613	438	685	490	2 021	5 086
大学助学	4 094	1 112	1 738	1 244	1 055	1 216

“十三五”期间，达川区对精准识别的幼儿园在园贫困儿童每人每月减免保教费 100 元，每学期按 5 个月，全年减免 1000 元；对在校贫困小学生和贫困初中生实施“三免一补”政策并补助贫困寄宿生生活费；按每年 250 天、每生每天 4 元的标准，为农村义务教育阶段家庭经济困难寄宿学生补助生活费；对中职贫困学生免除学费，中职贫困学生按每生每年 2000 元的标准提供国家助学金，从 2016 年秋季学期开始，对中职贫困学生按每生每月 100 元标准补助生活费(按每学期 5 个月，全年按 10 个月计)；对本专科学生(含高职、专科、本科)，按每生每年 2000 元的标准资助学费、按每生每年 2000 元的标准补助生活费；通过幼儿保教费免收、义务教育“三免一补”、高中生“滋蕙计划”、职业教育“雨露计划”专项资助及大学生助学等政策措施资助贫困学生顺利完成学业。

达川区制定 2016～2020 年度教育扶持投资计划，通过对学前教育、义务教育、高中教育、职业教育和大学教育不同阶段的贫困学生 15 705 人各种政策资助，促进 46 751 人次贫困学生顺利完成学业，提高贫困人口受教育年限和教育水平，以教育促就业、促脱贫(表 4-5)。

表 4-5　教育帮扶一批投资估算

扶持项目	扶持人数/人次	2016～2018 年总投资/万元	年度计划/万元				
			2016 年	2017 年	2018 年	2019 年	2020 年
合计	46 751	6 886.90	1 871.26	2 924.00	2 091.64	—	—
幼儿保教	7 343	634.30	172.40	269.30	192.60	549.00	519.00
义务教育	29 452	2 945.20	800.30	1 250.50	894.40	1 774.00	2 695.00
滋蕙计划	4 249	1 185.90	322.36	503.50	360.04	—	62.00
雨露计划	1 613	483.90	131.40	205.50	147.00	303.15	762.90
大学助学	4 094	1 637.60	444.80	695.20	497.60	361.90	403.70

4.2.3　生态移民一批

“十三五”期间，达川区通过精准识别，对生存环境恶劣、生态环境脆弱、不具备基本发展条件，以及居住过于分散、基础设施和公共服务设施配套难的贫困人口，实施移民搬迁安置，做到实施一个项目、安置一方群众、实现一方脱贫。

经达川区扶贫移民局、以工代赈办、乡镇调查汇总，截至 2016 年 1 月 16 日，达川区符合搬迁条件且自愿搬迁的建档立卡贫困户有 5292 户 16 556 人，覆盖 52 个乡镇、1 个街道共 370 个村，占全区贫困人口的 25.9%。达川区结合新型城镇化、城镇保障性安居工程和幸福美丽新村建设及农村廉租房建设，合理安排搬迁地点、搬迁资金、搬迁进度，到 2018 年实现具有搬迁条件和意愿的贫困户应搬尽搬。根据四川省统一安排，达川区将“十三五”期间符合搬迁条件且有搬迁意愿的贫困人口 5292 户 16 556 人全部进行易地搬迁安置(表 4-6)。

表 4-6 生态搬迁计划

项目	扶持人数/人	单位投资/万元	总投资/万元	年度计划/万元		
				2016 年	2017 年	2018 年
安置人数	16 556	—	—	180	7 752	4 624
投资估算	—	6	99 336	25 080	46 512	27 744

达川区 2016～2018 年采取集中安置和分散安置两种方式，重点在村、乡镇内通过土地置换的方式，统一规划建立移民安置点安置 16 556 人。一是集中安置 1742 户 5684 人，在达川区 44 个乡镇 80 个村建立 81 个安置点集中安置，其中行政村内就近集中安置 4282 人、新建移民村安置 630 人、依托小城镇安置 314 人、依托产业园区安置 156 人、依托乡村旅游区安置 302 人。二是分散安置 3550 户 10 872 人，其中投亲靠友 98 人、自主搬迁 10 603 人、其他 171 人。“十三五”期间，达川区按照搬迁农户“搬得出、稳得住、有事做、能致富”的目标，通过调整、转让或集中进行土地开发等形式，优先改善贫困户住房条件，加快改善农村人居环境，完善农村基础设施、公共服务体系，以新村建设带动农村全面发展、贫困群众脱贫致富。

达川区 2016～2018 年通过实施“生态移民一批”行动计划，对符合搬迁条件且自愿搬迁的建档立卡贫困户 5292 户 16 556 人全部进行易地安置，生活生产条件得到极大改善，每户按照建筑规范标准修改一处房屋，并具备必要的基础设施(通电、通水、通电视、通电话)，公共服务能力得到进一步改善；开展劳动力就业培训和专项技能培训，培育和发展后续产业，实现贫困人口稳定脱贫。

4.2.4 医疗救助一批

“十三五”期间，达川区建立“基本医保+大病保险+医疗救助”的重大疾病救助体系，进一步提高报销比例和保障水平，逐步解决因病致贫、因病返贫突出问题。“十三五”期间，达川区对因病致贫的 25 604 个贫困人口，特别是长期患有慢性病或重大疾病的贫困人口，纳入“医疗救助一批”进行扶持，防止因病致贫、因病返贫；实施大病基本医保、大病保险和大病救助政策，逐步提高贫困人口的医保补助、门诊和住院治疗费用报销标准(表 4-7)。

表 4-7　"医疗救助一批"年度计划　（单位：人）

扶持项目	年度计划			
	合计	2016 年	2017 年	2018 年
疾病筛查	25 604	6 957	10 871	7 776
20 类慢性病救助	15 876	4 314	6 741	4 821
23 类重大疾病救助	5 216	1 417	2 215	1 584
预防接种	2 772	753	1 177	842

"十三五"期间，达川区建立健全基层卫生计生服务体系，提高医疗卫生服务的可及性，全面改善居民健康状况，着力提升全区医疗保障水平，提高贫困人口的健康素养，主要卫生指标接近或达到全省平均水平；推行建卡贫困户重大疾病医疗救助，切实减少因病致贫、因病返贫现象的发生。2016～2018 年达川区通过实施大病基本医保、大病保险和大病救助政策，提高贫困人口的医保补助、门诊和住院治疗费用报销标准等医疗救助政策，帮助 25 604 名因病致贫的贫困人口缓解资金压力，消除贫困。

4.2.5　政策兜底一批

"十三五"期间，达川区锁定建档立卡符合低保政策兜底对象，将丧失劳动能力、无法通过产业扶持和就业帮助实现脱贫的特困群体 16 201 人全部纳入最低生活保障范围，通过社会保障实施政策性兜底脱贫；健全农村最低生活保障制度，逐步提高保障水平，实现贫困地区扶贫线和低保线"两线合一"，逐步把低保线提高到扶贫线标准，对 16 201 个贫困人口做到应保尽保(表 4-8)；通过实施农村最低生活保障制度、加快发展城乡居民养老保障等低保政策，使 16 201 个贫困人口实现政策性兜底脱贫。

表 4-8　低保政策兜底年度计划　（单位：人）

扶持项目	年度计划					
	合计	2016 年	2017 年	2018 年	2019 年	2020 年
农村低保	16 201	4 402	10 375	16 201	16 201	16 201

注：低保兜底人数为逐年累加数。其中 2017 年新增加 5973 人，2018 年新增加 5826 人。2019～2020 年减贫不减政策，巩固脱贫成效。

4.3　脱贫成果巩固的模式成果

"十三五"期间，达川区根据中共中央、省委、市委脱贫攻坚工作要求，严格对标"两不愁三保障"，锁定基础设施建设、产业发展、民生保障"三个重点"全力攻坚，为贫困群众如期脱贫奠定了坚实的基础，形成了具有达川区特色的"四大会战""四轮驱动""四大政策保障"模式成果。

4.3.1 锁定基础设施，提高农村生产生活水平——“四大会战”模式

1) 交通建设大会战

以完善路网骨架为重点，加快推进达川区乡道改造、村道改善、社道建设、渡改桥畅通工程建设，切实提升农村公路覆盖范围和通行保障能力；以乡镇中心站为重点，加快乡镇客运站(停靠站)和村级招呼站(牌)建设。2020 年，达川区实现所有乡镇通油(砼)路，所有建制村、新村聚居点通硬化路，具备条件的建制村全部开通客运班线，改变群众“出行难、行路难、运输难”状况。

达川区以区乡道改善、建制村通硬化路为重点，优化完善农村公路网络结构，2016～2020 年区乡道路改善 1014km，通村公路窄路加宽 455km，通村公路完善 1492km，新建农村公路桥梁 30 座、农村渡改人行桥 5 座；积极发展农村客货运输，实现城乡道路客运一体化水平达到 AAA 以上，新建乡镇客运站 8 个、村级招呼站(牌)167 个，建设超限检测站 4 个、养护管理站 8 个，实现 100%乡镇通油路，100%村通水泥路，100%乡、70%村通客运班车线路(表 4-9)。

表 4-9 达川区 2016~2020 年交通建设项目

项目名称	建设规模	建设地点	建设时间
一、农村公路		达川区	
区乡道路改善/km	1014	达川区	2016～2020 年
通村公路完善/km	1492	达川区	2016～2020 年
通村公路窄路加宽/km	455	达川区	2016～2020 年
农村公路桥梁/座	30	达川区	2016～2020 年
渡改人行桥/座	5	达川区	2016～2020 年
二、汽车客运站场			
乡镇客运站/个	8	8 个乡镇	2016～2020 年
村级招呼站（牌）/个	167	167 个村	2016～2020 年
三、养护能力提升工程			
养护管理站/个	8	达川区	2016～2020 年
超限检测站/个	4	达川区	2016～2020 年

2) 水利建设大会战

达川区“十三五”期间实施农村饮水安全巩固提升工程、小型农田水利灌溉工程等，全面解决贫困人口的饮水安全问题，基本解决贫困村、贫困户和贫困人口的生产发展用水问题，努力构建精准到户的饮水安全和产业扶贫生产用水保障体系；加大贫困村高标准农田建设，建成与特色产业配套的田网、路网、渠网等产业基础设施，配套农业机械化道路建设，改善产业发展条件(表 4-10)。

表 4-10　达川区 2016～2020 年水利建设项目

项目名称	建设规模	建设地点
一、农村饮水安全巩固提升工程		
供水工程/处	259	52 个乡镇
二、小型农田水利灌溉工程		
新建整治渠道/km	500	53 个乡镇
新建生产便道/km	236.2	53 个乡镇
整治山坪塘/口	850	53 个乡镇
新建蓄水池/口	760	53 个乡镇
三、高标准农田建设		
田型调整/万亩	76.21	596 个村
土地调整/万亩	26	142 个村
新建农田机耕道/km	4600	59 个村

“十三五”期间，达川区实施的农村饮水安全巩固提升工程，重点针对安仁乡、米城乡等 52 个乡镇，兴龙庙、斑竹沟等 142 个贫困村，新建供水工程 259 处，解决 25 万人饮水安全问题；实施小型农田水利灌溉工程，新建渠道 350km，整治渠道 150km，整治山坪塘 850 口，新建蓄水池 760 口，新建生产便民道 236.2km，打通农业灌溉“最后一公里”，为贫困村和脱贫产业发展提供水利设施保障；实施高标准农田建设工程，2020 年，完成田型调整 76.21 万亩(全区耕地详查面积为 120.33 万亩)，土地整理 26 万亩，新建农田机耕道 4600km，全区农机总动力达到 50 万 kW，其中排灌动力机械达到 6.8 万 kW；主要农作物耕种收综合机械化水平达到 50%。

3)电网、电信建设大会战

“十三五”期间，达川区大力实施贫困地区农村电网改造升级工程，建成安全可靠、节能环保、技术先进、管理规范的新型农村电网，确保贫困户通电率达到 100%。2020 年，达川区实现了全区农村电网改造全覆盖，供电可靠率达 99.95%，综合电压合格率达 99.5%；优化改造 110kV 农村电网骨干网架结构，解决 10kV 及以下电网过负荷、供电质量差问题，提高 10kV 配电网络“手拉手”供电比率；新建及改造 35kV 线路 5 条 1562km，共改造 10kV 及以下线路 9850km，其中低压线路 6698km，实现农村电网改造全覆盖，消除配网“卡脖子”及“安全隐患”，解决农村用电难、用电贵、无电用等问题。根据行业项目建设投资标准和典型设计，概算电力建设任务的投资规模，“十三五”期间达川区电力建设总投资 66 800 万元，其中争取省以上投资 13 360 万元，其他 53 440 万元。

“十三五”期间，达川区推进通信网络基础设施标准化建设，基本实现行政村电信网、广电网、互联网全覆盖，形成较为健全的网络信息安全和应急通信保障体系。“十三五”期间，达川区实施“宽带乡村”工程、“行政村通宽带民生”工程、贫困村信息扶贫工程等，行政村宽带覆盖率达到 100%，农村宽带接入能力达到 8Mb/s 以上，形成较为健全的网络信息安全和应急通信保障体系；实施“农村中小学基础教育信息化”工程，基本实现中小学宽带网络的全面覆盖，基本实现“宽带网络校校通、优质资源班班通、网络学习空间人人通”，初步建立起覆盖全区中小学校的基础教育信息化体系；实施全区网络安全系统工程，实施“电视户户通”“广播村村响”等工程，实现广播电视基本公共服务均等化。“十三五”期间，达川区根据行业项目建设投资标准和典型设计，概算通信建设任务的投资规模，通信建设总投资 13 424.44 万元，其中争取省以上投资 9398.04 万元，区投资 460.56 万元，农户自筹(投劳折资)1673.28 万元，其他投资 1892.56 万元。

4) 乡风文明大会战

“十三五”期间，达川区通过乡风文明大会战，引导广大群众住上好房子、过上好日子、养成好习惯、形成好风气。通过乡村文化建设和发展教育，可以为贫困主体树立信心，改变贫困人口的“心穷”状态，调动他们脱贫致富的内生性动力，促进精神脱贫长效内生动力的形成。原达州市委常委、达川区委书记许国斌提出：要积极开展“四好村”创建活动，在全区农村普遍开展“五崇尚五反对”活动，努力展现达川脱贫成果巩固的新风新貌。

随着脱贫成果巩固行动的深入推进，达川区贫困群众住上好房子、过上好日子等物质脱贫“硬指标”已实现。但要打赢这场硬仗，就必须解决抓物质脱贫硬、抓精神脱贫软的问题。2016 年下半年以来，达川区立足实际，开展了以崇尚“孝和勤美法”为中心内容的“五崇尚五反对”教育活动，引导广大群众养成好习惯、形成好风气、过上好日子，为脱贫成果巩固积聚正能量，助推“四好村”创建和脱贫成果巩固向纵深开展。一是崇尚孝老爱亲，反对弃老抛残；二是崇尚团结和睦，反对拉帮结派；三是崇尚勤俭自立，反对等靠要懒；四是崇尚整洁优美，反对脏乱无序；五是崇尚讲法明理，反对胡搅蛮缠。

达川区“五崇尚五反对”教育活动开展以来，在培育文明乡风、树立榜样标杆、促进美丽乡村建设方面，产生了显著的推动作用。一是教育引导作用得到了初步凸显。养成好习惯、形成好风气，教育引导是重中之重。在各村红白理事会的监督下，个别地区存在的红白事相互攀比、大操大办、低俗媚俗的现象逐步绝迹；在禁毒禁赌会的干预下，涉黄涉毒涉赌等现象正在消失；在道德评议会的影响下，不赡养老人、遗弃子女等现象得到了有效杜绝。二是见贤思齐效应得到了较好发挥。养成好习惯、形成好风气是当前农村精神文明建设的目标任务。在榜样引领上，达川区整合资源，创新评选载体，选树农村身边好人，营造争做好人、礼遇好人的氛围。按照“五崇尚五反对”内容，修订了“五星级文明户”的评星标准，通过评星、争星，增强了群众的荣誉感、获得感和进取心。三是美丽乡村建设得到了有力深化。达川区开展“五崇尚五反对”教育活动，通过倡导“崇尚孝老爱亲，反对弃老抛残”，全区不断涌现出不离不弃、守望相助、患难与共的先进典型；通过倡导“崇尚整洁优美，反对脏乱无序”，全区大力开展环境整治，广大村民的环境保护意识增强，人居环境逐渐改善；特别是通过聚焦“崇尚勤俭自力，反对等靠要懒”，破除了部分群众的错误思想，激发起脱贫奔小康的内生动力，每年涌现出区级脱贫致富光荣户 100 余户，目前有 30 余名脱贫致富带头人活跃在脱贫成果巩固一线。截至 2017 年，全区有 150 个村成功创建“四好村”，赵家镇获得“全国文明村镇”荣誉称号。

达川区通过开展各种乡风文明建设活动，在教育引导方面得到了初步凸显，见贤思齐效应得到了较好发挥，美丽乡村建设得到了有力深化；同时，全区“平安村”“法治村”“文明村镇”“四好村”等创建活动蔚然成风、扎实有效，养成好习惯，形成好风气得到了有力彰显，逐步探索出乡风文明建设的“达川之路”。

4.3.2 延伸产业扶贫链条，确保户户有增收——“四轮驱动”模式

1)发展产业带动“第一轮”

“十三五”期间，达川区坚持市场导向，以东部、西部、南部三大片区为主战场，结合农业产业发展“5+5”工程，建成东部亭子至南岳 40km 安仁柚走廊、西部铁山至永进 45km 柠檬走廊[41]；选择适合贫困村、贫困户的扶贫产业，全区因地制宜发展优质粮油 50 万亩、蔬菜 40 万亩、青花椒 20 万亩、乌梅 10 万亩、安仁柚 10 万亩、水果 20 万亩，年出栏生猪 80 万头；大力探索“脱贫攻坚+电商”“脱贫攻坚+金融”等扶贫模式，采取“龙头企业+合作社+贫困户”等合作方式，构建现代农业“3+3+3”产业体系，因地制宜发展优质粮油、蔬菜、青花椒、乌梅、安仁柚、水果，实现“乡乡有特色、村村有产业、户户有收入”的扶贫增收新格局[43]。

“十三五”期间，达川区通过全区农业产业发展实行“双三双五”工程，推进“优质粮油、蔬菜、水果、生猪、乌梅”五大主导产业，“茶叶、双椒、金银花、柠檬、蓝莓、食用菌”等特色产业及“休闲农业和乡村旅游、农产品原产地初加工、农村电子商务、养老服务、农村文化创意”等新兴产业，扶持贫困村、贫困户发展特色产业，形成了一村一品、多村一品、一乡一业的产业发展格局；加大无公害、绿色农畜产品认证和农畜产品宣传，强化知名产品、名牌产品打造，着力创建了达川区特色农畜产品区域公共品牌；加强科普示范户和科普示范点建设，着力培育新型职业农民。截至 2018 年，达川区初步形成了“跨村联乡”的特色支柱产业体系，所有贫困村都有特色产业项目覆盖，贫困村产业助农增收人均增幅明显高于全区平均水平。

2)扶持就业拉动“第二轮”

“十三五”期间，达川区建立贫困人口就业数据信息库，采取鼓励劳务输出转移就业、技能培训扶持就业、依托产业园区及扶贫车间就近就业、开发公益性岗位安置就业等方式，让每个有劳动力的贫困家庭至少 1 人就业；针对部分贫困户脱贫奔小康内生动力不足的问题，创新实施正向激励机制，通过以奖代补，调动贫困户勤劳致富的积极性。

3)激励创业促动“第三轮”

“十三五”期间，达川区出台《关于鼓励支持农民工返乡创业的意见》，从资金、

政策、税收等方面，为农民工回乡创业提供全方位支持；深化改革，建成“农村产权交易中心”，盘活农民土地、林权、房屋等“沉睡”资产，培育产业扶贫类合作社，吸纳贫困户以资金、土地、劳动力入股等形式参与产业发展，创新“村集体+能人”“村集体+合作社”等集体经济发展模式，贫困村人均集体经济收入不断提高；把“产业强区”与产业扶贫相结合，加快区域产业发展，培育促进贫困村和贫困户增收的产业体系，发展特色农业、乡村旅游业等（特别是针对部分贫困户脱贫奔小康内生动力不足，创新实施正向激励机制，对发展种养殖业增收 2000 元以上的贫困户，按每户家庭纯收入的 10%、最高不超过 2000 元的标准给予奖补）。对外出务工个人工资总收入在 1 万元以上的贫困户，按工资总收入的 3%、最高不超过 1500 元的标准给予奖补；通过以奖代补，充分调动了贫困户勤劳致富的积极性；全区 151 个贫困村共培育 469 名致富带头人，引领带动贫困户稳定脱贫。

4)深化改革撬动“第四轮”

以放活土地经营权为突破口，推进“六权同确”；同时，固化村集体、贫困户与企业、基地、合作社的利益联结，让资源变资产、资金变股金、农民变股民，加快贫困群众脱贫致富步伐。

“十三五”期间，达川区通过延伸产业扶贫链，拓宽了贫困群众致富增收的路子，实现由“输血式”扶贫向“造血式”扶贫转变，确保贫困群众有相对稳定的经济收入。

4.3.3 织密兜底保障网，实现人人有保障——“四大政策保障”模式

(1)实现教育三大提升。第一，实现办学条件提升。“十三五”期间，达川区大力推进乡镇标准中心校建设，累计投入资金 4.34 亿元，新(改、扩)建农村学校 23 所、幼儿园 8 所，全区各乡镇中小学义务教育阶段学校全部达标。2017 年 10 月，达川区高分通过义务教育均衡发展国检验收。第二，实现师资水平提升。实施“国培”“省培”和乡村教师专项支持计划，补充农村学校教师 278 名，城乡交流轮岗优秀骨干教师 600 余名，保障农村孩子享受优质教育资源。第三，实现帮扶成效提升。达川区构建学前教育到大学教育全程帮扶体系，资助金额达 7700 余万元，对 15.32 万人次贫困家庭学生实行结对关爱精准到人，资助覆盖面达 100%，全区义务教育阶段无 1 人因贫失学辍学，有效斩断贫困代际传递。

(2)筑牢医疗三道防线。①一道防线提水平，防病先行。“十三五”期间，达川区建成 56 个乡镇达标卫生院和 151 个标准化卫生室，新聘 227 名卫技人员充实一线，基层医疗服务水平大幅提升；建立贫困人口健康档案，实现预防保健、家庭医生签约、免费健康体检全覆盖，确保疾病早发现、早预防、早治疗。②二道防线保基本，有病治病。该区实现贫困户医保财政代缴、大病保险、民政救助、特殊门诊补偿、住院免起付线、先诊疗后结算等政策全覆盖，实现贫困人口区内住院和慢性病门诊维持治疗个人支付不超过 10%。③三道防线解重困，特殊救助。该区设立“卫生扶贫救助基金”“医药爱心救助基金”“重大疾病慈善救助基金”，对穷尽一切医疗保障政策后，个人医疗费用支出

仍较高的贫困患者，给予特别救助，共发放救助基金 423.71 万元，救助 2.66 万人次，有效遏制了因病致贫、因病返贫、因病举债的现象发生。

(3) 推进安居五大工程。“十三五”期间，达川区按照“宜改则改、宜建则建、宜保则保”的原则，不搞“一刀切”，推进新建、改造、拆除、亮化、保护“五大工程”，让农村群众住上安全房、共享好生活。达川区投资 8.1 亿元，实施易地扶贫搬迁 4806 户，入住率达 100%；投入 1.1 亿元，实施土地增减挂钩项目，新建房屋 203 户，完善基础设施 19 处；投入资金 2.19 亿元，实施农村危旧房维修改造 1.8 万户，对“长期居住、存在安全隐患且是唯一住房”的 9413 户非贫困户和 8566 户贫困户的房屋进行排危除险、完善功能；投入 3300 万元，对 8311 户长期居住且房屋局部存在安全隐患的农村住房进行局部维修改造，确保农村房屋“结构安全、风雨无忧、设施完好、环境整洁”；拆除农村闲置危旧房屋 2500 余户，农村住房面貌得到大幅改善；大力开展“美丽乡村十大行动”，投入 8000 余万元，清理村道社道杂草 4800 余公里，新建垃圾池 1500 余座，整治乱堆乱放 7800 余处、乱搭乱建 700 余处，新建农村生活污水处理设施设备 60 个，实现了村庄旧貌换新颜；对 8 处川东北特色民居、四合院落、祠堂进行了修缮完善。

(4) 实施民生十大救助。“十三五”期间，达川区创新出台《十大民生救助制度》，对自然灾害受灾户、流浪乞讨人员、贫困残疾人(子女)就学等 10 类情况进行专项救助，有效整合 12 个救助部门的 40 个救助事项，创新建立社会救助大平台，共发放救助资金 3 亿余元，救助困难群众 40 万余人次。达川区通过统筹推进教育扶贫、健康扶贫、社会保障扶贫，健全“四项扶贫基金”稳定补充长效机制，织密兜底保障网，不让一户一人掉队。

第5章　脱贫成果巩固与乡村振兴衔接机制作用研究

2019 年 4 月，达川区退出贫困县序列，其在脱贫成果巩固阶段形成的扶贫保障支撑机制、扶贫协同支撑机制、扶贫“识别、激励、退出”三步化工作机制以及外在力量和内生动力互动机制，为实现全面小康打下了坚实的基础。然而脱贫摘帽不是终点，而是实现全面乡村振兴的起点，脱贫后达川区紧接着出台《达川区乡村振兴战略发展规划》，全面实施乡村振兴战略：在粮食安全上，出台撂荒地复耕办法，确保粮食产量稳定；在产业发展上，实施农业“5+5”工程，打造“安仁柚”国家地理标志保护产品，积极创建省级示范家庭农场、现代农业园区、有机产品认证示范区等，市级以上龙头企业、示范家庭农场等；引进农产品加工企业，提高农产品附加值；培育新型业态，发展“农业+互联网”“农业+旅游、康养”等，促进一产“接二连三”；在乡村基础设施建设上，持续推进农村地区宽带全覆盖，提高宽带质量；支持农村电网改造升级，提高农村输配电质量，保证农村用电安全稳定、满足基本生产生活需求；在乡村治理上，争创全省乡村振兴先进县(区)，开展“宜居乡村·美丽达川十大行动”，龙会乡花石岩村等 5 个村被评为 2019 年度省级乡村振兴示范村。

本章在前述对脱贫成果巩固与乡村振兴的理论、概念、衔接现状、脱贫攻坚成果巩固进行研究的基础上，结合国家乡村振兴战略“产业兴旺、生态宜居、乡风文明、治理有效、生活富裕”总方针，提出以产业为主导、生态为基础、组织为保障、文化为引领、人才为动力的脱贫成果巩固与乡村振兴衔接机制(图 5-1)，对达川区巩固脱贫成果以及稳步实施乡村振兴战略具有重要的价值导向和借鉴意义。

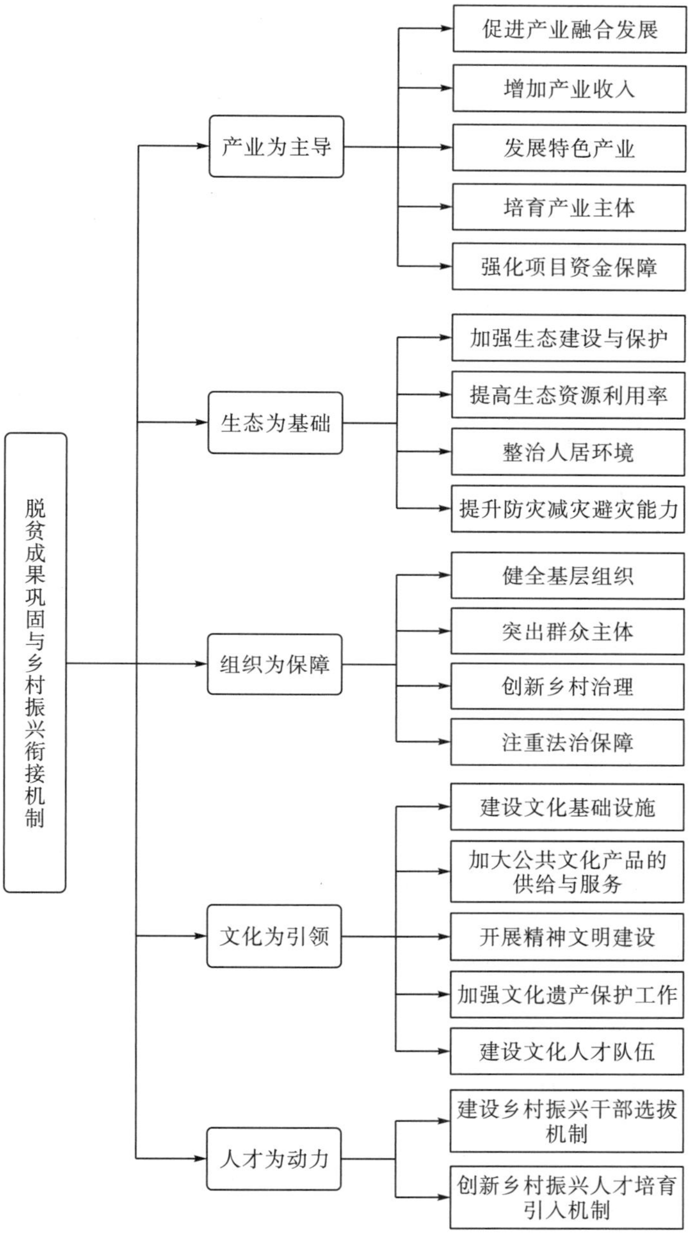

图 5-1　脱贫成果巩固与乡村振兴衔接机制

5.1　以产业为主导的脱贫成果巩固与乡村振兴衔接机制

“十三五”期间，达川区把实现产业强区与产业扶贫相结合，进一步加快区域产业发展，加快培育促进贫困村和贫困户增收的产业体系，加快发展特色农业、乡村旅游业等，努力形成“跨村联乡”特色支柱产业体系，贫困村产业助农增收人均增幅明显高于全区平均水平，所有贫困村都有特色产业项目覆盖；以放活土地承包经营权为突破口，积极培育龙头企业、农民专业合作社、种养大户、家庭农场等新型农业经营主体，完善利益联结机制，带动群众增收致富；实施品牌工程，创建农产品优势品牌，依托品牌实现产业增效；强化农业科技支撑，促进乡村振兴筑牢产业基础，通过发展农业产业巩固脱贫成果。

5.1.1 优化农业产业结构，促进产业融合发展

“十三五”期间，达川区突出区域特色优势，紧紧围绕“深入推进三大战略、加快实现五区目标”战略部署，按照全区农业发展“双三双五”工程，着力推进“优质粮油、蔬菜、水果、生猪、乌梅”五大主导产业，发展“茶叶、双椒、金银花、柠檬、蓝莓、食用菌”等特色产业及“休闲农业和乡村旅游、农产品原产地初加工、农村电子商务、养老服务、农村文化创意”等新兴产业，形成一村一品、多村一品、一乡一业的产业发展格局。

“十三五”期间，达川区深化三产融合发展，依托“三山两河一湖”旅游资源禀赋和“十大乡村旅游景点”，大力推进农旅融合发展，完善“景点+产业+农户”运行机制，新建或提质改造特色农业产业基地 20 万亩，新建或改扩建标准化养殖场(小区)30个、水产养殖基地 3 个，全力支持建设现代农业产业融合示范园区 2 个，新建或改扩建农产品产地初加工设施 18 座。

案例 5.1 肖家村结合自身乌梅种植历史，采取“龙头企业+合作社+农户”“脱贫攻坚+电商”等方式，带动农户建立乌梅种植基地，通过专业合作社和乌梅山庄等流转土地，截至 2020 年，累计发展乌梅种植 3000 余亩；同时乌梅林下养殖作为辅助，在肖家村 4 组建立了小规模肉牛养殖场，寨子梁养鸡场发展乌梅林下跑山鸡养殖。该村延伸产业扶贫链条，一是修建乌梅加工厂，创立肖家村乌梅酒品牌“冯山林”乌梅酒，以销代产，拓展销路，为了更快打开市场，建立村级农业检测站；二是发展旅游产业，结合乌梅文化，以“乌梅竹马”为主题修建民俗主题乐园，通过青梅煮酒等历史文化发展乡村旅游。

5.1.2 拓展农业多种功能，增加产业收入

“十三五”期间，达川区积极推进旅游扶贫，指导旅游扶贫重点村因地制宜发展乡村旅游，支持贫困村创建省级旅游扶贫示范村，贫困户创建民宿旅游达标户，培育乡村旅游合作社；同时实施市级乡村旅游提升发展示范项目，助农增收、带动就业、扶智增志，助推旅游扶贫重点村脱贫成果巩固。“十三五”期间，达川区首先实施乡村旅游富民工程，一是支持具有条件的贫困村创建省级旅游扶贫示范村，通过示范村创建，推动旅游扶贫重点村因地制宜发展乡村旅游；二是培育乡村旅游合作社、星级农家乐、乡村酒店、乡村特色业态经营点等，带动贫困人口参与旅游业发展；三是指导建设乡村民宿。其次，达川区实施旅游产业带动工程，开展乡村旅游提升示范行动，加快达川区帝源家庭农场、肖家村乌梅山庄等旅游基础设施建设，通过提升发展，促进乡村旅游点稳固发展。再次，实施旅游公共服务建设工程，重点围绕省级旅游扶贫示范村开展乡村旅游管理机构+旅游咨询中心(游客中心)、旅游厕所、停车

场、旅游标识标牌“1+4”工程，完善乡村旅游基础设施和公共服务配套设施，切实改善贫困地区旅游业发展基础条件，增强贫困地区发展后劲。同时，达川区实施旅游人才培养工程，指导各地各旅游企业开展旅游从业人员培训。

案例 5.2　肖家村立足资源禀赋和产业特色，打造农旅经济。肖家村自然生态林覆盖率为 73%，生态宜人，铜钵河绕村而过，三面环水，地势独特，左有峭壁绝峰、右有一览众山小之绝佳视野。晨早看日出、日落观晚霞，吸引了四面八方的游客来到肖家村。

该村通过结合川东文化元素，突出“梅”“竹”精神品质，紧扣“青梅竹马”主题，着力构建“绿树青山+乌梅园区+梅竹文化+民俗风情”模式的乡村旅游区，以乌梅主导产业和乡村旅游促进村级旅游发展。通过打造、整合全村自然景观与人文景观，使肖家村成为达州城区闻名的“一日游”乌梅山庄景区。该村还通过每年举办“乌梅节”“乌梅山登高节”等方式，大力促进乡村旅游发展。据统计，2018 年肖家村乌梅山庄景区“一日游”人数突破 5 万人次。该村村两委不仅借助业主的外力支持，还不断激发村民群众的内生动力。目前，该村村内特色餐饮、农业体验、民宿接待等悄然兴起，不仅有集农旅体验、观光休闲、餐饮娱乐为一体的“乌梅山庄”，可实现年收入 500 余万元，吸引了周边 50 余名村民常年在此务工增加收入，还有原贫困户王洪军、肖世品的两家星级民宿，提供特色小规模接待，增加家庭收入。村社还引导村民在节假日等旅游高峰时段，在村办公室和乌梅山庄等地，售卖鲜活农副产品，最高单户日均销售额达 1000 元左右。

达川区大力实施电商扶贫，坚持“以互联网+农村市场”为抓手，着力加强农村流通基础设施建设，下足脱贫成果巩固“绣花功夫”，进一步发展农村电子商务，促进农村经济发展和农民增收致富。

“十三五”期间，达川区通过深入开展电子商务进农村综合示范项目建设，支持建设乡村电商服务和物流配送站点，帮扶有条件的贫困户开设网店(微店)；通过探索建立电商销售奖补政策、贫困地区特色农产品销售专区(专柜)租金补贴政策、运输物流补贴政策，实施贫困地区特色农产品销售信息员补助政策；通过打造农产品电商平台，建立“名特优”农产品线下体验网络中心，促进电商与经营主体有效结合，实现“网货下乡”和“农产品进城”；通过多种方式拓宽农产品销售渠道，进一步完善农贸市场、特色商品市场、特色商业街等市场体系和农产品冷链、仓储、物流配送体系等流通设施；通过加大宣传推介和产销对接力度，实施电子商务营销、帮扶单位促销、商业流通企业承销、定向直供直销等农产品推介行动，引导达川企业、产品参与“惠民购物全川行动”“川货全国行”等活动。

据调研组了解，达川区是四川省首批供销社综合改革试点县和电子商务进农村工作示范县，达川区供销社按照“要让农民坐上网购网销的幸福高铁，要让农村拥有‘供销 e 家’的网上商城，要让农业实现产品进城的指间距离”的理念，于 2015 年 9 月组建了达州市供销网优电子商务有限责任公司，通过把全区农特产品组织起来，统一包装打造农特产品品牌；把全区所有乡村发动起来，统一建设“供销 e 家”双代站点；把全区合作组织动员起来，统一加入农村电子商务协会；把全区双代店长培养起来，统一成为农产品代销经纪人等措施，把电商扶贫与农民脱贫致富共同推进。

1）代购代销

如图 5-2 所示，供销电商“双代店”是达川供销商城电商扶贫工程，也是电子商务进农村的达川模式，旨在帮助农民足不出户代购需要的工业品，同时通过电商平台代销农产品，为群众提供实惠优质快捷的党声政声宣传服务、网购网销双代服务、便民利民综合服务。“这下我们就不再愁农产品销不出去了，也不怕没有劳动力了，只要到这个双代店里来，一下就可以卖出去了，硬是安逸啊”，达州市达川区龙会乡花石岩村 68 岁的老罗喜滋滋地说。达川区龙会乡花石岩村电商“双代店”的开业，标志着全区广大农民网购网销的梦想终于实现了，全区农村都能拥有自己的网上商城——电商双代店，将让每个农民共同分享“洋货下乡、土货进城”的“网上高铁”优惠。

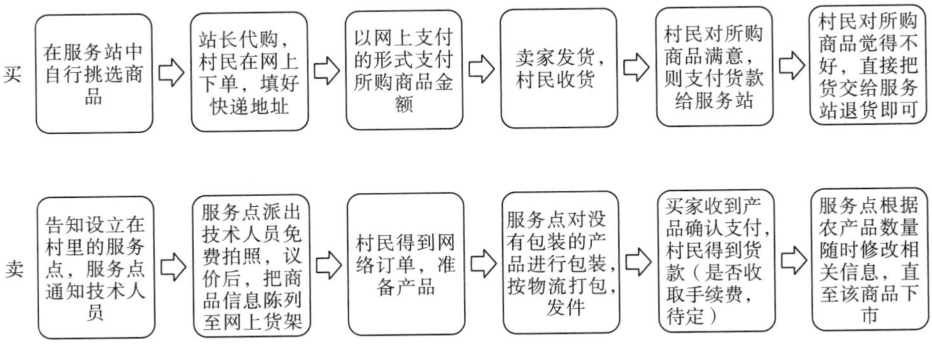

图 5-2　达川区供销平台“代购代销”运行模式

2）农产品进城

达川区通过电商平台分销、网上销售及网销活动，不断扩大农村产品网络销售渠道，强化电商平台物流的互联互通，推动农产品多样化、规模化供给，拓宽销售途径，助力打赢脱贫成果巩固战，激发乡村振兴新活力；同时，不断鼓励达川企业、产品参与“惠民购物全川行动”“川货全国行”活动，帮助涉农市场主体和特色优势产品拓展市内外经销渠道，提高市场占有率，支持特色农产品、手工产品“进城”（图 5-3）。

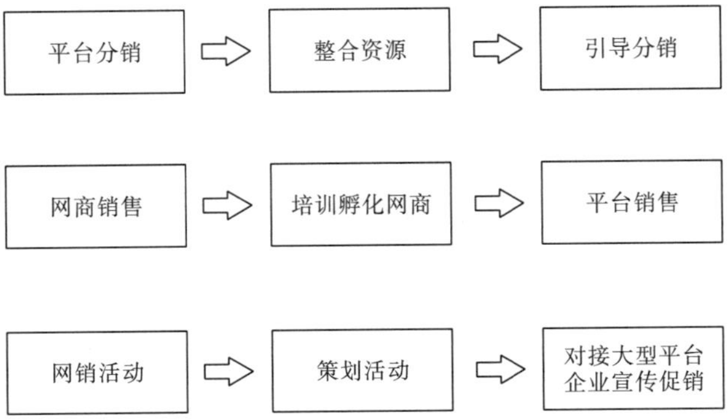

图 5-3　达川区“农产品进城”运行模式

3）工业品下乡

工业品下乡是指联合达州市本地实体企业和对接相关生产型企业，通过监理合作机制，签订战略合同协议，如图 5-4 所示，建设互联网销售平台，实现货品从商家直达消费者，通过物流直达乡镇，减少中间环节及运输。

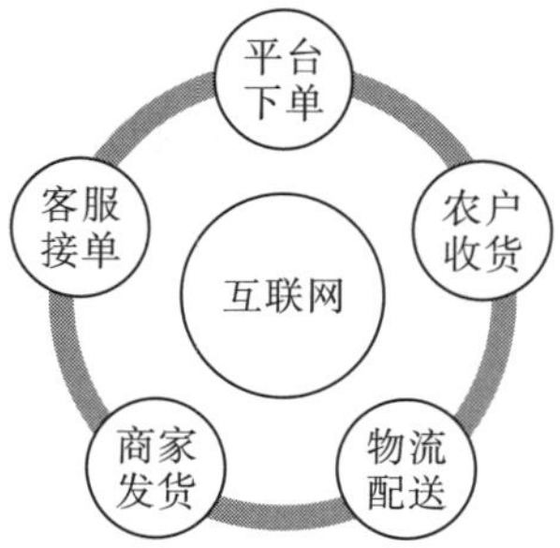

图 5-4　“工业品下乡”网络销售模式

“十三五”期间，达川区通过大力发展集体经济，依托股份经济合作社积极发展经营风险小、管理科学的集体经济项目，在财政、土地、金融、税收等方面给予优惠支持，建立健全村级集体经济积累机制，增强各村自我发展、自我服务、自我管理能力；通过完善产业扶贫利益联结机制，推广股份合作、订单帮扶、生产托管等产业扶贫模式，实现贫困户与现代农业发展有机衔接，形成达川区农业多种功能的拓展路径（图 5-5）。

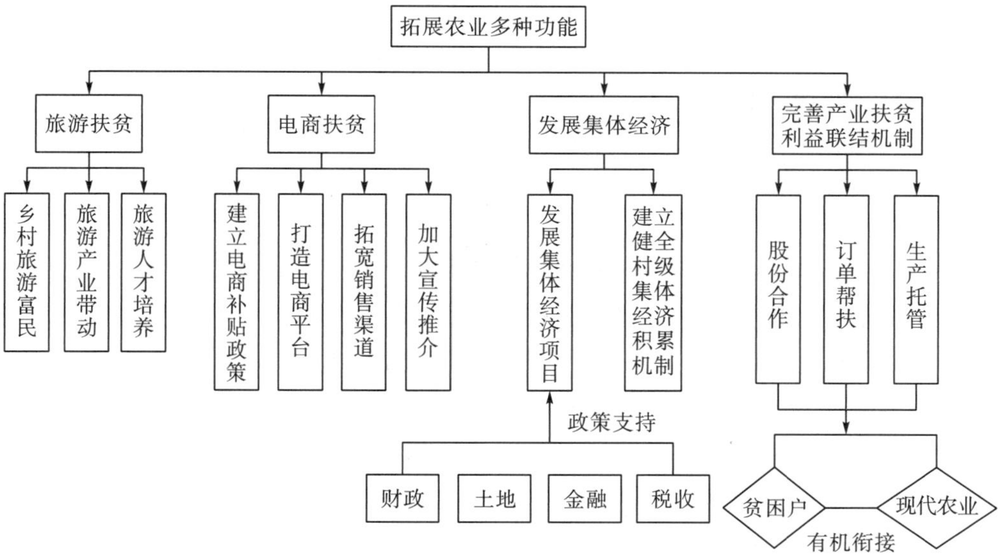

图 5-5　农业多种功能拓展路径

5.1.3 加强农业品牌建设，发展特色产业

(1)在巩固粮油产业的基础上，加强农业品牌的建设，大力发展特色产业。例如，大力发展达川贡米、安仁柚、花椒等特色产业。达川区 2019 年扶贫专项规划提出以米城、堡子为核心，打造 15 万亩达川贡米优质稻生产基地，推进达川贡米优质稻产业布局区域化、种植规模化、生产标准化、加工现代化；以安仁为核心，辐射大滩、葫芦、麻柳、万家、檀木等乡(镇)，发展安仁柚 5 万亩；以九岭、罐子为核心，新建花椒产业基地 10 万亩；建设柑橘“一带三区”(一带：巴河流域柑橘产业带，三区：安仁—麻柳万亩安仁柚示范区、赵家—双庙—木子万亩甜橙示范区、管村—石梯—石桥万亩优质晚熟柑橘示范区)，新发展优质柑橘 1000 亩，柑橘品质改良 500 亩。达川区在特色产业基础上狠抓园区建设，重点建设达川百节马家乌梅特色现代农业产业园、达川九岭罐子花椒现代农业产业园、麻柳生猪现代产业园，让产业园区成为乡村振兴、产业兴旺的坚实基础和核心载体。

(2)加快无公害、绿色农畜产品认证和农畜产品宣传，强化知名产品、名牌产品打造，着力创建达川特色农畜产品区域公共品牌；积极开展特色农产品“三品一标”：无公害农(畜)产品、绿色食品、有机农产品和农产品地理标志建设，打造一批农产品区域公用品牌和农产品品牌，注册推行扶贫产品公益性集体商标。

5.1.4 培育产业主体

“十三五”期间，达川区通过健全农业产业发展技术支撑体系，配齐配强乡镇农技人员，优化配置驻村农技员、农业技术巡回服务小组和农业专家服务团，帮助贫困户解决了生产经营的各种问题；大力培育新型职业农民，把符合条件的贫困户优先列为新型职业农民培育对象，2019 年培育新型职业农民 428 人；强化科技示范引领，加大科技示范户培育力度，2019 年培育科技示范户 850 户，建成 2 个科技示范基地。同时，针对农业生产薄弱环节，大力提升农机装备水平，加强高标准农田、提灌站、农产品初加工设施等建设，提高农村农机水平。

案例 5.3 2019 年成都村引进花纤谷、品上品等大型业主 4 家，流转土地林地近 2000 亩，完成投资 4000 万元。该村引进的业主优先使用本村劳动力，按照统一标准发放工资，群众根据自身情况选择务工时间获取劳务报酬。2016 年 9 月以来，该村务工群众累计务工收入达 200 万元，在家劳动力人均月工资为 900 元。鼓励扶持有条件、有意愿的村民发展旅游经济，树立典型影响身边人，发放产业扶贫贷款近 50 万元用于村民发展旅游经济及生产。2019 年村民利用闲置房屋开设农家乐 3 家。

5.1.5 强化项目资金保障

“十三五”期间，达川区首先出台了《关于进一步加强财政扶贫资金项目管理工作

的通知》《扶贫资金项目实施公告公示实施办法》等项目资金管理条例，加强对扶贫资金使用和扶贫项目前期审查、过程监督和绩效评估，同时对扶贫项目建设和扶贫资金使用管理中发现的违规违法行为从严查处，做到了无禁区、全覆盖、零容忍。截至 2019 年，达川区已从审计、财政、扶贫等部门抽派 205 名精干力量，开展扶贫项目资金专项审计和集中检查 12 次，不断加强和规范扶贫项目资金管理，严肃进行问责问效，先后有 13 人受到纪律处分，确保了扶贫资金使用安全，提高了扶贫资金使用效益。其次，达川区扩大资金来源渠道，脱贫攻坚以来，达川区主动向省、市部门对接汇报，累计争取上级项目资金 32.7 亿元，其中：中央和省级资金 28.8 亿元、市级资金 3.2 亿元；大力开展社会帮扶，接受各种帮扶、捐赠 1.2 亿元(含物资折价)；同时，投入 16.6 亿元，用于脱贫成果巩固；充分发挥“金融扶贫”助推脱贫成果巩固作用，易地扶贫搬迁融资 8 亿元，交通、水利扶贫“过桥”贷款 6 亿元，极大改善了基础条件；截至 2018 年底，扶贫小额信贷累计发放 1.78 万户，余额 6.66 亿元，贷款覆盖率达 54.61%，居全市第一，为贫困户发展生产、增收脱贫提供了有力保障。最后，达川区统筹整合使用财政涉农资金，按照“整合项目、聚集资金、集中投放、精准扶持”的总体思路，整合各级财政专项扶贫资金、水利发展专项资金、农业综合发展转移支付资金等 8 类项目资金约 3.02 亿元，调整项目资金投向，将更多资金精准用于贫困村产业发展，同时进一步用好用活产业扶持基金、产业扶持周转金和小额信贷等政策，争取更多资源要素投向优势产业扶贫。

5.2　以生态为基础的脱贫成果巩固与乡村振兴衔接机制

为了加快建设美丽达川，牢固树立“绿水青山就是金山银山”的理念，达川区从生态保护建设、生态资源利用、人居环境整治、防灾减灾避灾等方面入手，构建了“一环、两区、三带”生态空间格局，筑牢原贫困地区持续发展的生态本底。截至 2020 年底，达川区森林覆盖率达到 35%，城市绿地率达到 40%，水土流失和生物多样性丧失等重大生态问题基本遏制，人居环境明显改善，生态产品的供给能力明显提高。

5.2.1　加强生态建设与生态保护

“十三五”期间，达川区通过对生态脆弱地区的环境治理，不断开展森林管护、生态公益林建设、新一轮退耕还林工程、中幼林抚育、低产低效林改造等重大生态工程建设，形成了特色的达川区生态建设机制(图 5-6)。

首先，达川区以区林业开发与保护中心为牵头单位，不断推进林业生态工程建设：①实施天然林保护工程、新一轮退耕还林工程，结合农户需求，各项重点工程尽量向贫困村倾斜；②利用脱贫成果巩固造林合作社开展造林项目实施，积极开展林业造林技术培训及其服务，注重贫困村、非贫困村建档立卡贫困人口的脱贫成果巩固和脱贫增收；③支持推进中幼林抚育、低产低效林改造，精准提升森林林分质量和经济产出。其次，不断强化生态工程保护，争取并利用国家专项资金和统筹生态保护资金，考核并兑现 2018～2019 年度 250 个生态护林员岗位及其管护报酬，为有劳动能力的建档立卡贫困人口争取一批生态护林员公益岗位，并及时选聘落实 2019～2020 年度生态护林员；按时足额发放国有公益林 0.8 万亩、集体和个人所有公益林 33.17 万亩的森林生态效益补偿资金。最后，逐步推进受损生态工程恢复重建，对域内襄渝铁路二线、巴达铁路(达川区段)等线性工程受损生态进行恢复重建，使生态功能得到了进一步提升。

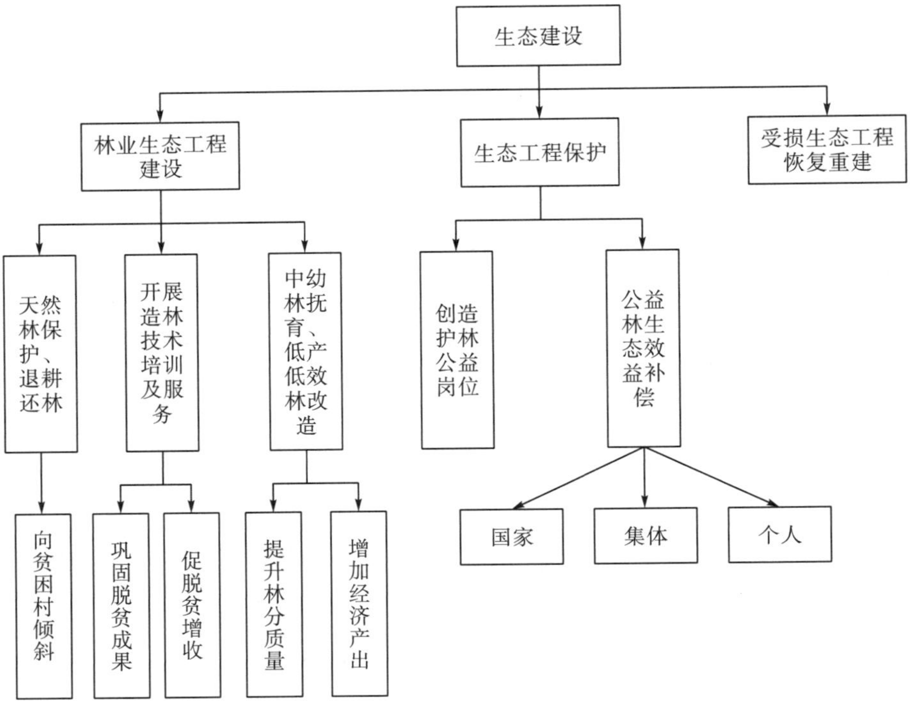

图 5-6 达川区生态建设机制图

5.2.2 提高生态资源利用率

达川区科学划定和因地制宜实施生态保护区功能调整，强力推进真佛山、石桥列宁街、九龙湖、平滩仙女山等旅游景区和铁山国家森林公园、雷音铺省级森林公园等基础设施建设，加快提升旅游景区品质。

达川区依托全区丰富的森林资源和农林产业项目，保护好已成功创建的星级森林人家、省级森林康养人家、省级康养基地，并有序开发利用森林、湿地等资源，大力发展生态旅游和生态康养产业；指导完善生态旅游经营主体与贫困户建立利益联结机制，促进更多原贫困群众参与生态旅游、生态康养、立体林业和循环经济、林下野生菌和森林蔬菜培育等，建成乡村旅游示范片、乡村休闲旅游示范带、乡村污水处理工程等，实现生态林业立体循环发展，促进生态资源向生态资本和经济效益转变。

案例 5.4　“十三五”期间，肖家村依托优越的地理位置、优美的人文环境等资源，将省级农民夜校、区委党校乌梅山庄分校的教育设施设备与区脱贫攻坚教育基地、易地扶贫搬迁新村聚居点、乌梅种植基地等教学资源紧密结合，发展康养培训，形成持续发展的村级支柱产业。2018 年 7 月底，投资 200 余万元的肖家村康养中心完工建成，建筑面积达 $900m^2$，有 60 多个床位，为村集体经济发展注入了新的活力。

5.2.3　整治人居环境

人居环境改善是生态环境的重要体现。达川区深入实施水污染治理工程，加强原贫困地区水源保护和水质保障，解决垃圾污水处理、饮用水水源地环境保护、散户畜禽养殖等环境突出问题。全面开展土壤污染状况详查，积极申报土壤污染治理与修复项目；科学规划生态保护红线，优化功能分区和空间布局，争创省级生态区。

5.2.4　提升防灾减灾避灾能力

由达川区自然资源局牵头，结合乡村振兴战略，在群众自愿的前提下，对生态环境恶劣、生态环境脆弱、不具备基本发展条件及自然灾害频发的地区，结合新村建设，有计划、有步骤地实施地质灾害避险搬迁工程，开展地质灾害隐患处理，加大对滑坡、崩塌、泥石流地质灾害的防治力度，加强地质灾害监测力度；建立森林防灾、减灾体系，制定原贫困地区森林防火和有害生物防治应急预案，开展林业有害生物防治工程；建立区人工影响天气基础及指挥系统和区气象防灾减灾及为农服务平台。

在进度安排上，以 2019 年度为例，达川区一是地质灾害避险搬迁工程：第一季度开展避险搬迁前期准备工作；第二、第三季度加快实施避险搬迁工作；第四季度完成 50 户避险搬迁，完成投资 175 万元。二是地质灾害工程治理：第一季度开工实施陈家乡跑马坪村和官渡村 1 组汤家边滑坡治理工程；第二季度完成项目建设施工目标任务。

5.3　以组织为保障的脱贫成果巩固与乡村振兴衔接机制

5.3.1　健全基层组织

“十三五”期间，达川区着力把扶贫开发与基层组织建设结合起来，以村党组织为核心进行村级组织配套建设，配强村级领导班子，鼓励和选派思想好、作风正、能力强、真心为群众服务的优秀年轻干部、退伍军人、高校毕业生到贫困村工作；逐步探索强村带弱村、富村带穷村、向贫困地区基层党组织选派“第一书记”、驻村帮扶单位与贫困村联建党支部等办法，持续转变“软弱涣散”村级党组织。

“十三五”期间，达川区把村级党组织建成带领贫困群众脱贫致富的“战斗堡垒”；各乡镇党委政府通过组织领导，要求村两委负起责任，甄别贫困户工作，动态掌握情况，提供翔实的一手贫困资料，积极为区级部门(单位)扶贫帮扶工作服好务，确保上级扶贫政策和项目资金公正落实到位并取得实效；充分发动群众“投工投劳”，组织实施好扶贫开发项目。

案例 5.5　肖家村依法换届选举，组建良好领导班子。在 2017 年村两委换届选举中，在上级党委的指导和监督下，村党支部和村委会严格按照农村基层组织法有关条例，进行换届选举工作。党支部按照党内、党外推选，党员投票选举，产生了新一届村支部领导班子，班子成员平均年龄在45岁，其中中专文化一名，高中文化2名，新一届两委班子在本村的党员群众中都有较高的凝聚力和号召力，作风民主，廉洁奉公，具有良好的奉献精神，是肖家村村级事务开展、村级经济发展的领头羊。进一步完善村级组织建设，积极发挥党员致富示范作用，带领群众奔小康致富。为了进一步发挥党员先锋模范作用，促进肖家村经济的发展，肖家村党支部要求党员要明确方向，带头贯彻执行党的路线、方针、政策，要明确责任，带头履行职责，要树立榜样，带头参与公共事务和公益事业活动。活动开展以来，收到了良好的效果。一是党员的学习积极性进一步提高，多次组织党员群众实用技术的培训，党员普遍掌握 1 门或 2 门实用致富技术，提高了致富技能；二是 2017 年村民兵连长、退伍军人、党员蔡勇创建的乌梅山粮食加工厂是肖家村党员示范工程，利用肖家村优厚的自然条件和肖家村脱贫攻坚示范村带动效力，带动了周边村民收入增加，实现党群共走致富道路的目标。

5.3.2 突出群众主体

“十三五”期间，达川区坚持扶贫要扶志，发挥贫困群众主体作用，引导其转变思想观念，坚定信心、不等不靠、苦干实干，依靠自身努力增加收入，改变落后面貌，过上美好生活；坚持尽力而为、量力而行，正确引导群众预期，切忌好高骛远，影响脱贫成果巩固工作持续性；根据贫困群众需求制定脱贫措施，认真落实一事一议、村民自建、以工代赈、以奖代补等政策，充分调动群众的积极性和主动性；强化群众监督和群众评价，确保扶贫项目资金发挥更大效益。

1)落实《达州市达川区十大群众基层自治制度》

为深入贯彻落实党的十九大精神和依法治国方略，完善以村(居)民会议和村(居)代表会议为基础的村(居)民自治制度，达川区全面开展民主决策、民主管理、民主监督和民主协商实践，实现村(居)民自治制度化、具体化、体系化，结合实际，制定《达州市达川区十大基层群众自治制度》，主要包括以下方面。

(1)民主议事制度。达川区建立健全村(居)民议事会，议事会在村(居)民会议授权范围内行使村(社区)自治事务议事权，对村(居)民会议负责并报告工作，接受村(居)民会议和村(居)务监督委员会的监督。

(2)论证听证制度。达川区涉及全体村(居)民切身利益的重大公共服务项目召开村

(社区)论证会；涉及部分村(居)民或特定群体的公共服务项目召开村(社区)听证会。

(3)民主评议工作制度。达川区村(居)民民主评议村(社区)工作由乡镇(街道)组织，乡镇(街道)党(工)委、人民政府(办事处)应加强对评议结果的分析运用。

(4)村规民约和居民公约。村规民约和居民公约是村(居)民自我教育、自我管理、自我监督的有效载体。村规民约和居民公约要突出特色，具有针对性、实用性和可操作性，做到易记、易懂、易行。紧紧围绕公共事务管理基本规则和村(居)民道德基本要求，抓住重要职务和热点问题，通过民主协商、充分讨论、集体决策，推动依法制定完善村规民约和居民公约。

(5)民情恳谈制度。达川区乡镇(街道)党(工)委、人民政府(办事处)和村(社区)“两委”应组建民情恳谈工作队伍，制定民情恳谈工作计划，定期不定期深入到村(社区)院坝、村(居)民家中、田间地头进行民情恳谈，必要时可召开民情恳谈会，宣传法律法规及党和政府的方针政策，倾听和征求村(居)民及辖区单位对社会热点、难点问题的意见、建议，了解掌握社情民意。

(6)小区(院落)自治制度。达川区丰富发展居民自治形式，有物业服务企业管理的居民小区(院落)，依法及时召开业主大会和选举产生业主委员会，社区居民委员会指导业主大会、业主委员会开展工作，协调业主委员会与物业服务企业关系，维护各方合法利益。探索实行社区居民委员会成员与业主委员会成员交叉任职或将业主委员会作为小区(院落)自治主体的形式。无物业服务企业管理的小区(院落)，成立了小区(院落)村(居)民自治组织(业主委员会、业主大会)，组织开展物业服务、维护院落秩序、搞好环境卫生、反映居民诉求、调解居民纠纷等自治活动。

(7)村(居)务监督委员会制度。达川区确立村(居)务监督委员会运行机制，切实保障村(居)务监督委员会在村(社区)党组织领导下、在乡镇(街道)指导下，独立行使监督权，增强民主监督的刚性。

(8)村(居)务公开制度。达川区乡镇(街道)应按照区上建立的村(居)务公开统一目录，依法规范村(居)务公开的内容、形式、时间和程序；注重事前、事中、事后过程全公开，利用网络或手机短信等多种渠道拓展公开形式；继续把财务公开作为村(居)务公开重点，切实保障村(居)民的知情权、参与权、监督权。

(9)述职述廉制度。达川区村(社区)干部每年向村(居)民代表会议和村(居)务监督委员会进行一次述职述廉，对履职和廉洁自律特别是承诺事项落实情况进行陈述；村(居)民代表会议和村(居)务监督委员会对村(社区)干部述职述廉情况进行民主评议。

(10)问责制度。达川区乡镇(街道)党(工)委、人民政府(办事处)、纪委对不履职或履职不到位的村(社区)干部，情节轻微的应进行批评教育、责令书面检查并限期整改，整改情况要及时向群众公开；情节严重造成重大损失或恶劣影响的，属村(社区)党组织成员的应调整工作岗位、依法予以免职或给予纪律处分；属村(居)委会成员的应依法终止或罢免职务；涉嫌犯罪的，应移送司法机关处理。

2)推行“315 群众工作法”，夯实基层社会管理

(1)制定“3”项制度。达川区出台《达川区实名举报制度》《达川区查实奖励制

度》《达川区诬告查处制度》，坚持有举必查、查而必实、查而必复，并为举报者保密，积极引导群众实名举报反映问题；明确查案单位及方式，由纪委、组织部、检察院、公安局、审计局、财政监督局等单位单一或联合办案，明确奖励资金来源及标准；明确诬告行为，明确查办机关，明确处理办法。

(2)前置“1”个原则。“十三五”期间，达川区坚持一切信访问题都要在法律和政策框架下研究解决的原则，引导各级干部和广大群众牢固树立法治理念，坚持用法治思维和法治方式解决问题、推动工作、维护稳定，坚持信访举报问题的解决不能突破法律和政策底线。

(3)强化“5”个到位。“十三五”期间，达川区对群众合理合法诉求，综合运用法律、政策、经济、行政等手段和教育、协商、调解、疏导等办法进行化解，确保“依法解决到位”；对无法律政策支持的部分上访群众，因火灾、水灾、安全事故等导致贫困、生产生活困难的，由群众申请、当地党委政府审核、相关部门审定，在政策原则范围内“困难帮扶到位”，体现党委政府的关怀和温暖；对政策法律框架下无法解决、长期上访、越级上访的人员，“重点稳控到位”，按照“属地管理、分级负责”和“谁主管、谁负责”的原则，实行“五定五包三感化”，定领导、方案、专人、责任、时限，包掌握情况、法制教育、困难帮扶、稳控化解、依法处理，通过亲情友情、谈心交心、帮助救助感化，把重点人员吸附、稳控在当地；对不合法、不符合政策且长期违法信访扰乱社会秩序的，加大证据收集、固定和案件查办力度，“依法处置到位”，规范信访秩序、维护法律权威；严格执行《信访约谈制度》和《责任倒查实施细则》，对重大信访问题，“严格问责到位”，严格倒查党委是否依法执政、政府是否依法行政、政法机关是否公正司法，严格倒查相关责任人员是否履职尽责。对依法化解信访突出问题措施不力、效果不明显的单位主要领导进行约谈，造成恶劣影响的实行“一票否决”。

3)抓党建促脱贫攻坚“六制”工作规范

(1)网格化联系。达川区推选村社干部、骨干党员、骨干群众竞选院坝长，形成“村主要干部—院坝长—院坝群众”的新型党群干群联系网络，以院坝为单位广泛开展群众教育引导和管理服务活动。

(2)便民化服务。达川区村活动阵地长期有人值守办公，建立民事代办员队伍，逐步建立手机 App 客户端服务平台，实现群众办事不出村。

(3)参与式治村。针对党内事务、脱贫成果巩固事务、全村公益事业，达川区全体党员、原贫困群众、村民要分别全程全面参与决策和管理。

(4)全覆盖教育。达川区通过院坝会、广播会、党员会、村民会等渠道，全方位组织党员、原贫困户和全体村民进行形势政策、实用技术、思想道德学习宣传教育。

(5)乡土型示范。培育、宣传一批本区、本乡镇、本村在自立自强、发展产业、脱贫奔小康等方面的先进典型，以身边典型影响带动广大群众。

(6)多层面述评。达川区村社干部、全体党员、原贫困群众都要对自己在脱贫成果巩固事业中的目标作为进行公开承诺，并分别在村民大会、党员大会和原贫困群众大会上公开陈述，接受评判。

5.3.3　创新乡村治理

达川区通过整合资源、重心下移，不断健全乡村治理机制。①健全基层组织和公共服务运行经费保障机制，健全符合原贫困地区实际的利益协调、治安防控、民主自治等工作机制；②充分发挥群团部门在扶贫开发中的积极作用，加强对农村留守儿童、留守妇女、留守老人和残疾人的关爱帮扶服务；③加强以基层党组织为核心的村民自治组织建设，引导村民制定村规民约，完善村务监督委员会工作制度，深入推广“四议两公开一监督”工作法(图 5-7)，规范村两委职责和村务民主决策管理程序；④培育农村专业协会类、社区服务类等社会组织；⑤推进农村依法治理，创新农村矛盾纠纷调处机制，大力开展农村社会治安综合治理，确保农村社会和谐稳定、农民群众安居乐业。

村（社区）党支部会提议：对村（社区）内重大事项，村（社区）党支部在广泛听取意见、认真调查论证的基础上，集体研究提出初步意见和方案

↓

村（社区）“两委”会商议：根据村（社区）党支部的初步意见，组织村（社区）“两委”班子成员充分讨论，集思广益，发表意见

↓

村民代表会议或全体村民会议决议：党员大会通过的事项，召开村民代表会议或全体村民会议进行表决

↓

决议内容公开：经村民代表会议或全体村民会议决议通过的事项，一律在村级活动场所和各村民事务公示栏公告，时间不少于7天

↓

党员（代表）大会审议：对村（社区）“两委”商定的重大事项，提交党员（代表）大会讨论审议。召开党员（代表）大会审议前，须把方案送交全体党员（代表），在党员代表中充分酝酿并征求村民（代表）意见

↓

实施结果公开：决议事项在村（社区）党支部领导下由村民（社区）委员会组织实施，及时向全体村民公布实施结果，接受党员和广大群众的评议监督

↓

村（社区）务监督委员会对整个实施过程进行监督

↓

群众进行确认和评议

图 5-7　达川区“四议两公开一监督”工作法

5.3.4　注重法治保障

达川区把实现“法治安区”与维护原贫困地区和谐稳定相结合，让法治建设为这些地区脱贫与振兴保驾护航。达川区通过认真贯彻落实《四川省农村扶贫开发条例》，履

行农村扶贫开发的法定责任，达川区扶贫移民局切实行使规划、协调、指导、监督、管理的法定职责，落实扶贫开发措施、社会扶贫、项目管理、资金分配使用与管理、监督检查等法定工作，把脱贫成果巩固与乡村振兴纳入规范化、制度化、法治化轨道。

达川区按照市司法局和区委、区政府关于开展“助力精准脱贫·一村一法律顾问”及“5+2”帮扶工作的部署要求，区司法局结合全区实际，坚持以解决法律问题和满足法律服务需求为出发点、以统一要求和规范管理为标准、以法治信仰培育和村民自治能力提升为重点、以督查考核和激励奖励为手段、以履行社会责任和实现社会价值追求为目的，采取“1+1”“1+2”模式，选派 94 名律师、司法助理员和基层法律服务工作者，为 142 个原贫困村免费担任法律顾问，大力开展助力精准脱贫与乡村振兴工作，收到了明显成效。2019 年，全区共开展法制讲座 293 场，播放法制微电影 26 场次，发放宣传资料 5200 份，为贫困村起草、审核、修订村社自治章程、村规民约以及其他管理规定 91 条，为村社及群众提供法律意见 76 条，代写法律文书 195 份，审查合同 42 份，办理法律援助案件 8 件。

案例 5.6 2019 年，河市镇成都村有村民 365 户 1202 人，建档立卡贫困户 82 户 267 人。该村法律顾问通过“查症结、找原因、定措施、融发展”，开展“一对一、面对面、实打实”的法律服务，助力成都村脱贫与振兴，累计开展咨询讲法、宣传等 70 余场，覆盖 260 余人次，发放资料 7000 余份，培养“法律明白人”36 名，提供法律意见 142 条，援助贫困群众 60 余人次，化解矛盾纠纷 155 件。

5.4 以文化为引领的脱贫成果巩固与乡村振兴衔接机制

5.4.1 建设文化基础设施

“十三五”期间，达川区通过不断加大对文化基础设施的投入，开展文化扶贫行动，现已建成秦巴民俗文化产业园、雷音铺森林体育公园和州河南岸沿线三里坪加油站至凤凰大桥段自行车和健身专用步道、真佛山孝善文化产业基地、石桥列宁街红色文化产业基地，持续推动真佛山争创国家“AAAAA”级旅游景区，铁山国家森林公园、仙女山(百节滩温泉)、九龙湖等争创国家“AAAA”级旅游景区；打造“三山两河一湖”文化旅游带和乡村旅游精品线路，持续开展“乡村旅游大比拼”，高规格举办达川孝善文化旅游节、达川赏(乌)梅节、安仁柚采摘节等旅游节会；区级图书馆、文化馆维修改(扩)建新增两馆面积 1000m^2，完成 142 个贫困村农家书屋、2430 个阅报栏建设，建成幸福美丽新村文化院坝 54 个，广播电视采编播系统实现数字化全面升级达标，达川城区数字电影院 1 个，全面构建公共文化服务体系。

(1)完善提升贫困村文化室功能。“十三五”期间，达川区依托已建成达标的贫困村综合文化服务中心(文化院坝)，充分利用村文化室、村级广播、农家书屋、党员远程教育、阅报栏(屏)和体育健身设施等资源整合功能，进一步加强综合配套建设、免费开放、设备使用和维护管理，开展群众文体活动，确保公共文化阵地设施设备充分发挥惠民作用。

(2)贫困村广播“村村响”项目。“十三五”期间，达川区对全区贫困村已建成的广播村村响设施设备进行运行维护管理，确保长期通、长期响。

(3)贫困户电视“户户通”项目。“十三五”期间，达川区采用有线电视、地面数字电视、直播卫星 3 种方式；按时完成省、市下达的广播电视民生实事及脱贫成果巩固电视“户户通”11 449 户建设任务；同时对已建成的贫困户电视“户户通”设施设备进行运行维护管理，确保长期通、优质通。

(4)贫困村阅报栏建设项目。“十三五”期间，达川区按照指导标准和省市下达计划，完成乡(镇)、村阅报栏建设。

(5)村级农民体育健身工程项目。“十三五”期间，达川区同步国家、省体育局相关规定实现村级农民体育健身工程全覆盖，配套相应路径等健身器材，缓解群众健身供需矛盾。

“十三五”期间，达川区通过开展文化扶贫行动，建设了一批贫困村文化服务中心，实现了广播村村响、电视户户通、电影月月放、图书常更新，村村有功能室、文化广场、阅报栏、体育设施和文化活动，文化资源得到了有效利用和保护，实现了与“四好村”相衔接，文化扶贫与扶志、扶智的有机结合，引导群众进一步养成了好习惯、形成了好风气，进一步激发了群众脱贫奔小康的内生动力，使文化扶贫专项工作走在了全省前列。

5.4.2　加大公共文化产品的供给与服务

“十三五”期间，达川区采取送理论、送演出、送图书、送电影、送科技、送法律下乡等方式，组织开展丰富多彩、积极健康的文体活动，实施文化惠民“三百三万”工程，深度挖掘利用红色文化、孝善文化、民俗文化三大资源，推出更多精品力作；常态化开展各类体育活动，扶持发展农民演艺团体、扶持建立乡镇体育协会(单项体育俱乐部)，带动扶贫村全民健身活动开展；加大对 142 个贫困村国民体质监测和科学健身的指导力度。

(1)文化惠民购买服务项目。“十三五”期间，承接省上对达川区进行的定向补助，开展文化遗产保护，购买公共文化服务到基层举办文艺演出和公益讲座。

(2)送文化下乡与戏曲进乡村项目。“十三五”期间，以举办“文化惠民在身边”系列文化活动和实施国家“西部文化下乡计划”为载体，组织文艺单位和社会文艺团体开展“流动舞台进基层”文艺演出活动，全年不少于 120 场。

(3)农村公益电影放映项目。“十三五”期间，达川区在全区贫困村放映公益电影 1704 场次，让群众每个月至少观看一场公益电影。

(4)农家书屋图书补充更新项目。根据群众读书需求，“十三五”期间，达川区对贫困村农家书屋图书进行有针对性地补充更新，每个农家书屋更新不少于 60 种，在有条件的地方启动“耕读传家”乡村阅读示范点建设，讲好新时代“乡村龙门阵”。

(5)“万千百十”文艺扶贫项目。“十三五”期间，达川区组织动员区图书馆文艺家协会向贫困村农家书屋捐赠图书及文艺作品、开展文艺帮扶慰问等互动活动；鼓励全区文艺工作者创作一批反映达川脱贫成果巩固成效和乡村振兴初步成果的文艺精品，讴歌新时代背景下的脱贫成果巩固奋斗历程。

5.4.3 开展精神文明建设

农村精神文明创建是一项重要的工作，开展示范创建与精神文明建设，有利于提升农村地区人民群众的科学教育文化素质和健康素质，进而发挥精神文明建设在助力乡村振兴中的重要作用。

“十三五”期间，达川区结合“四川省公共文化服务体系建设示范县”创建工作内容，按照东、南、西片区的布局，组织有条件的乡村参加省级“文化扶贫示范村”创建活动，实现文化扶贫“有阵地、有队伍、有经费、有活动、有效果、有机制”，在补齐短板、健全机制、传承文化、移风易俗等方面进行探索和积累，总结挖掘示范经验并进一步推广；协助区文明办夯实贫困县学雷锋爱心联盟的工作基础，广泛开展脱贫帮扶志愿服务，开展学雷锋爱心联盟志愿服务；配合省、市开展学雷锋“四川志愿携手圆梦”“新书节”“互联网+圆梦村小”等主题志愿服务活动及“用心关爱 呵护成长”关爱未成年人系列教育活动。

以马家镇肖家村为例，该村“两委”高度重视、支持群众文化生活，把文化活动纳入意识形态和精神文明建设重要内容，与经济社会发展目标同安排、同促进，提高了群众精神境界，丰富了群众文化生活，让寂寞的乡村“热闹”起来。该村活动阵地完善，活动丰富多彩、文化氛围浓郁，在村团支部、妇委会等组织的牵头带领下，民乐队、腰鼓队、舞蹈队开展喜闻乐见的文化活动，一些文艺爱好者也纷纷登台表演，唱红歌、山歌、民歌，讲故事，打快板。

5.4.4 加强文化遗产保护工作

“十三五”以来，达川区高度重视文化的繁荣发展，通过深入深度打造孝善、红色、民俗“三大文化名片”，大力实施“文旅靓区”战略，坚持“抢救为主、保护第一”的工作思路，不但让优秀文化遗产得到保护，更让文化遗产“活”起来，把文化力量转变为推动经济社会持续发展的内生动力。达川区“平滩黄麻纸制作技艺”成功申报省级非物质文化遗产，“景市镇佛寺双塔”“檀木镇高观音岩摩崖造像”两处文物顺利通过四川省第九批省级重点文物保护单位评审。截至 2018 年，达川区已有非遗项目 31 个、省级非物质文化遗产名录 6 个、省级重点文物保护单位 4 个[44]；2020 年，非遗《安仁板凳龙》完成了国家级非遗项目申报，“万家贤义高粱白酒酿造工艺”“石梯蒸鱼烹饪技艺”成功申报为达川区级非物质文化遗产保护目录，达川区文旅局被省政府表彰为非遗保护工作先进集体。

⑴坚持“重发掘+强基础”相结合，抓好文化保护。达川区历史悠久、文化厚重，是文化强区，也是文物大区。“十三五”以来，达川区不断加大投入和向上争取力度，狠抓文化遗产的发掘和基础性保护工作，对“真佛山庙群”“大风高拱桥”“翠屏戛云亭”“大树新屋基廊桥”等文物进行了全面维修保护，石桥镇鲁家坪村荣登达州市首个“国家级传统村落”；大滩乡夏家坝村及大堰乡黑洞村、金黄村和石梯镇盘龙村，被评为“四川省传统村落”，并被推荐参评“中国传统村落”。同时，达川区积极建立“资料数据库”，对珍贵、濒危并具有历史价值的民族民间文化进行系统抢救和保护，参与编写了《四川省非物质文化遗产名录图集》《四川省体育非物质文化遗产名录图集》《达川区馆藏书画遗韵》《真佛山楹联大观》《真佛山雕塑大观》等文物保护文献。

⑵坚持“走出去+请进来”相结合，扩大文化影响力。文化交流既是推动文化事业繁荣发展的重要手段，也是扩大达川区影响力的重要方式。中央电视台七套《乡村大世界》栏目摄制组、中央电视台四套《国宝档案》栏目摄制组相继走进达川区，对达川区的优秀传统文化和乡村文化进行报道。“翻山铰子”亮相成都国际非遗节，“安仁板凳龙”作为达州市唯一参演项目参加四川省第十三届运动会文化交流展演等，让达川文化广为传播。2013 年，国务院核定公布了第七批全国重点文物保护单位，真佛山庙宇群、列宁街石牌坊及红军标语等成为全国重点文物保护单位。2014 年，达川区通过“全国文化工作先进县”复查验收，成功荣获四川省“烧火龙之乡”“孝善文化之乡”等称号[45]。

⑶坚持“造品牌+强结合”相结合，拓展文化传承路径。打造文化品牌，是让广大群众了解特色文化遗产并主动参与文化遗产传承的有效举措。达川区致力打造的红色文化、孝善文化、民俗文化“三大文化名片”，既铭记历史，又提升了“文化自信”和“文化自觉”。“国风古韵 3+3”“安仁板凳龙”“翻山铰子”等传统文化进校园活动，让优秀文化遗产与学校教育完美融合，不仅让学生感受到达川的深厚文化底蕴和魅力，更让达川文化建设充满了生机与活力。

5.4.5　建设文化人才队伍

党的二十大报告指出：教育、科技、人才是全面建设社会主义现代化国家的基础性、战略性支撑。这就必然要求深入实施人才强国战略，坚持教育优先发展、科技自立自强、人才引领驱动[46]。

发展文化事业队伍是关键，人才是文化建设事业的主体，繁荣文化生活、发展文化事业离不开一支业务强、素质精的文化队伍。近年来，达川区组织人事部门牢固树立“人才资源是第一资源”观念，把文化专业技术人才队伍建设视为一项基础性、战略性工程来抓，紧紧抓住吸引、培养、使用和激励四个关键环节，营造良好的人才环境和氛围，促进了人才成长和文化事业发展。

按照“把达川区建成中国西部经济文化强区”战略目标，达川区编制出台了《关于加强达川区文化人才建设的意见》等政策。这些文件作为达川区文化人才建设和文化产业发展的纲领性文件，对文化人才建设进行科学合理谋划布局，明确了文化人才建设的思路、原则，确保了全区文化人才建设和发展工作有序有效推进，在推进达川区文化事业大繁荣大发展的进程中起到了关键作用。

5.5 以人才为动力的脱贫成果巩固与乡村振兴衔接机制

5.5.1 建立乡村振兴干部选拔机制

达川区通过建立乡村振兴人才选拔机制(图 5-8)，深化了村两委班子承诺制度，结合村级组织换届选举，实行“先定事再选人”，将乡村振兴建设纳入村干部竞职承诺和辞职承诺的重要内容，对承诺事项进行公示，接受党员和广大群众的监督；各镇街、村制订乡村振兴建设年度任务计划，明确具体举措和完成时限；修订完善考绩办法，将乡村振兴建设承诺事项列为干部评议和年度考绩的重要内容，对于落实工作不力并造成不良后果的实行一票否决；对在乡村振兴建设中贡献特别突出的镇街、村级干部进行破格提拔，激发了基层干部建设达川乡村的热情。

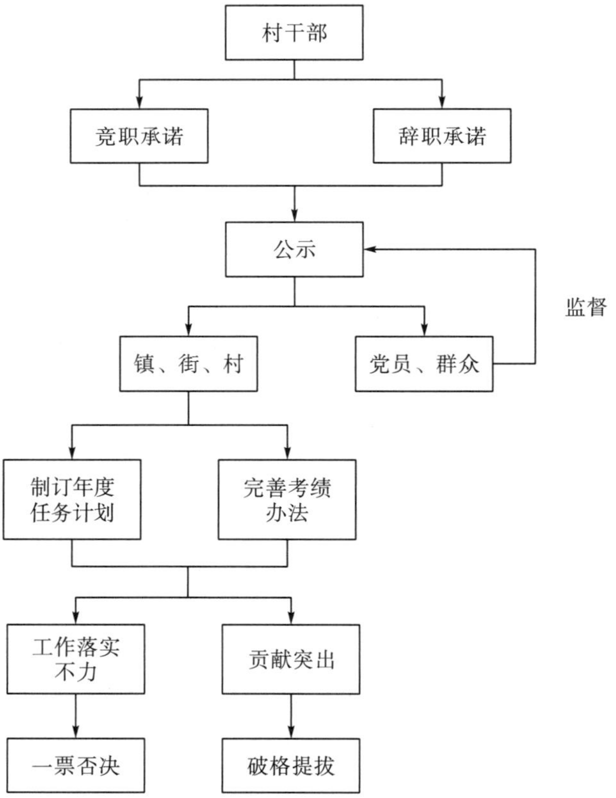

图 5-8 达川区乡村振兴人才选拔机制

5.5.2 创新乡村振兴人才培育引入机制

达川区通过畅通智力、技术、管理下乡渠道，创新乡村振兴人才培育引入机制(图 5-9)，大力培育和引进适应乡村振兴业态所需要的新型人才；通过实施新型职业农民培训培育工程，重点培养从事休闲观光农业、文化创意农业、农产品电商、农家乐、民宿等业态的实用人才，不断创造条件引进乡村旅游、电商等领域的专业人才，鼓励大中专毕业生、能人乡贤和从事文化创意、休闲旅游和商贸业、电商产业的专门人才投身乡村振兴建设，让镇街村成为“创客”的梦想空间，成为“新农人”创富的新天地。

“十三五”期间，达川区：一是加强产业引才，以产业扶持带动脱贫为契机，通过引进特色产业精深加工项目，吸纳一批优秀人才、高端人才和核心人才，加速人才集聚；二是加强域外借才，通过柔性引进和“知识流动”，邀请业内知名专家建立区域经济发展科技创新智库，并通过“一对一”联系帮扶，带动培养一批本土科技领军人才和专家团队后备力量；三是加强人才培养，通过“引进来、走出去”方式，培养一批扎根基层、服务基层的生力军：加强科普示范户和科普示范点建设，着力培育新型职业农民；健全农业产业发展技术支撑体系，配齐配强乡镇农技人员，优化配置驻村农技员、农业技术巡回服务小组和农业专家服务团，帮助贫困户协调解决生产经营问题。

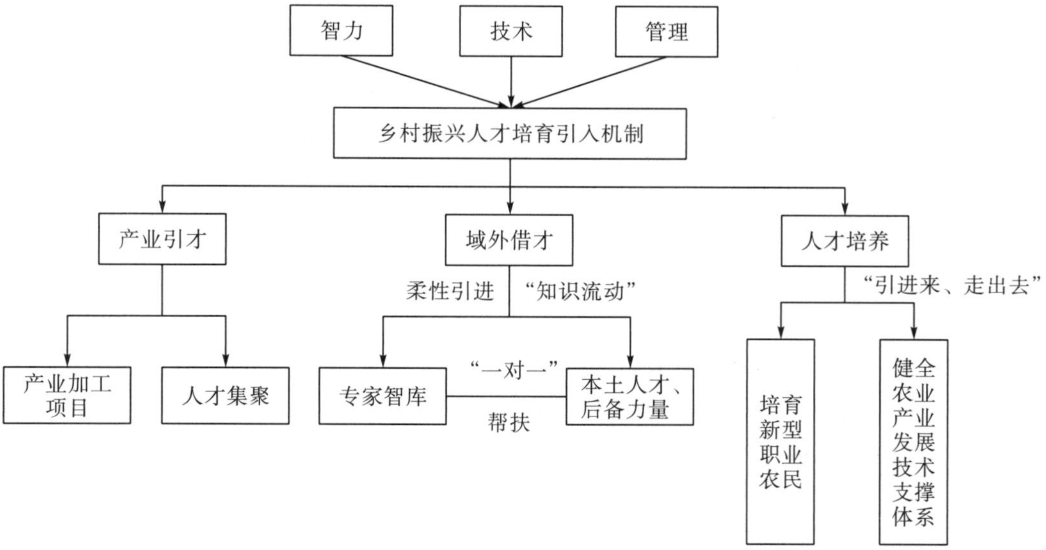

图 5-9 达川区乡村振兴人才培育引入机制

第 6 章　脱贫成果巩固与乡村振兴衔接路径作用研究

对于达川区而言，将脱贫成果巩固与乡村振兴实现有效衔接，有助于快速完成打赢脱贫成果巩固战和实现乡村振兴的目标任务，加快本地区乡村振兴“产业兴旺、生态宜居、乡风文明、治理有效、生活富裕”目标的实现。在脱贫成果巩固与乡村振兴衔接路径中，达川区针对自身实际和区域概况，从产业、生态、基层治理、乡风文化、人才等方面，总结出本地区五大有效衔接路径，即：以多产业融合发展为主导的路径、以多层次生态发展为基础的路径、以基层党组织治理为核心的路径、以特色乡村文化为引领的路径、以乡土人才培养为动力的路径。

6.1　以多产业融合发展为主导的路径

6.1.1　多产业融合发展路径机理

在精准扶贫和乡村振兴中，产业是最重要的。《中国农村扶贫开发纲要(2001—2010)》首次提出“产业扶贫”，这也是精准扶贫中产业扶贫的诞生背景，在精准扶贫时期，产业扶贫的核心在于脱贫。

本节通过对“十三五”时期成都村产业发展和贫困户之间的合作模式，基于当地政府直接扶持的方式，对当地是否存在束缚力的“利益联结”模式进行探讨，同时对产业发展具备扶贫的社会职能和农户自生动力发展的本质要求进行分析。通过对产业发展与当地收入间关系的研究，探讨其产业发展能否形成脱贫可持续，在脱贫成果巩固与乡村振兴衔接中能否起到重要作用。

产业发展在不同时期有不同要求，最终目的是实现共同富裕，建立发达的农业、建设富庶的农村和创造良好的环境。脱贫成果巩固与乡村振兴衔接期的农业产业要实现高价值、高收益，由传统农业转变为现代农业，创造一个高产、优质、低耗的农业生产体系，一个合理利用资源又保护环境的有较高转化效率的农业生态系统。农业现代化理论在脱贫成果巩固与乡村振兴衔接期成为其产业发展的基础理论。

首先从理论来说，农业产业化能从整体上有效、有序且快速地推进传统农业经营模式的转型升级。其次，农业产业化实现的基本思路是，主导产业依靠龙头企业带动，龙头企业依靠市场带动，基地依靠龙头企业带动，农户依靠基地带动的产业组织形式。产业化经营要实现市场化、区域化、专业化、规模化、一体化、集约化、社会化、企业化。所以，要提高整体发展水平，我国需要协同发展；要提高抵御市场波动风险，需要合理布局龙头组织结构区域，拓宽产业化领域范围；要保持活力发展，需要不断完善动力机制；要维持产业可持续发展，需要现代化的企业管理，增强龙头企业的带动能力。

农村产业结构科学化调整，应遵循以下几项原则：①因地制宜的原则；②循序渐进、可持续发展的原则；③市场调节与宏观调控相配合的原则；④质量效益原则。产业发展在乡村振兴中的核心目标是产业兴旺。这需要充分发挥政府的调节作用；需要依靠科技带动产业创新升级；需要使农产品的质量由过去的基本需求向高层次、高要求提升；需要龙头企业和小企业齐头并进。最终实现通过智慧经济主导，以大健康产业为核心，形成农业产业的自动化、个性化、艺术化、生态化、规模化、精准化。这表现为：有较高的土地产出率和劳动生产率；农业成为可持续发展产业；农业成为高度商业化的产业；有生产物质条件的现代化；有科学技术支撑；实现管理方式的现代化；农民素质的现代化；生产规模化、专业化、区域化；有相匹配的政府宏观调控。

6.1.2　达川区以多产业融合发展为主导的具体路径

“十三五”时期，达川区在产业融合方面，延伸产业扶贫链，拓宽产业格局，实现由“输血式”扶贫向“造血式”扶贫转变，确保贫困群众有相对稳定的经济收入。

坚持市场导向，发展产业带动，大力实现产业融合。达川区产业规划以达川区东部、西部、南部三大片区为主战场。首先，推进南部现代农业园区建设，采取“龙头企业+基地+农户”“专合组织+基地+农户”“业主(大户)+基地”等模式，通过提升老基地，扩展新基地，实施项目带动战略，突出良种化、规模化、产业化和品牌化发展，在百节、马家、景市、平滩、碑高等地大力发展乌梅产业园。2020～2021 年，该区新改建乌梅产业示范基地 2 万亩，2019 年已完成新发展乌梅产业 10 000 亩，2020 年新发展 2000 亩、提质增效 3000 亩，2021 年新发展 3000 亩、提质增效 2000 亩。同时，达川区在赵家镇、双庙镇、木子镇等地建设蔬菜产业示范带，构建集生产、储存、加工、营销、休闲于一体的全产业链，带动全区蔬菜产业可持续健康发展。其次，全区推进东部现代农业园区建设。以万家镇双桥村、五洞村为核心，加快推进中华银杏谷田园综合体建设，打造集农旅、休闲、观光、康养等于一体的中华银杏谷康养中心；以麻柳丽天牧业为核心加快推进集种养循环、春申文化于一体的休闲立体观光农业；以安仁乡为核心加快推进安仁柚产业化基地和产业园区建设，2019 年已完成新发展安仁柚 1.1 万亩，2020 年新发展 0.9 万亩，2021 年安仁柚种植面积达到 5 万亩，并配套完善基础设施；以麻梁路、达开线为核心集中连片规模发展粮油产业，建设万亩粮油高产高效示范片 5 万亩。最后，全区推进西部现代农业园区建设。全区以九岭罐子为核心连片规范发展花椒产业，配套完善基础设施和精深加工，建设花椒现代农业园区；以堡子、米城为核心，推进达川贡米产业布局区域化、种植规模化、生产标准化、加工现代化，着力建设达川贡米产业带，2021 年底全区建成达川贡米生产基地 10 万亩，品牌化、标准化效果彰显。

在产业融合具体层面，“十三五”期间，达川区突出区域特色优势，结合农业产业发展“5+5”工程(五大主导产业：优质粮油、乌梅、生猪、蔬菜、水果；五大农产品品牌：达川双椒、乌梅酒、达川柑橘、米城大米、安仁柚），建成了东部亭子至南岳 40km 安仁柚走廊、西部铁山至永进 45km 柠檬走廊。同时，达川区新建或提质改造特色农业产业基地 20 万亩，新建或改扩建标准化养殖场(小区)30 个、水产养殖基地 3 个。全区深化三产融合发展，全力支持建设现代农业产业融合示范园区 2 个、新建或改扩建农产品产地初加工设施 18 座；积极开展特色农产品“三品一标”建设，打造一批农产品区域公用品牌和农产品品牌，注册推行扶贫产品公益性集体商标。并且，全区依托股份经济合作社积极发展经营风险小、管理科学的集体经济项目，在财政、土地、金融、税收等方面给予优惠支持，建立健全村级集体经济积累机制，增强各村自我发展、自我服务、自我管理能力。基于特有的自然情况，达川区大力发展林业生态经济，积极参与秦巴山区建设木本油料产业集中区，依托森林、湿地、野生花卉等自然资源，举办花卉(果类)等生态旅游节会，建成一批国家级和省级旅游与生态康养示范区。在科技产业扶贫方面，全区建设科技扶贫产业示范基地 3 个、“四川科技扶贫在线”区运管中心 1 个。旅游产业扶贫方面，全区支持 3 个贫困村创建省级旅游扶贫示范村，创建贫困户民宿旅游达标户，培育乡村旅游合作社指导乡村旅游企业创建省级星级农家乐(乡村酒店)、特色业态经营户等品牌，开发 1 条或 2 条乡村一日游、二日游线路，在组织和开展各类旅游人才培训的同时，指导举办乡村旅游节会活动。

“十三五”时期，达川区大力实施电商扶贫，深入开展电子商务进农村综合示范项目建设，支持建设乡村电商服务和物流配送站点，帮扶有条件的贫困户开设网店(微店)。探索建立电商销售奖补政策、贫困地区特色农产品销售专区(专柜)租金补贴政策、运输物流补贴政策，实施贫困地区特色农产品销售信息员补助政策；打造农产品电商平台，建立“名特优”农产品线下体验网络中心，促进电商与经营主体有效结合，实现“网货下乡”和“农产品进城”；多方式拓宽农产品销售渠道，进一步完善农贸市场、特色商品市场、特色商业街等市场体系和农产品冷链、仓储、物流配送体系等流通设施；加大宣传推介和产销对接力度，实施电子商务营销、帮扶单位促销、商业流通企业承销、定向直供直销等农产品推介行动；支持引导达川企业、产品参与“惠民购物全川行动”“川货全国行”等活动。

以达川区马家镇肖家村为例，肖家村在推动本村实现多产业融合式发展时，将蔬果种植与家禽饲养有机结合。由于肖家村有乌梅种植的历史传承，该村党支部带头建立乌梅种植基地，专业合作社流转土地 400 亩带动种植乌梅，乌梅山庄流转 1000 余亩，累计发展乌梅种植 3000 余亩，每亩产量达 5000～10 000 斤；并修建乌梅加工厂，创立肖家村乌梅酒品牌“冯山林”乌梅酒，以销代产，拓展销路。为了更快打开市场，该村又建立了村级农业检测站，同时对乌梅林下养殖做辅助，在肖家村 4 组建立了小规模肉牛养殖场(80 头)，寨子梁养鸡场发展乌梅林下跑山鸡养殖(10 000 只)，由此形成独特的生态产业链，并在旅游文化发展提升上，大力结合乌梅文化，发展青梅煮酒等历史文化，通过村民来展示各景点文化背景，主研乌梅研发接待，修建接待中心，形成了以“乌梅竹马”为主题的民俗乐园、农家乐等，为肖家村带来丰厚的经济效益与知名度。

以达川区河市镇成都村为例。该村也形成了特色的产业载体。成都村依托旅游为主导的产业融合式发展，整合自身优势，实现脱贫，打造人工“AAAA”级景区成都山玫瑰谷，修建 11 个产业规范园区，产业发展态势平稳，自身资源转化找到特色产业载体。成都村结合传统特色农业发展近郊旅游经济，至 2019 年已发展三星级乡村酒店 1 家，农家乐 3 家，大型旅游观光体验农业企业 2 家，引进花纤谷、品上品等投资 500 万元以上的农村产业项目 3 个。在建的花纤谷玫瑰园流转林地 1600 余亩，着重打造以玫瑰园苗圃为主，农业观光、乡村酒店、森林探险相结合的近郊观光旅游休闲胜地；在建的品上品葡萄园流转土地林地 500 余亩，打造以葡萄采摘为主，民宿旅游、休闲垂钓相结合的近郊旅游。

案例 6.1：肖家村产业发展情况专访 1

时间：2019 年 10 月。

地点：达州市达川区肖家村。

受访对象：肖家村村支书。

访谈范围：本村产业发展。

调研组 Q1：请大致介绍一下本村产业发展状况。

肖家村村支书：根据本村以前的种植习惯，支部带头建立乌梅种植基地，专业合作社流转土地 400 亩带动种植乌梅，乌梅山庄流转 1000 余亩，近年来累计发展乌梅种植 3000 余亩，并进行林下规模化养殖，最后形成观光式养殖基地。通过深加工，该村创立肖家村乌梅酒品牌——“冯山林”乌梅酒，以销代产，拓展销路。乌梅每亩产量为 5000～10 000 斤，销售价格为 1.2～1.5 元/斤。为更快打开市场，该村建立村级农业检测站，并以乌梅林下养殖作为辅助，形成新型绿色化生态养殖。

调研组 Q2：请大致介绍一下上述产业是否发展为产业链，具体是如何展现的。

肖家村村支书：已经形成以乌梅为主的产业链，表现在以下几方面。

(1) 建成乌梅酒厂，并于今年(2019 年) 正式投产，年产 40 吨，主要销往北京、上海、广州等地，累计销售 10 万件(6 瓶/件)，并吸纳贫困户务工。

(2) 建成粮食酒加工厂，主营窖藏，年产 6 万斤，每年经营 8 个月，并吸纳贫困户务工。

(3) 旅游提升方面，结合乌梅文化，发展青梅煮酒等历史文化，通过村民来展示各景点文化背景；村民生活习惯、文化素质等提升。接待中心建在百节镇，主要负责乌梅研发接待；本村建成以“乌梅竹马”为主题的民俗乐园。

案例 6.2：肖家村产业发展情况专访 2

时间：2019 年 10 月。

地点：达州市达川区肖家村。

受访对象：三位肖家村产业业主——致富带头人。

访谈范围：来当地发展原因、成本投入量、市场回报率、产出效益、产业类型、投资动机以及目的、承包土地年限和价格、劳动力需求、与政策结合的具体方式、技术支持、产业稳定性、现存问题及未来规划①。

---

① 下述“红山林”“美焕集”“乌梅山庄”皆为肖家村产业品牌名称，表示三位业主。

调研组 Q1：来当地发展的原因和目的是什么？是否为本地居民？

产业业主(红山林)：自身比较熟悉，很适合，是本地人。

产业业主(美焕集)：资源优势，是本地人。

产业业主(乌梅山庄)：资源优势，是本地人。

调研组 Q2：现今投入的资金为多少？现发展的产业是什么？为什么要选择这个产业？

产业业主(红山林)：200 万元，本地有乌梅产出，乌梅酒。

产业业主(美焕集)：400 万元，种植乌梅，有规模并且产量大。

产业业主(乌梅山庄)：400 万元，早年回村种植，后期发展为乌梅基地。

调研组 Q3：来当地发展，政府的态度如何？获得了政府的哪些支持(经济、技术、政策、基础设施、市场等)？

产业业主(红山林)：基础设施和政策。

产业业主(美焕集)：资金和政策以及基础设施。

产业业主(乌梅山庄)：现有政策、基础设施支持。

调研组 Q4：来村发展，村委会和当地村民的态度如何？获得他们的哪些支持？

产业业主(红山林)：支持，一起发展，政策。

产业业主(美焕集)：支持，务工和政策。

产业业主(乌梅山庄)：支持，务工和政策方面的支持。

调研组 Q5：是否承包当地土地，如有，年限和价格是？

产业业主(红山林)：20 亩，30 年，550 元。

产业业主(美焕集)：350 亩，30 年，田 260 元、地 200 元。

产业业主(乌梅山庄)：土地 400 亩，200 元；坡地 400 亩，200 元；森林 2000 亩，已有 10 年，共 30 万元。

调研组 Q6：对劳动力的需求有哪些，如人数、年龄、学历等？对于解决本村劳动力(贫困户)有什么条件？

产业业主(红山林)：常年 8 个人左右，3000 元一月。

产业业主(美焕集)：常年 30 人，50 元一天，技术人员 80 元一天。

产业业主(乌梅山庄)：常年 78 人，季节时 20～30 人，每天 70 元。

调研组 Q7：现发展产业的市场性如何？市场的来源是否含有订单？成交率如何？

产业业主(红山林)：市场较好，主要销往广东，有订单，成交率不错。

产业业主(美焕集)：村集体一起，村集体统一销售，无订单。

产业业主(乌梅山庄)：市场不错，无订单。

调研组 Q8：现有产业的产出如何？市场回报率大致为多少？和预期收益是否匹配？大概为多少？

产业业主(红山林)：1500 万元左右，收益匹配。

产业业主(美焕集)：暂时未有收益。

产业业主(乌梅山庄)：现支出收益持平，旺季每天 4 万元左右。

调研组 Q9：现产业发展的稳定性如何，后期有何规划？

产业业主(红山林)：稳定性较好，后期扩大窖藏。

产业业主(美焕集)：康养+民宿+种植养殖+旅游。

产业业主(乌梅山庄)：旅游+民宿+餐饮+多样化。

调研组 Q10：现产业可给当地带来多少收入呢？

产业业主(红山林)：主要是农户务工和土地流转收入。

产业业主(美焕集)：贫困户每年可直接分红 4000 元。

产业业主(乌梅山庄)：务工和土地流转。

调研组 Q11：产业发展到现在存在哪些问题？

产业业主(红山林)：暂无问题。

产业业主(美焕集)：土地政策，建设限制较多。

产业业主(乌梅山庄)：资金有问题。

调研组 Q12：未来产业发展的重心和特色是？

产业业主(红山林)：酒的品牌化和产量。

产业业主(美焕集)：旅游和统一化。

产业业主(乌梅山庄)：和旅游统一发展，扩大规模。

调研组 Q13：如果本村发展乡村旅游，您的产业是否能起到支持作用？能否从中取得收益？

产业业主(红山林)：有相辅相成的作用，能互相获得收益，成为地区特色产品。

产业业主(美焕集)：可以，依托旅游，形成乌梅景观。

产业业主(乌梅山庄)：可以，共同发展，提供住宿和休息。

调研组 Q14：在乡村振兴政策下，对于产业经营有什么规划呢？

产业业主(红山林)：做出品牌化和地区特色。

产业业主(美焕集)：结合旅游，发展景观旅游。

产业业主(乌梅山庄)：通过与政府合作，共同发展。

调研组 Q15：作为业主，你认为产业对于支持乡村振兴的作用有哪些？

产业业主(红山林)：产业发展增加了乡村的人流量，经济收入提升。

产业业主(美焕集)：产业发展提供收益以及务工人数增加使得人口回流。

产业业主(乌梅山庄)：提高收益，增加工作岗位。

6.2　以多层次生态发展为基础的路径

6.2.1　多层次生态发展路径机理

乡村振兴战略是在我国社会主要矛盾从“人民日益增长的物质文化需要同落后的社会生产之间的矛盾”转化为“人民日益增长的美好生活需要和不平衡不充分的发展之间的矛盾”这一新的历史背景下提出的。这一战略着眼于乡村在我国经济社会发展中的重要地位及城乡发展、乡村发展的现状，针对性地提出乡村振兴须实现“五位一体”的发展目标，即“产业兴旺、生态宜居、乡风文明、治理有效、生活富裕”。在新的政策理念中，乡村振兴显然是一个系统性工程而非农业、农村、农民抑或生产、生态、生活某一层面的发展。从理论逻辑来看，生态在农业生产、农村发展、农民生活中具有基础性作用。从历史逻辑来看，生态文明建设是乡村生态可持续发展的必然要求。

从根本上，生态文明建设是“人类的、为了人类的、由于人类的”行为造成某种环境灾难之后寻求自我保护的社会运动。然而由于经济增长的压力，“先污染后治理”或“边污染边治理”，甚至“污染不治理”几乎成为所有国家曾经或正在做的选择。西方学者发现，经济增长与环境质量之间存在倒 U 形关系，经济增长到一定阶段后环境治理方能迎来拐点。这一著名的环境库兹涅茨曲线假说，在勾勒环境演化历史脉络的同时，意在强调有效环境治理所必需的经济前提。实践表明，环境拐点不会仅仅因为经济增长达到某个临界点而自发到来。经济增长与环境质量之间倒 U 形关系的出现，是在经济发展到一定阶段后，政治、社会、文化等多种因素共同作用的结果，尤其是城乡共生关系的形成，为乡村环境治理的改善提供了逻辑前提[47]。

6.2.2 达川区以多层次生态发展为基础的具体路径

(1)强化组织领导。达川区成立了由区委、区政府主要领导任主任的环境保护委员会，按照“党政同责、一岗双责”要求，及时出台《达川区环境保护责任分工方案》《关于达川区部分行业明确主管部门的通知》及补充通知，明确党政领导和部门应该承担的环保责任，并层层签订生态文明建设和环境保护目标责任书，全社会齐抓共管的良好局面初步形成。

(2)达川区积极开展环境监测站、环境监测执法大队标准化达标建设。2019 年，达川区建立环保所(办)57 个，建立了“横向到边、纵向到底”的区级环境网格化监管体系，覆盖 52 个乡镇、2 个街道办事处、3 个园区共 683 个行政村(社区)，对环保所工作人员进行了业务培训，使乡镇一级政府“有机构管事，有人员办事”，夯实了基层基础；建立了环保与公、检、法的联动机制，为强力打击环境违法行为提供了司法保障。2019 年，达川区基本完成南城区雨污分流管网改造，日收集污水达 7 万吨，截污率达 90%以上，建成农村场镇污水治理厂 11 个，在建 3 个，启动建设 20 个，用于生态环境保护的区级及以上财政专项资金达 5707.88 万元；加大环境保护在目标绩效考核中的权重，并把考核结果作为乡镇领导班子和领导干部考核评价、领导干部任免的重要依据[48]；全面落实《党政领导干部生态环境损害责任追究办法》和《生态环境损害赔偿制度改革试点方案》，结合实际，达川区细化新增了 11 条应当追究责任的情形，环保问责机制进一步得到完善。

(3)大力构建生态绿化工程。①达川区强化通道绿化。围绕“建设宜居乡村·美丽达川”发展战略，对辖区内国、省、区干道两侧宜绿地进行全面绿化，干道绿化率在 2019 年达到 55%的基础上，2020 年达到 70%，2021 年达到 80%；对境内的巴河、州河及其支流达川段沿岸宜绿地进行全面绿化，河流两岸在常年洪水位之上宜建则建护岸林带，水系绿化林草植被恢复率在 2019 年达到 70%的基础上，2020 年达到 80%，2021 年达到 90%以上。②强化山体绿化与保护。以创建国家森林城市为契机，统筹山水林田湖草系统治理，对全区宜林荒山荒地及不宜耕作土地等进行人工造林、四旁植树；对疏林地、一般灌木林地、未成林造林地以及生态脆弱区实施封育管护；计划实施中幼龄林抚育和低效林改造等营造林措施 8 万亩，其中 2019 年已完成 4.3 万亩，2020 年和 2021 年根据国家计划下达任务全面完成。保护森林资源面积 2019 年为 41.02 万亩、2020 年为 41.02 万亩、2021 年为 41.02 万亩。③大力开展村庄绿化。着力开展“创绿色家园，建宜居乡村”活动，开展植树造林、庭院美化、古树名木保护、湿地恢复等工作，充分利用房前屋后、河塘沟渠、道路两侧闲置土地搞好绿化。在新村点、农村住房周围，发展花卉、水果、蔬菜等庭院经济，注重与乡村绿化、经济林果相结合，鼓励采用乡土树种，凸显地域特色。制定古树名木分级保护措施，划定保护范围，落实保护责任，加强古树名木保护。在 2019 年全区村庄绿化率实现 70%、古树名木保护率达到 85%的基础上，2020 年村庄绿化率实现 85%、古树名木保护率达到 100%，2021 年村庄绿化率实现 100%。④大力发展林业产业。达川区已建成一批省级森林康养基地和省级森林康养人家，培育现代林业产业基地，此番措施带动了 2.1 万原贫困人口脱贫。⑤在多层次的生态发展中，不断推进天然林资源保护、退耕还林等重大生态工程建设，开展公益林建设、巩固并持续稳步推进新一轮退耕还林建设；同时及时足额兑现森林生态效益补偿、退耕还林政策补助等惠农资金。培育相当数量的生态护林员公益岗位实现林业有害生物防治率达 85%以上，林业有害生物成灾率控制在 3‰以下，森林火灾损失率控制在 1‰以内。

从宏观视角看，水利、水污染治理是多层次生态发展的保障。①达川区积极实施明月江中小河流治理工程，“十三五”期间，综合治理河段长度为 16.5km，新建堤防护岸长度为 16.7km，清淤疏浚河道 7.5km；实施水土保持工程，治理水土流失 50km^2。达川区全面完成石峡子水库渠系工程建设，加快完成斑竹沟水库、三清庙、红旗三座水库和沙滩河水库除险加固及灌区渠系节水改造等项目前期工作，抓好 20 座小型水库安全鉴定，完成 16 座小型病险水库除险加固、明星水库中型灌区节水配套改造和 10 座小型水库维修养护建设任务，加快实施山洪灾害水毁修复工程，完成万家镇于家沟等一批山坪塘的新建、维修整治建设任务。②深入实施河(湖)长制，全面落实“一河(湖)一策”管理保护方案，划定用水总量、用水效率和水功能区限制纳污“三条红线”，着力开展清河护岸净水保水“四项行动”、河湖“清四乱”、农村小水电清理整治等行动，在全区天然水域全面禁捕。③完成全区 14 座水电站生态流量下泄设施改造，开展水系连通及农村水系综合整治试点，完成铜钵河—映山湖连通工程建设任务。

从微观视角看，达川区针对的是农村实际生态问题。①达川区深入开展农药化肥减量行动，加强农膜污染治理，推进秸秆综合利用，实施好畜禽粪污资源化利用整区推进项目，确保畜禽粪污综合利用率达到 75%以上，规模养殖场粪污处理设施装备配套率达到 95%以上。②大力开展乡村绿化美化行动，加强古树名木保护、加强乡村进出道路、集中居住点、房前屋后、休闲地绿化。深入推进农村人居环境整治。③达川区同时积极实施水污染治理工程，加强原贫困地区水源保护和水质保障，解决垃圾污水处理、饮用水水源地环境保护、散户畜禽养殖等环境突出问题。④全面开展土壤污染状况详查，积极申报土壤污染治理与修复项目。科学规划生态保护红线，优化功能分区和空间布局，积极保障全区范围内生态文明建设。⑤分类推进农村厕所革命，坚持好字当头、质量优先，选择适宜技术和改厕模式，落实《达州市城市“厕所革命”专项实施方案(2018—

2020 年)》，实现农村户用卫生厕所普及率达到 80%以上、无害化行政村公共厕所全覆盖。全面推进农村生活垃圾治理，建立农村生活垃圾分类处理制度，健全户分类、村收集、乡镇运输、区处理的农村生活垃圾处理体系，推动农村生活垃圾就地源头减量和资源化利用，确保 90%以上行政村生活垃圾得到有效处理。

案例 6.3：花石岩村生态环境构建

时间：2019 年 10 月。

地点：达州市龙会乡花石岩村。

受访对象：花石岩村村支书。

访谈范围：本村生态环境及其构建状况。

调研组 Q1：请大致介绍一下本村生态环境改造及其发展状况。

花石岩村村支书：本村山川灵秀，人杰地灵，通过生态农业发展与架构，现在已构成“果药花钓”的特色景观基础产业，其中，无花果 300 亩，青脆李 700 亩，九叶菊和金银花 200 亩。本村拥有 4 个美丽的湖泊，可同时容纳 1000 人进行野钓，同时本村创“AAA”级旅游景区的规划已通过审核，并初具规模，后续的投资与建设正在进一步推进，会继续新增乡村酒店、景区大门、游客服务中心。然后，本村也在打造秦巴文化：巴人文化石刻园、牛魂艺术园、生肖人品走廊、中国巴渠民间文化陈列馆、传统农耕文化记忆园等。同时，我们也积极保护动植物，动员全村村民保护野生动植物。

6.3 以基层党组织治理为核心的路径

6.3.1 基层党组织治理路径机理

基层治理的核心是基层党建，只有对基层的党建架构进行不断调整完善及改革，才能够保证基层党建促进乡村振兴这一目标得到实现；要根据新时代背景及具体的实践过程，将党的全面领导贯彻在农村的各项工作中，确保这一理念总揽全局，协调好每一项工作。

(1)利用基层党建工作，促进乡村振兴时，要突出并强化党建的引领作用。达川区贯彻党的十九大关于新时代中国特色社会主义的具体战略安排，在促进乡村振兴的过程中坚持党的全面领导；在促进乡村振兴的工作中，突出农村基层党组织的组织功能及政治功能，不断强化基层党组织在农村各项工作中的核心领导地位，同时强化组织引领推动乡村振兴；规划农村未来三年的具体工作及乡村如何建设发展，全面统筹农村的生态空间生活以及生产过程，不断推动农村基层党建在经济、文化、生态社会等工作中的开展。

(2)在党建工作过程中，必须建立全面协同机制。达川区将农村的各项创建工作纳入整个区、区委的工作部署以及建设的总体规划中，然后由区、区委组织带头，成立专门的创建工作小组，这些小组必须明确职责以及工作的重点，将主要精力都放在上面。

(3)不断提升党组织的组织能力，在开展各项工作时坚持一切工作到支部这一工作理念，深入推进“两学一做”学习教育。达川区在开展基层党组织工作中必须明确相关的规范，建立一定的标准；还在农村增设一定的党员岗位来推动乡村的振兴，如垃圾分类监督岗、绿化养护岗等岗位，当监督人员在这些岗位中负起责任时，就能够起到引领示范作用，将基层党组织建设得更加完善，带领村民共同走向振兴的道路。

在开展农村的各项工作时，只有落实到群众的福祉上，落实到群众的自身发展上，才能够让群众共享发展的成果，真正取得实际效果，得到群众的拥护。因此，必须始终坚持以人民为中心的发展思想，重视群众的感知，将这一思想落实到细处。首先将人民对于美好生活的具体向往纳入标准中，开展党建的创建工作。为了振兴乡村，必须稳定农村的集体经济及增加村民的人均可支配收入。同时还要建立相对标准的村容村貌，不断健康地治理，并且在治理过程中，要创建一些积极向上的文明规范，可参照国家景区的标准。只有这样才会具有较强的针对性，让党员群众都理解这一标准所建立的意义。

建立覆盖全面的联系服务群众体系，让相关部门的党员干部带头进行精准帮带机制，来指导一个相对完善的基层党支部，不断深化联系服务群众这一体系的标准化建设。在开展这一工作的过程中，达川区将村民所关注的环境整治作为工作的基础，全面开展垃圾分类、治理生活污水、整治农村环境工作，让群众都能够从日常生活中感受到翻天覆地的改变。

最后是不断推动经济增长以获得群众的认同感。达川区注重引导农村产权制度的改革，创新新型资源的使用方法，挖掘其中所蕴含的传统文化，将各种生态资源及环境整治后的成果转化为乡村振兴的优势。同时，还拓展农村村民养老以及各种运动设施的业态形式，优化农家乐或民宿等新型产业。在此基础之上，以壮大农村的集体经济来拓宽村民收入的渠道，这样就可以吸引较多的城里人进入乡村，促进乡村的振兴。达川区鼓励村民在自己家门口经营一些小吃或者土特产，焕发传统乡村的生机，加速城乡发展的融合。

基层党建治理，要坚持问题导向，根据农村发展中的各种不平衡问题来进行调整。首先，达川区通过基层党建引导并整合相关资金及资源，同时结合考评奖惩机制来发挥这些资金的效应。其次，联合各方面的力量，开展一些乡村振兴主题的活动，让各级机关干部走访农户收集意见，帮助他们解决困难，将创建的过程作为重塑农村吸引力的重要途径，吸引城市的居民走进农村，投入他们的资金、技术及资源，形成乡村回流的形势。

6.3.2　达川区以基层党组织治理为核心的具体路径

基层党组织是联系党和群众的纽带，担负着基层社会治理的首要任务。在基层治理中，充分发挥基层党组织作用，提升基层治理效率，是推动乡村振兴的主要举措。因此，达川区以基层党组织治理为核心，通过压实各级责任、强化基层基础、督查考评、问责处理、宣传培训等措施，不断推动基层治理的发展，构建了一个以基层党组织为核心，人民群众广泛参与的现代化治理格局。

(1)压实各级责任。达川区委、区政府将打赢脱贫成果巩固战、实现乡村振兴作为重大政治任务，增强政治担当、责任担当和行动自觉，层层传导压力，实行台账管理，压实脱贫责任，加大问责问效力度。达川区委、区政府每月至少专题研究一次脱贫成果巩固工作；区委、区政府主要领导每月至少 5 个工作日用于脱贫成果巩固项目，遍访所有原贫困村；乡镇(街道)党委、政府主要领导的主要时间用于脱贫成果巩固，做到逢会必讲、下乡必须走访原贫困户，遍访辖区内所有原贫困户；帮扶部门主要负责人遍访帮扶村内所有原贫困户，驻村工作组要遍访帮扶村所有原贫困户和非贫困户，实行帮扶部门考核与帮扶乡镇(街道)脱贫成效捆绑考核，同奖同惩。达川区区级有关行业部门要制定完善配套政策举措，实化细化三年行动工作方案，抓好组织实施工作。村两委主要干部遍访辖区内所有原贫困户和非贫困户。切实转变工作作风，接地气、查实情，了解原贫困户和非贫困户实际困难和需求，掌握第一手资料，及时发现问题、解决问题。

⑵强化基层基础。达川区推进城乡党建结对共建，推进“千名村级后备干部培育工程”，为每个原贫困村储备 2 名以上 35 岁左右、高中及以上文化程度的村级后备干部。实施农村带头人整体优化提升行动，鼓励大学生、退役军人、在外务工经商人员、本村致富带头人等本土人才返乡担任村干部，如果本村没有合适人员，就从区乡机关公职人员中派任。研究制定符合要求的公职人员回乡任职管理办法。强化原贫困村“5+2”和非贫困村“3+2”帮扶力量管理，派出单位要严格落实项目、资金、责任捆绑要求，加大保障支持力度。实施党员精准扶贫示范工程和“农村家庭能人”培养计划，推广“强村带弱村、跨村联建”扶贫模式。大力发展村集体经济，建立健全村级集体经济财务管理和收入分配、村级集体经济积累机制，健全村级组织运转经费保障制度，建好用好村级组织活动场所，实现有钱办事、有人管事、有场所议事。

⑶强化督查考评。达川区建立脱贫成果巩固“负面清单”和“挂牌销号”制度，作为年度考核的重要依据。发挥考核“指挥棒”作用，坚持年度考核与日常考核相结合，严格开展乡镇(街道)党委政府脱贫成果巩固工作成效考核、23 个专项考核、驻村帮扶考核。建立脱贫成果巩固工作常态化约谈制度，发现问题随时约谈，对形式主义、数字脱贫、弄虚作假、未完成年度相关任务等的乡级党政正职和分管副职依规进行约谈。

⑷强化作风建设。达川区坚持把作风建设贯穿脱贫成果巩固全过程，持续开展相关扶贫领域腐败问题和作风建设专项治理，把相关领域作风问题作为巡视巡察工作重点，集中力量解决“四个意识”不够强、政策措施不精准、资金管理不规范、帮扶工作不扎实、贫困退出质量不高等突出问题，确保取得明显成效。落实 “删繁就简”和“八不准”措施，最大程度精简会议、文件、填表、挂图等，严禁相关调研活动层层陪同、专门制作展板图册，切实减轻基层负担。

⑸严格问责处理。达川区委、区政府严肃查处贪污挪用、截留私分、虚报冒领、强占掠夺扶贫资金等行为。加大工作问责力度，依法依纪查处贯彻各级脱贫成果巩固决策部署不坚决、不到位，主体责任、职能责任、监管责任不落实等问题。加强警示教育工作，集中曝光各级纪检监察机关查处的违纪违法典型案例。

⑹在宣传培训方面，达川区委、区政府注重教育引导。深入学习宣传习近平总书记系列重要讲话精神，组织开展宣传、宣讲、征文、演讲活动，把思想和行动统一到中央、省委和市委、区委决策部署上来，转化为指导实践、推动工作、促进发展的强大精神动力。制作“明白卡”“口袋书”，组建“文艺宣传小分队”“乡村喇叭”，进村入户开展宣传宣讲，大力宣传相关政策措施，赢得原贫困群众理解和支持。充分协调调动各种宣传资源，统筹运用传统媒体和新兴媒体，全面准确、扎实深入开展脱贫攻坚新闻

宣传，分区域分层级组织脱贫攻坚先进典型开展巡回宣讲。抓好经验总结推广，选树一批先进典型和成功案例，并定期予以表彰。适时对先进典型、先进事迹进行总结提炼、宣传。

(7)注重能力提升。达川区分层分类组织开展干部培训，保证对区级相关部门负责人、乡村干部和系统干部 3 年内至少轮训一遍。开展乡村党组织书记集中轮训，提高政策落实能力和带领贫困群众脱贫奔小康的本领。加大对原贫困村干部、驻村干部的培训力度，多采取现场教学、实地教学的方式。各级行业部门采取多种形式开展行业扶贫干部培训。

在达川区马家镇肖家村，村委会在基层治理中推行党支部标准工作法，以“两张清单”“三道程序”“四个结合”“五个基本”“六严六好”为抓手，积极推行本村基层治理，巩固基层党建核心作用(图 6-1)。

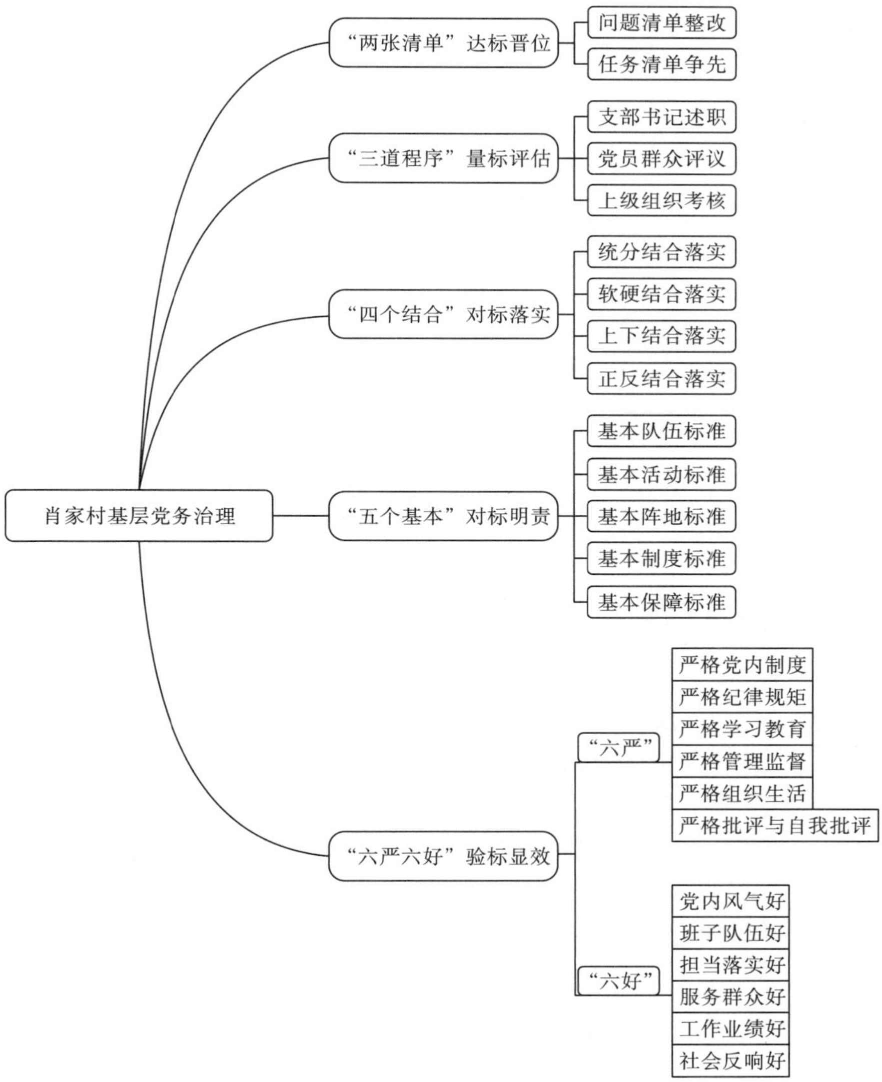

图 6-1　达川区马家镇肖家村党务治理机制

“十三五”期间，达川区辅以村组干部“歇职”管理八项规定这一独特监督体系，严肃本村各项党务、职务，树本村清廉之风。在脱贫方向上，从基层党建出发，形成独特的以抓党建促脱贫的“一核四驱”工作法(图 6-2)。

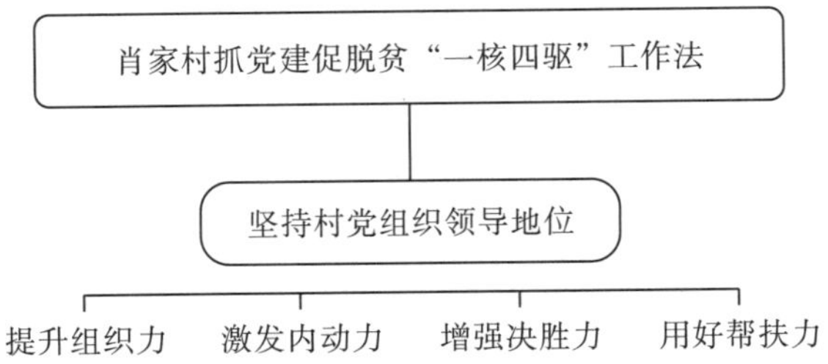

图 6-2　达川区马家镇肖家村抓党建促脱贫的“一核四驱”工作法

在抓党建促脱贫中，达川区河市镇成都村则提出了“六制”工作法，即：网格化联系、便民化服务、参与式治村、全覆盖教育、乡土型示范、多层面评述，塑造了一个科学的基层治理格局(图 6-3)。

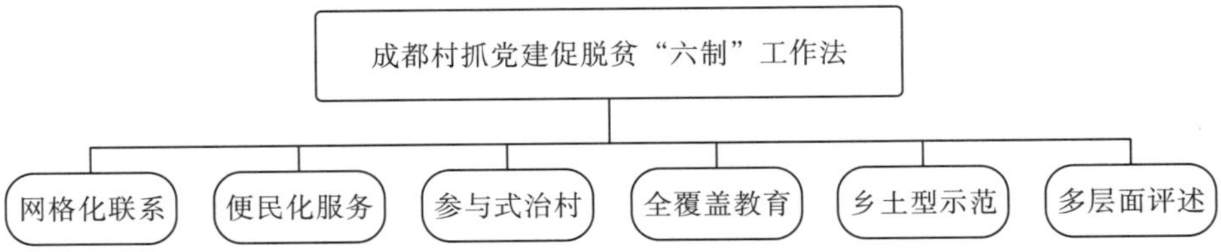

图 6-3　达川区河市镇成都村“六制”工作法

6.4　以特色乡村文化为引领的路径

6.4.1　特色乡村文化路径机理

文化作为人的精神力量，能够起到影响人、感召人、激励人的作用。乡村文化在凝聚人心、教化群众、淳化民风方面发挥着重要作用，乡村振兴离不开乡村文化的滋润。然而，随着城镇化进程不断加速，城市逐渐成为人们的主要生活空间，乡村文化的传承与保护面临不少问题，许多富有泥土气息的乡土文化逐渐式微，一些地区农村精神文化生活匮乏，乡村振兴的“文化短板”日渐凸显。习近平总书记指出，要推动乡村文化振兴，加强农村思想道德建设和公共文化建设，以社会主义核心价值观为引领，深入挖掘优秀传统农耕文化蕴含的思想观念、人文精神、道德规范。只有大力推动乡村文化振兴，繁荣发展乡村文化，才能更好满足农民过上美好生活的新期待，为乡村振兴注入强大动力。

(1)坚持以社会主义核心价值观引领乡村文化建设。持之以恒抓好理想信念教育，大力弘扬民族精神和时代精神，加强党史、新中国史、改革开放史、社会主义发展史教育，加强爱国主义、集体主义、社会主义教育，引导广大农村群众树立正确的理想信念、历史观、民族观、国家观，不断增强中华民族的凝聚力和向心力，推动形成团结一心的精神纽带和自强不息的精神动力。大力弘扬爱国主义精神，唱响爱国主义主旋律，引导农村群众坚持爱国和爱党、爱社会主义相统一，坚决维护祖国统一和民族团结，不断增进对伟大祖国、中华民族、中华文化、中国共产党、中国特色社会主义的认同。

(2)抓好乡村文化阵地建设。改变“重经济、轻文化，重城市、轻农村”的理念，坚持重心下移、资源下移、服务下移，加大对乡村文化建设的支持力度。整合乡镇综合文化站、村级综合服务中心等场所，成立新时代文明实践中心，综合利用好现有的文艺舞台、文化综合楼、文化宣传栏、村史村情馆等公共文化设施，完善覆盖城乡的农村公共文化设施网络，进一步巩固拓展乡村文化阵地，为开展乡村文化活动搭建起广阔舞台。

(3)深入推进农村精神文明创建活动。注重涵养家风文化，广泛开展星级文明户、文明家庭等创建活动，大力传承和弘扬优秀家风家训，以良好家风引领农村社会风尚，让积极向上的精神追求、健康文明的生活方式成为乡村时尚。深入挖掘乡贤文化的精神内涵，发挥新乡贤爱国爱乡、见贤思齐、崇德向善的价值引领作用，积极传播向上向善的正能量，着力培育文明乡风、良好家风、淳朴民风。经常性举办群众喜闻乐见的山歌歌圩、文艺演出、节庆庙会、知识竞赛等活动，将党的创新理论和大政方针宣传“翻译”成基层群众听得懂的“乡音土话”“山歌小调”，推动党的路线方针政策在广袤农村落地生根。

(4)驱动乡村优秀文化精神再现。习近平总书记指出：“从中国特色的农事节气，到大道自然、天人合一的生态伦理；从各具特色的宅院村落，到巧夺天工的农业景观；从乡土气息的节庆活动，到丰富多彩的民间艺术；从耕读传家、父慈子孝的祖传家训，到邻里守望、诚信重礼的乡风民俗，等等，都是中华文化的鲜明标签，都承载着华夏文明生生不息的基因密码，彰显着中华民族的思想智慧和精神追求。”乡村文化作为中华优秀传统文化的重要组成部分，不仅是亿万农民的精神家园和心灵寓所，而且是增强文化自信的重要源泉。推动新时代乡村文化振兴，必须加强乡村文化遗产保护，通过划定乡村建设的历史文化保护线，切实保护好文物古迹、传统村落、民族村寨、传统建筑、农业遗迹、灌溉工程等优秀农耕文化遗产。推动优秀农耕文化遗产合理适度利用，深入挖掘农耕文化蕴含的优秀思想观念、人文精神、道德规范，充分发挥其在凝聚人心、教化群众、淳化民风中的重要作用。

(5)加强乡村文化组织和文化人才队伍建设。出台专项政策，制定有力措施，扶持各类乡村民间文化协会、文艺团体建设发展，推出更多具有本土特色的优秀文艺作品，使得乡村气息更为浓厚，乡村生活更具吸引力和感染力[11,49-51]。

6.4.2　达川区以特色乡村文化为引领的具体路径

脱贫攻坚以来，达川区以实现“经济文化强区”为目标，通过大力发展文化事业，不断增强群众的文化获得感。

以达川区文化体育和旅游局的“文化惠民”工程为例，通过精心谋划、务实作为、攻坚克难、综合推动，全面完成了脱贫成果巩固目标任务，为助推达川打赢年度脱贫奔小康攻坚战发挥了积极作用，主要体现在以下方面。

(1)坚持导向，精心编制“路线图”。“十三五”期间，达川区针对本区贫困村和贫困人口量大、面宽、程度深的现状，按照“摘帽”贫困村“七有、七保障”工作要求和“五年集中攻坚、一年巩固提升”时间节点，坚持以中央、省、市、区扶贫政策统揽系统工作大局、以文化惠民举措助推脱贫成果巩固为着力点的工作理念，确立了“长短结合、分步实施、通盘布局、重点突破”的工作思路和“广播村村响，电视户户通，电影人人看，出门能健身，就近可阅读”文化精准扶贫工作目标。以加快构建达川现代公共文化服务体系为重点，每个年度均制定了《达川区文化惠民扶贫工作计划》，明确了加强文化基础设施建设、丰富群众文化体育生活、扶持文化产业发展、加强精神文明建设、加强宣传思想文化队伍建设、加强新闻宣传舆论引导六大工作重点，成为引领全年工作的“路线图”。

(2)聚焦短板，全力决胜“攻坚战”。“十三五”期间，达川区聚焦年度贫困村退出和贫困人口退出工作目标，严格按照“七有、七保障”工作要求，始终把加快推进村文化室和广播电视建设当作一项重要而紧迫的政治任务进行部署推进。①政策保障。出台了《达州市达川区贫困村文化公共服务场所达标管理办法》《达州市达川区贫困户广播电视公共服务达标管理办法》，明确了任务、标准、责任、管理及经费等重点问题。②部署到位。局党组坚持领导划片挂包、定期会商部署、严格督查通报，坚持与相关各方密切沟通，及时排除各种工作障碍，不断凝聚强大合力。③攻坚见效。严格落实任务分解、责任到人、倒排工期、正排工序、限时达标等工作制度，竭力克服工作面宽量大、贫困村基础设施进度滞后、政府采购多次流标等众多困难，教育引导党员干部充分彰显担当、拼搏、奉献的素养和品质，全力确保各项任务指标按时间节点顺利推进。④投入保障。坚持把有限的资金全额用在脱贫成果巩固这个“刀刃”上。将“广播村村响、电视户户通”、广播电视公共服务网点、固定电影放映点、出版物数字化发行网点等省级文化惠民扶贫政策专项资金 2000 余万元全部安排到贫困村和贫困户，累计建成广播“村村响”130 个行政村，通过有线、无线和直播卫星方式推进“电视户户通”工程，解决 2.35 万余贫困户 7.05 万贫困人口收看电视的问题，两项指标均超额完成年度脱贫任务。将村文化室、农民工文化驿站、留守儿童之家、村文化室升级，文化院坝、社区书屋出版物更新，阅报栏建设等升级公共文化服务体系建设专项资金 2700 余万元全额安排在贫困村，此外还投入 150 余万元体彩公益金用于为贫困村活动场所配送体育健身设施。⑤圆满交账。在对照村文化室“六有”标准进行规范建设的基础上，自加压力、高标要求。统一制作了各种标示标牌，配送了电脑、电视、投影仪、腰鼓等文化设备器材，每个村均有 300m^2 以上的已硬化且配有健身器材的活动场地、半数贫困村还规划建设了以“社会主义核心价值观”“孝善文化”“中国梦”为主题的文化墙，成为备受各级各界好评的一道风景。

(3)综合施治，科学推使“组合拳”。“十三五”期间，达川区立足文化行业特色和优势，充分发挥文艺、图书及新闻宣传潜移默化的浸润感染功能，努力为全区脱贫成果巩固工作营造良好氛围。区文化馆、区图书馆充分依托“百场文化下乡”“万册图书下乡免费阅读服务”“科技文化卫生法律四下乡”等活动平台，紧紧围绕全区年度工作大局，广泛组织发动广大文艺、图书工作者，将反映党的政策、展示新农村建设成就等主题的、具有浓郁地方特色的、群众喜闻乐见的文艺节目，将各类满载“三农”信息、致富信息、农技知识的各类图书阅读服务及时送到贫困村的田间地头、送到贫困户的家门口、心坎上。区文化馆干部还自编国学 PPT 课程，自购投影设备，深入各贫困村开展家风教育、感恩教育、形势教育及种植养殖、健康知识等教育活动。区广播电视台充分发挥宣传引领作用，开辟专门的“脱贫攻坚进行时”新闻专栏，全方位、多视角宣传报道全区各级各地在脱贫成果巩固工作中的政策、动态、成效，为发动和激励全区上下积极投身脱贫成果巩固时代洪流发挥了舆论引导作用，年均累计采写播发相关新闻报道 500 余条，上送市台采用 60 余条，出色完成《问题导向重点突破 瞄准短板精准发力》《负重决胜脱贫 凝心聚力奔康》等多部专题片的策划摄制任务。

(4)定向发力，打好对口“帮扶牌”。“十三五”期间，达川区在强力推进全区文化脱贫成果巩固工作的同时，坚持把对龙会乡花石岩、熊家沟两个贫困村的对口帮扶工作同部署、同推进，做到两不误、两促进。在机关工作人员少、工作压力大的情况下，选派了 4 名同志组成两个驻村工作组。为驻村干部购买了生活必需物品，按月报销差旅费用，切实解决了后顾之忧。局机关及下属单位选派了 67 名干部，对 149 户贫困户进行挂帮。区文广局党组严格驻村干部“包户不包办、驻村不添乱”，认真开展“查签到、查笔记、查效率”的“三查”管理。通过深入调查摸底、探索实践，创立了“四带” “六看”精准扶贫工作法(即：带着使命去扶贫、带着问题去扶贫、带着方法去扶贫、带着纪律去扶贫；一看房，二看粮，三看劳动力强不强，四看家里有无读书郎，五看家里是否病恹恹，六看家里老人谁赡养)，严格要求驻村干部每月驻村时间不少于 22 天，局班子成员及帮扶干部逐家逐户调查走访调研，与帮扶对象见面座谈沟通，听取意见心声，收集核实情况，共谋致富良策，建立了“一对一”帮扶台账，制订了整村脱贫规划和帮扶计划。区文广局累计投入 40 余万元，先后为两村建成了留守儿童文化之家、贫困村文化室升级打造、幸福新农村文化院坝、村级农民体育健身工程、“广播村村响、电视户户通”等惠民工程。机关党员干部年均深入走访慰问 6 次以上，累计为贫困学生捐助学习用品 40 套、贫困户慰问金近 12 万元、化肥尿素等农用生产物资 18 吨，电脑及打复印机各 2 台，音响设备 2 套，农技图书 4000 余册，鸡苗 3000 余只，累计总价值近 50 万元，号召全区文化企业业主为贫困村捐款 8 万元。为贫困群众发展家庭种植、养殖提供了基础条件。通过局领导和驻村干部积极协调省、市、区各级相关部门，争取到位省(市、区)政协委员援助花石岩村帮扶资金 100 万元、熊家沟村堰塘整治及微水工程建设专项资金 120 余万元，邀请区畜牧局、区茶果站技术员分别对养殖专业户和 1000 亩优质核桃种植户进行技术培训，培育养牛专业户 3 户、养猪专业户 1 户，引领示范作用日益显现。

6.5 以乡土人才培养为动力的路径

6.5.1 乡土人才培养路径机理

人才匮乏，一直是影响和制约农业、农村发展的一大瓶颈，乡村没有人才，再好的政策也难以实施，再好的资源也难以利用。2018 年《中共中央 国务院关于实施乡村振兴战略的意见》(以下简称《意见》)对实施乡村振兴战略进行了全面部署。《意见》指出："汇聚全社会力量，强化乡村振兴人才支撑。实施乡村振兴战略，必须破解人才瓶颈制约。要把人力资本开发放在首要位置，畅通智力、技术、管理下乡通道，造就更多乡土人才，聚天下人才而用之。"乡村振兴要想发展，关键要找准薄弱点，突破人才短板。脱贫成果巩固、乡村振兴，必须充分激发乡土人才的活力。改革创新乡土人才评价的体制机制，是激发乡土人才活力的有效路径。实施乡村振兴战略，强调坚持农业农村优先发展，要培养造就一支懂农业、爱农村、爱农民的"三农"工作队伍。培育乡土人才，以继承和弘扬中华优秀传统文化为根本，以增强创新创造创业能力为核心，以健全培养和带动机制为保障，加强对"土专家""田秀才"的关注、培养和使用，造就一批带领技艺传承、带强产业发展、带动群众致富的农业农村人才，对保障农业农村优先发展具有十分重要的意义，也是推动发展的现实基础。

6.5.2 达川区以乡土人才培养为动力的具体路径

达川区在乡土人才培养中，走出了一条独特的道路。

(1)达川区与四川师范大学、成都中医药大学、四川轻化工大学等高校结成人才战略联盟。共建四川新农村建设学院(达川分院)，借力高校培训、教育、科技等方面资源，重点针对原贫困户开展理想信念、实用技能、科技知识等专题培训，强化智力支撑。

(2)达川区每年引进一批急需紧缺人才、培养一批本土实用人才、遴选一批专业技术人才，示范带动各类人才参与脱贫成果巩固。用好用活原贫困地区人才招录政策，每年引进硕士、博士研究生和中高级专业技术人才 10 名左右。每年从全区选送一批规划建设、教育卫生、文化旅游等专业人才，开展订单式培训；实施农业经营主体带头人轮训、新型职业农民培训、农民工返乡创业培训、农技推广人员提能"四大工程"，培养一批致富能手。

(3)全区强化引才留才政策支撑。深入实施"头雁引领"计划，大力开展"村级党组织带头人队伍优化提升行动"，持续推进"优秀农民工回引培养工程"，落实促进返乡下乡创业 22 条政策措施，全面落实鼓励大学生到基层就业、激励教育卫生人才向基层流动、加强基层专业技术人才队伍建设等政策，在人才招聘、岗位管理、职称评定、激励保障等方面用好用活政策，既要引才更要留才。从大学生村官、西部计划志愿者等服务基层项目人员和优秀村干部中定向招录乡镇公务员。"十三五"期间，达川区还积极强化科技扶贫团的功能，全区相继组建多个科技扶贫工作组：育种与栽培专家组、植保与土肥专家组、健康养殖专家组、疫病防控专家组、农机服务专家组、农产品加工专家组、远程技术指导专家组、农产品网络销售专家组，人员达 150 人，以科技特派员为核心，以区级相关部门专业技术人员为主体。办公室设在区教科局农村科技与科普股，负责日常事务和相关联络工作。

(4)对于奋战在脱贫成果巩固一线的区乡干部落实好津补贴、周转房等政策，改善工作条件，对因公牺牲的干部和基层党员的家属及时给予抚恤，长期帮扶慰问。全面落实鼓励事业单位专业技术人员创新创业政策，支持农业、水利、林业等事业单位专业技术人员离岗创业。落实人才统筹培养使用制度，加大乡村旅游人才的培育力度，开展乡村旅游技能培训。动员城市科研人员、工程师、规划师、建筑师、教师、医生下乡服务。建立县乡学校、医院帮扶制度，城市中小学教师、医生晋升高级职称前，原则上要有 1 年以上农村基层工作服务经历。推行岗编适度分离机制，对教育、卫生等行业新招聘事业单位人员实行“县招乡用”“乡聘村用”，持续实施公费师范生、免费医学生等高校毕业生定向服务基层等项目。建立农村实用人才孵化基地，开展农村实用人才传帮带，完善新型职业农民认定和激励机制，继续实施新型职业农民培养计划。对在脱贫成果巩固中表现优秀、实绩突出、群众公认的干部予以表扬，符合条件的优先提拔重用。

(5)鼓励公职人员回村任职，实施百名卸任(退休)干部回引计划。为充分发挥卸任(退休)干部优势，增强基层党组织战斗力，增强脱贫成果巩固一线力量，达川区委决定实施百名卸任(退休)干部回引计划，建立达川区卸任(退休)领导干部“百人数据库”，自 2016 年起，连续三年开展“百名卸任(退休)干部回引计划”，鼓励和引导卸任(退休)领导干部，回原籍地或原工作地担任村党组织负责人，如区农业局副局长何渠华到二东村当起了科技特派员，带领村民搞蔬菜规模种植，成功打造出省级现代农业示范园。在回引公职人员到村任职过程中，达川区针对人情、村情差异，坚持设岗定责，实行动态调整，提升履职精准度。公职人员担任村党组织书记、党建指导员，大力推行“党支部标准工作法”“细胞强健工程”，先后推动 44 个党组织提档升级，1 个还被评为全省先进基层党组织。此外，回村的公职人员还担任项目带头人、科技特派员、监委会主任、风气督导专员等。一方面牵头组建各类专业协会，扶持培育经济实体，有效拓宽贫困户增收渠道。同时还大力推行“村民说事日”制度，帮助完善村规民约，推动自治法治德治深度融合。全区设置“支乡之家”57 个，参照第一书记“五有”标准，配齐基本生活设施设备。同时，坚持“四优先”，即项目申报优先、产业扶持优先、贴息贷款优先、科技指导优先，鼓励支持公职人员到村干事创业。注重从经济待遇上给予补贴和保障，实行兼职兼薪、“固定报酬+绩效报酬”奖励、交通补贴三大措施，解决返乡任职公职人员后顾之忧，激发他们的干事热情。

(6)严格考核。达川区把到村任职承诺、公开亮诺、履职践诺、群众评诺“四诺”情况作为年度考核、评先选优、提拔任用、晋升职级的重要参考。全区共有 4 名到村任职公职人员被提拔，9 人当选“两代表一委员”，21 人获得省、市、区级表扬[52,53]。

案例 6.4 为本书作者团队在花石岩村调研期间，与该村村支书进行访谈的内容。

案例 6.4：退休返乡公职人员访谈

时间：2019 年 10 月。

地点：达州市龙会乡花石岩村。

受访对象：花石岩村村支书(达川区退休返乡公职人员)。

访谈范围：本村产业发展、生态宜居、乡风文明建设、如何有效治理、缩小贫富差距、增加农民收入、现存问题及未来规划。

调研组 Q1：对于政府扶贫政策是如何理解、宣传和执行的？

花石岩村村支书：召开大会、入户调查、广播宣传。

调研组 Q2：政府政策资源主要投入哪些方面(产业、生态、生活保障、文化、基础设施等)？村委在其中是如何配置的？农户有什么态度，村委如何协调的？

花石岩村村支书：在产业、生活保障、环境保护、基础设施建设等方面；支持。

调研组 Q3：社会帮扶主要在哪些方面(产业、文化、基础设施、生态、监管等)？村委怎么参与这些力量？农户的态度如何，村委如何协调的？

花石岩村村支书：社会帮扶教育，学校帮扶教育，支持。

调研组 Q4：如何调动农户脱贫致富积极性(产业、文化、生态环境、监管、基础建设、生活保障等)？

花石岩村村支书：鼓励发展，让原贫困户和非贫困户一起发展，领头人带动。

调研组 Q5：本村现有产业发展市场回报率和持续性如何，对本村是否有经济带动作用(如有业主，如何吸引业主来本村发展？与业主的合作方式有哪些)？农户对于产业有什么态度，如何协调调动其积极性？选择该产业的原因是什么？产业继续发展有什么问题？未来对此产业有什么规划(是否融入文化或者转型)？

花石岩村村支书：无花果、青脆李产业由政府引进，管理差，品种把握不足，产量不够，季节不好，口感差，青花椒有 500 亩，农户支持，分红和农户务工。

调研组 Q6：本村文化习俗还在传承吗？本村村规民约包括哪些方面？学校覆盖率和师资力量如何？在教育文化方面未来有何规划？

花石岩村村支书：在传承，村规民约包括：①爱心超市；②保护动植物；③道路维护。有一所小学，4 名教师，大专学历，准备扩增教师人数。

调研组 Q7：本村是否适合发展乡村旅游？是否有发展乡村旅游的规划？若有，您认为本村发展乡村旅游的主要基础是什么(政策、资源、文化)？

花石岩村村支书：适合，有当地本土文化，有旅游规划，有资源、政策及文化。

调研组 Q8：本村基础设施现状如何？生态现状如何？污染物如何处理？农户有什么意见？生活宜居方面未来有何规划？

花石岩村村支书：完善交通网络、水电网络，路全通，饮用水通达，灌溉用小微水池有 12 口，原来天干大旱缺水，现在水质好，水量稳定，解决全村自来水供应问题，有 3 口深水井，深 100 多米；全村通电，扩容、增加三台变压器，满足生产、生活需要；路：原有 1km，现在有 24km 便民路，全村使用天然气，原来是去远处挑煤。联通、电信、移动，通信全通；村委会、党群服务中心、公共服务设施全齐；产业发展：以前是传统农耕，现在发展以旅游为基础的农业观光，还修建了一条 2km 长的观光道路。

调研组 Q9：扶贫三步化工作如何监管？来自政府、社会力量等的资金如何具体到户或项目？本村综合服务站修建依据是什么？党支部书记有兼任村委会主任吗(如有，主要原因是什么)？本村集体经济的占比和收入用途是什么？现今治理上有什么难点和重点？监管过程是否有农户参与，如何调动农户配合治理？组织治理方面未来有何规划？

花石岩村村支书：首先扶贫对象精准，通过“8+3+10”精准识别贫困户，通过措施到户精准，“六个一批”精准脱贫机制，项目安排精准，资金使用精准，有“六大基金”“四议五公开”，因村派人精准，充实帮扶力量，脱贫成效精准；集体经济通过村合作社共同经营，监管通过村理事会共同监管；有村民代表参加。

调研组 Q10：前期的脱贫工作中，作为村干部，你认为哪些方面和工作为乡村振兴的五大振兴提供了支持和保障？

花石岩村村支书：基础设施建设与产业发展。

调研组 Q11：对于五大振兴，本村有何规划呢？是否有侧重？

花石岩村村支书：本村打算发展旅游业，重点在于对老弱残小等弱势群体的帮助，加强基础设施、农业生产基础设施建设，同时对农产品进行深加工。

第 7 章　脱贫成果巩固与乡村振兴衔接模式作用研究

2020 年是决战决胜脱贫攻坚的收官之年。2020 年 3 月 6 日，习近平总书记在决战决胜脱贫攻坚座谈会上提出：“脱贫摘帽不是终点，而是新生活、新奋斗的起点。要针对主要矛盾的变化，理清工作思路，推动减贫战略和工作体系平稳转型，统筹纳入乡村振兴战略，建立长短结合、标本兼治的体制机制。”当前，随着脱贫攻坚战的全面胜利，帮扶工作的重心将转向全面推进脱贫成果巩固与乡村振兴的无缝衔接、平稳转型。

达川区在认真总结打赢脱贫成果巩固战经验，运用好脱贫攻坚成果的同时，积极探索解决相对贫困的长效机制，保持帮扶力量、帮扶政策、帮扶要求不变，推进脱贫成果巩固与乡村振兴有效衔接，实现了推动减贫战略和工作体系的平稳转型。

在全面建成小康社会的过程中，精准脱贫和乡村振兴的时序在《中共中央 国务院关于打赢脱贫攻坚战的决定》和《中共中央 国务院关于实施乡村振兴战略的意见》中进行了安排。①脱贫攻坚的近期目标是 2020 年要实现消除绝对贫困，稳定实现“两不愁三保障”，确保我国现行标准下农村贫困人口实现脱贫，贫困县全部摘帽，解决区域性整体贫困，这个目标已经实现。中期目标是到 2035 年相对贫困进一步缓解，在消除绝对贫困的基础上，巩固前期脱贫成果，防止返贫发生，消弭贫困脆弱性；远期目标，2050 年消除贫困，实现共同富裕，在消除贫困化之后促进贫困对象实现长期可持续稳定脱贫。②2020 年，乡村振兴相关制度框架和政策体系已基本形成；中期目标则是到 2035 年，基本实现农业农村现代化；远期目标为到 2050 年，乡村全面振兴，农业强、农村美、农民富全面实现。由此可见，打好打赢脱贫攻坚战是全面建成小康社会的底线任务，是乡村振兴的首场硬仗，是乡村振兴的前提、基础和底线，是必须率先完成的任务。精准脱贫攻坚战的实施效果，对于乡村振兴战略有基础性的影响[54,55]。

(1) 乡村振兴助力产业扶贫。作为一种内生发展机制，产业扶贫试图在市场导向的前提下以产业发展带动贫困地区发展，从而实现贫困群众稳定增收，这在实质上是由“输血式”扶贫向“造血式”扶贫的转变，这种转变对于去除贫困发生的动因和促进贫困个体与贫困区域协同发展具有重要意义。在乡村振兴二十字方针中，产业兴旺排在首位，这与产业脱贫高度契合。首先，乡村振兴能为产业脱贫提供产业支撑，产业的存在是产业脱贫的前提，乡村振兴通过结合区位优势布局和培育地方优势特色产业，为产业脱贫提供了产业基础。其次，乡村振兴在提供产业基础的同时，通过对农业多功能性的有力挖掘和三大产业融合，极大延伸了产业链，这为产业脱贫的长久有效提供了保障。最后，乡村振兴的产业建设是全方位的立体产业建设，其不仅在生产方式上进行变革，同时还在大力发展新模式新业态，这有助于产业脱贫质量和水平的提升。

(2) 乡村振兴助力精神脱贫。要实现贫困人口稳定长效脱贫的目标，精神脱贫是首要任务。要实现贫困群众精神脱贫，就要通过解决好精神层面的问题，激发其摆脱贫困的内生动力，唤醒贫困地区干部群众的主动性、积极性和创造性，变被动救济为主动脱贫，提升自主脱贫能力。乡村振兴战略二十字方针提出“乡风文明”，通过乡村文化建设和发展教育，可以为贫困主体树立信心，改变贫困人口的“心穷”状态，调动他们脱贫致富的内生性动力，促进精神脱贫长效内生动力的形成。另外，二十字方针还强调“治理有效”。通过对乡村治理机构的改革和对乡村干部队伍素养的提升，可以打造高素质的乡村干部队伍，促进各项精准扶贫决策的贯彻落实，使基层扶贫干部“有所为”和“能为之”。

总的来看，解决好乡村的贫困问题是实现乡村振兴的前提，乡村振兴为精准脱贫提供长效内生动力，进而巩固脱贫攻坚成果。实施乡村振兴战略，要推动乡村产业振兴，推动乡村人才振兴，推动乡村文化振兴，推动乡村生态振兴，推动乡村组织振兴。

7.1　构建现代产业体系，实现乡村产业振兴

产业兴旺是实现乡村振兴的基石，脱贫成果巩固与乡村振兴衔接的基础在于产业发展。习近平总书记强调“发展扶贫产业，重在群众受益，难在持续稳定。要延伸产业链条，提高抗风险能力，建立更加稳定的利益联结机制，确保困难群众持续稳定增收。”从长远来看，实现产业兴旺是解决农村相对贫困长效机制的“牛鼻子”。乡村振兴要在现有扶贫产业基础上，壮大产业规模、优化产业结构、延伸产业链条，推动产业扶贫向产业振兴转变，激发乡村内在发展活力[19]。

7.1.1　科学规划产业布局与规模

“十三五”期间，达川区按照“三区、四带、多镇”的产业发展规划格局，突出“四大农业产业带”建设，围绕“山区坡地抓林果、近郊抓农旅，基础抓粮油、发展畜禽短平快”的农业经济理念，突出发展特色差异化农业，形成西部片区以金檀—管村—石梯—石桥为重点的优质粮油、特色水果产业带，以米城—堡子—虎让等为主的米城大米、山羊、肉牛产业带；南部片区建成以百节—马家—赵家—双庙—渡市为主的柑橘、蔬菜、乌梅、花卉、蚕桑、苎麻、饲料、生猪产业带。东部片区依托亭子新城，建成以亭子—麻柳—万家—大树为重点的优质粮油、粮经复合、水禽渔业、伏季水果、山胡椒产业带。突破食用菌产业发展，东部片区麻柳—大树—亭子发展草(粪草)腐食用菌，南部片区赵家—双庙—木子发展木腐食用菌，西部片区管村—石梯—石桥发展草(粪草)或木腐食用菌，充分利用农作物废弃物，促进资源循环利用。

达川区产业发展以市场为导向，以资源优势为基础，以土地流转制度改革为动力，积极构建新型经营体系，推进农业现代化进程。重点推广以农民家庭经营为基础，联户

经营、专业大户和家庭农场为市场主体，专业合作、产权合作相结合的适度规模经营方式。大力培育农民专业合作社，2020 年，培育农民专业合作社 500 家，家庭农场 50 家。大力培育经营性农业服务组织，为农业生产提供专业化、市场化服务，促进农业电子商务发展，建立发展 3 个专业协会组织。创建无公害、绿色农(畜)产品认证 25 个，市级知名产品 1 个，建设无公害农产品基地 8～10 个，培育有影响力的名牌农产品 5 个以上，特色优势农产品占比达到 60%以上。“十三五”末，实现农林牧渔业增加值达 55 亿元，年均增长 5%左右。

7.1.2 制定具体的产业发展任务

“十三五”期间，达川区制定了 6 项具体的产业发展任务。

(1)突出发展主导产业。一是优质粮油产业，主要有米城大米优质水稻、专用玉米、脱毒马铃薯、“双低”油菜等优质粮油产业，打造了达川国家级现代农业示范园区，创建了粮油高产示范片 6 个。截至 2020 年，全区发展优质米城大米基地 6 万亩，建设粮经复合产业基地 20 万亩。二是蔬菜产业，在南部乡镇贫困村重点建设了蔬菜基地。截至 2020 年，达川区常年蔬菜基地达到 3.5 万亩；在东部乡镇贫困村重点建设粮经复合基地 20 万亩，按照“菜→稻→菜”的模式，推广了“千斤粮万元钱”和“吨粮五千元”的粮经复合产业。三是水果产业，指导贫困村重点集中发展良种柑橘、达州脆李、安仁柚，适度发展良种梨、桃、枇杷、杏、柿、葡萄、草莓等特色优质水果，建立万亩安仁柚生产基地，发展水果苗木良繁基地 200 亩。四是生猪产业，按照“稳定发展生猪，突破性发展草食牲畜，大力发展特色家禽”的思路，新建畜牧养殖小区 30 个，2020 年全区出栏生猪 110 万头、肉牛 10 万头、肉羊 24 万只及特色家禽 350 万只，肉、蛋产量分别达到 11 万吨、1.3 万吨。五是乌梅产业，以“万亩林亿元钱示范区建设”为抓手，引导贫困村发展乌梅产业，2020 年，全区建成乌梅 10 万亩，提升“中国乌梅之乡”品牌形象和效应。

(2)大力发展主导产业。一是茶叶产业，引导适宜茶叶生产的贫困村群众大力发展标准良种茶园。截至 2020 年，全区茶叶种植面积达到 5 万亩，改造低产托管茶园 1 万亩。二是双椒产业，达川区在九岭、龙会等西部乡镇贫困村重点建设青花椒种植基地，截至 2020 年发展到 4 万亩；在葫芦等东部乡镇山区贫困村重点建设山胡椒种植基地，截至 2020 年发展到 3 万亩。三是苎麻产业，稳定发展苎麻基地 2 万亩。四是食用菌产业，截至 2020 年全区食用菌发展规模达到 5000 万袋以上，产量达 10 万吨，产值达 2 亿元以上。五是其他特色产业，在申家、草兴等乡镇大力发展金银花种植基地，发展到 3 万亩；在平坝区的贫困户，房前屋后种植柠檬，发展到 3 万亩；以木子双修村蓝莓园为引领，在高海拔酸性土壤区域的贫困村，适度规模种植蓝莓，截至 2020 年，规模已达 1 万亩。

(3)鼓励发展新兴产业。一是休闲农业及乡村旅游产业，“十三五”期间达川区围绕一、三产业融合发展要求，重点打造以真佛山景区旅游线路为核心的近郊农业休闲旅游，着力打造铁山森林公园旅游开发、莲花洞天旅游度假区、赵双木乡村集聚区等重大旅游建设项目，建成年接待能力 1 万人以上的旅游扶贫示范村 6 个；在交通较为便捷、特色产业突出的贫困乡镇、贫困村，规划建设 20 个观光体验示范点，打造星级农家乐或乡村酒店 18 个、民宿旅游达标户 80 个。二是农产品原产地初加工，坚持农产品初加工就地发展，推广“公司+基地+专业合作社+农户+销售”等模式，在贫困村新建农产品初加工企业 30 家以上。三是农村电子商务，建成达川区农产品综合信息服务平台。四是农村养老服务业，把农村闲置农房改造成养老设施，配套建设住宿、文化、娱乐等设施，接纳城乡老人入住，开展农村养老服务，实现农民闲置房屋租金收入。五是农村文化创意，挖掘乡土文化、传统文化资源，开展农民演艺、农村传统手工艺、古镇古村营运、文化创意产业园等农村文化创意产业，开发农民手工工艺品、创意农业与花卉园艺，引导农民开展文艺职业化演出，带动农民增收。

⑷新型农业经营主体建设。达川区特色种养业重点推广以农民家庭经营为基础，联户经营、专业大户和家庭农场为市场主体，专业合作、产权合作相结合的适度规模经营方式。新培育农民专业合作社 500 家、家庭农场 50 个。以市场为导向，注重农产品加工，招商引资或加大培育农产品加工龙头企业，为种养业产业脱贫提供可持续发展保障。大力培育经营性农业服务组织，为农业生产提供专业化、市场化服务，促进农业电子商务发展，建立发展 3 个专业协会组织，切实提高农民进入市场的组织化程度。

⑸加强农业品牌建设。到“十三五”末，达川区认证无公害、绿色、有机、地理标志等农(畜)产品 25 个，市级知名产品 1 个，无公害农产品基地 8～10 个，培育有影响力的名牌农产品 5 个以上(含国家地理标志保护产品、生态原产地保护产品)。

⑹加强农业科技宣传应用。“十三五”期间，达川区落实“大众创业、万众创新”相关扶持政策，鼓励科技人员到贫困地区领办创办产业项目，抓好科技扶贫示范村和示范户建设。充分发挥现代信息网络作用，为贫困村、贫困户提供生产技术、市场信息、政策咨询。继续选派科技扶贫团、科技特派员、科技副乡长到原贫困地区工作。广泛开展科技人员一对一到户帮扶指导，通过政府购买公共服务方式，选派一批“土专家”、种养业能手到贫困村担任产业辅导员，“手把手、面对面”指导贫困群众，搭建科技服务进村入户平台。加强科技培训和科普宣传，突出抓好种植养殖大户、家庭农场主、农业合作社骨干培训，每年在贫困村建立农业科普示范点 10 个，培育科普示范户 900 户，培育新型职业农民 1500 人。

“十三五”期间，达川区总共投入资金 651 750.5 万元用于产业发展，到 2020 年，产业现代化水平进一步提高，主要农作物良种覆盖率达到 90%以上，农业实用技术推广率达到 90%以上，农民组织化程度快速提高，适度规模经营达到 80%以上，农民人均纯收入比 2010 年全区农民人均纯收入翻一番，达 19 151 元。

7.1.3　明确现代化产业发展目标

⑴一是做大产业规模。规模经营是农业现代化的必然趋势，也是农业应对残酷市场竞争的必然选择。在脱贫攻坚时期，很多贫困地区通过发展特色种养、手工制作、光伏发电、电商、旅游等产业扶贫提高了农民收入、促进了农民就业。但是，很多扶贫产业

仍然基础弱、规模小、链条短、抵御市场风险能力弱。乡村振兴要整合产业资源优势，壮大一批抗风险强、附加值高、竞争力强的富民产业，提高产业的规模效应、聚集效应和集约效应。

(2) 做强龙头产业。龙头产业是产业发展的生力军、领头雁，起着引领带动作用。乡村振兴战略应着眼于农业农村农民现代化，从对贫困户的产业扶贫转到培育和发展县域内主导产业、优势产业和龙头产业上来，扶持规模大、科技含量高、带动力和竞争力强的新型农业经营主体，充分发挥辐射带动效能，稳定促进农业增效、农民增收。

(3) 做优产业特色。结合各地的地理环境、资源禀赋、历史文化和产业基础，因地制宜发展特色产业，研发特色产品，避免同质化、低质化竞争，打造“一乡一业”“一村一品”的发展格局，走出“人无我有”“人有我特”的发展之路。

(4) 做好产业融合。推动乡村三产融合发展，实现产业优势互补，强化产业联动能力，实现乡村三大产业从“单一”向“融合”转变。加强农业科技创新，发展高效农业、生态农业，打造集循环农业、创意农业、农事体验于一体的田园综合体，积极培育农村电商、物流商贸、休闲观光农业、乡村民宿等新产业、新业态，有效延长产业链、提升价值链、完善利益链。

达州市政协原主席康莲英到达川区视察乡村振兴战略实施工作时指出：达川区乡村振兴已经起好步开好头，不少农业产业发展逐步向现代农业化方向发展，并取得可喜的成绩。康莲英强调，达川区，一要强力推进农产品精深加工，以工业的理念抓农业建设，培育一批产业发展规模大、精深加工程度深、示范带动机制好的精深加工基地，对农产品进行精加工、深加工等多次增值的加工过程，延长产业链条；二要提升品牌享誉度，发展壮大本地具有较高知名度美誉度和市场竞争力的农业品牌，整合多而杂、有而不优的农业品牌；三要依靠科技推动乡村振兴，集成应用大数据分析等技术，促进农业科技创新成果转化为农业生产力，建设智慧乡村；四要用优惠政策招大引强，培育龙头企业，带动乡村发展[56]。达川区以乡村振兴战略统领“三农”工作，通过建强农业基地、夯实农业基础、做优农业品牌、提升农业质量、创新农业发展模式，推动农业全面升级，农村全面进步，农民全面发展。截至 2020 年，达川区以贡米、蔬菜、水果、生猪、乌梅等为重点，打造特色产业基地 62 万余亩，农民收入不断提高，全区乡村呈现加速发展的良好态势。

7.1.4　建设现代农业园区，推动农业产业融合发展

2019 年，达川区在《关于坚持农业农村优先发展推动实施乡村振兴战略落地落实加快建设农业强区的意见》中明确表示：“坚持农业农村优先发展总方针，以实施乡村振兴战略为总抓手，在坚决完成脱贫攻坚战底线任务的基础上，突出乡村振兴试点示范、现代农业园区建设和美丽宜居乡村建设三大工作重点，统筹推进乡村产业振兴、人才振兴、文化振兴、生态振兴、组织振兴，加快推进农业农村现代化”[57]。现代农业园区建设作为达川区 2019 年三大工作重点之一，对达川区的现代产业发展及产业现代化具有重要的意义。2020 年，达川区在《关于推进“三农”工作补短板强基础确保如期实现全面

小康的意见》中同样重视现代产业园区的建设与发展，表示以现代农业产业园区建设为抓手，持续做强优质粮油、蔬菜、水果、生猪、乌梅五大主导产业，做优做强达川乌梅、安仁柚、达川贡米、达川双椒、达州脆李五大优质品牌，加快构建以省级现代农业产业园区为龙头、市级产业园区为骨干、区级产业园区为基础的梯次推进体系，提档升级乌梅、银杏、生猪、花椒等一批市级以上现代农业产业园区，整体提升达川现代农业产业园区的综合实力和竞争力。同年，达川区制定《达州市达川区深入推进“宜居乡村·美丽达川十大行动”工作方案》，其中，推进产业园区建设成为“十大行动”之一，要求协调推进东部、南部以及西部产业园区建设。2021 年，达川区为全面实施乡村振兴战略，促进农业优质高效发展，开启农业农村现代化建设新征程，发布了《关于全面推进乡村振兴加快农业农村现代化的实施意见》，提出到 2025 年，乡村振兴取得重要进展，农业生产经营服务体系不断优化，构建起符合达川实际的现代农业园区发展体系，形成乡村一二三产业融合发展新态势。

7.2　着眼基层，夯实基础，实现乡村组织振兴

组织振兴是乡村振兴的保障条件，就是要培养造就一批坚强的农村基层党组织和优秀的农村基层党组织书记，建立更加有效、充满活力的乡村治理新机制。达川区从基层堡垒、基层班子、基层力量方面入手，推进城乡党建结对共建。同时，达川区推进党建促脱贫成果巩固向促乡村振兴有效衔接，建设“城乡党建一体化”示范区，为达川区实现组织振兴提供了强有力的保障。

7.2.1　从严治党“细胞建设”工程，建强基层堡垒

无论是脱贫成果巩固，还是乡村振兴，都离不开党组织的坚强引领。习近平总书记指出，“要推动党组织向基层延伸，把基层的工作做好，这样才能‘任凭风浪起，稳坐钓鱼台’”。达川区脱贫成果巩固之所以取得这么大成就，关键之一在于贫困村基层党组织发挥了重要作用。在脱贫成果巩固中，达川区探索出一种“党支部标准工作法”，以“建强基本队伍、抓好基本活动、建好基本阵地、落实基本制度、强化基本保障”为目标，锻造了强大的基层党组织；并将 PDCA 质量管理方法运用到基层党组织的建设中（图 7-1），即坚持定量与定性相结合建立标准，达标与创先相结合执行标准，督查与考核相结合检验标准，巩固与改进相结合提升标准，以标准化引领工作规范化，把党支部建成前沿部[58,59]，进而推动基层党建全面进步，全面过硬。

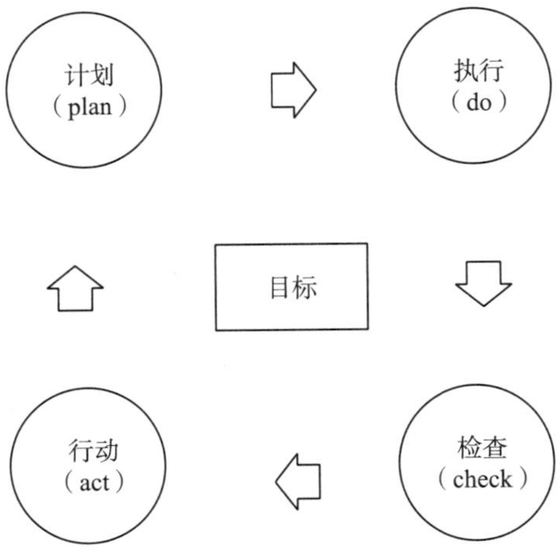

图 7-1　PDCA 质量管理循环图

在学习贯彻《关于新形势下党内政治生活的若干准则》和《中国共产党党内监督条例》（以下简称《准则》和《条例》）中，达川区紧贴基层实际，部署实施从严治党“细胞建设”工程，在全区各级党组织中全面开展“严格党内制度、严格纪律规矩、严格学习教育、严格管理监督、严格组织生活、严格批评与自我批评”“党内风气好、班子队伍好、担当落实好、服务群众好、工作业绩好、社会反响好”的“六严六好”党组织创建活动（图 7-2）。

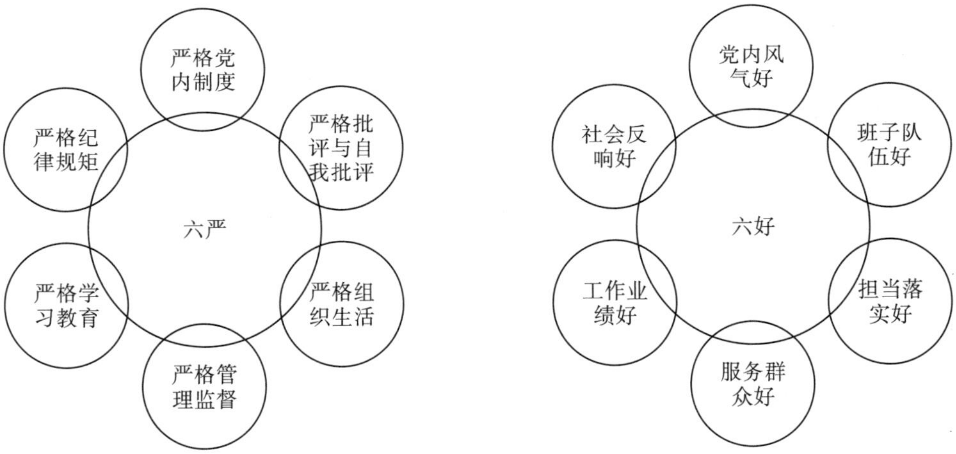

图 7-2　达川区党组织“六严六好”创建活动

1．“六严”

（1）严格党内制度。“十三五”期间，达川区建立了系统完善的党内制度体系，重点建立完善了党支部运行规则、领导带头制度、督办落实制度、学习教育制度、组织生活制度、作风建设制度、廉洁自律制度、党内监督制度、党内帮扶制度、党建责任制度、“315”群众工作法等制度。强化制度执行落实，开展制度执行情况监督检查，强力整改制度执行打折扣、搞变通的现象。

(2)严格纪律规矩。“十三五”期间，达川区开展纪律规矩教育，组织全体党员认真学习《准则》，教育全体党员干部树立“四个意识”，严守“六大纪律”，遵守“八项规定”和省、市、区委相关规定要求，做到“四个合格”。鲜明严格执纪导向，坚持把政治纪律作为党最根本、最重要的纪律，对违反政治纪律的言行，坚决批评制止，坚决查处问责。坚持执行纪律没有例外，对违反各项纪律规矩的依法依规严肃处理，保持快查快办、严查严处的高压态势。

(3)严格学习教育。“十三五”期间，达川区常态化、制度化开展“两学一做”学习教育，定期开展理论学习，强化领导班子思想政治建设和党员队伍党性教育锻炼。乡党委中心组带头开展理论学习，落实理论学习“四项制度”和“三个办法”。发挥党支部理论学习教育主阵地作用，规范开展党员日常学习教育，每年组织集中理论学习不少于 6 次，每个支部都建立了党建 QQ 群或党员微信群，加强网上学习教育。构建党员学习教育“两校一微”平台体系，即农民夜校和“达川党员学习教育”微信公众号，实现党员学习教育全覆盖。

(4)严格管理监督。“十三五”期间，达川区各级党组织严格管理党员，常态化开展党员组织关系排查和失联党员规范处置工作，规范完善党员档案，乡建立党员档案室集中保管村(社区)党员档案，规范党员组织关系转移和接收工作，严肃开展党员评议活动，严肃处置不合格党员。保障党员民主监督权利，落实党务公开制度和党内情况通报制度，落实广大党员参与党组织重大决策机制，畅通渠道支持党员对党的工作提出意见建议，鼓励党员实名检举和反映有关问题，严肃追查处理打击报复行为和诬告陷害行为。

(5)严格组织生活。“十三五”期间，达川区规范开展“三会一课”、组织生活会和民主生活会、谈心谈话、民主评议等组织活动，按规定、按程序请示报告工作中的重大问题和个人有关事项。坚持“党员活动日”制度，严格落实“组织生活八条规范”“领导干部双重组织生活制度”“三会一课”报告制度，开展“党课村村比”活动，确保组织生活按时规范开展。组织生活要紧密结合党员思想、作风、工作、生活实际，突出政治性、时代性、原则性、战斗性，防止把组织生活变成单纯的文件宣读会、精神传达会、工作布置会、休闲茶话会，确保组织生活的质量。对没有正当理由长期不参加组织生活的党员，要进行批评教育，促其改正；情况严重的要给予严肃的组织处理。乡党委要对党支部执行组织生活情况进行指导检查，对不经常、不认真、不严肃的，要批评指正；情况严重的，要采取整顿等措施，进行组织处理。

(6)严格批评与自我批评。“十三五”期间，达川区凡有党内政治生活质量下降、党内矛盾出现、“四风”问题显现、党员思想滑坡、党组织凝聚力减弱、群众反映问题突出、政令不畅执行不力、工作推动困难等情形，必须开展批评与自我批评。凡在召开党内会议、检查指导工作、开展组织生活、党员定期汇报思想政治等场合，必须开展批评与自我批评。批评和自我批评要坚持实事求是、较真碰硬，讲党性不讲私情、讲真理不讲面子，严肃认真提意见，满腔热情帮同志，领导班子和领导干部要带头经常开展批评和自我批评，确保批评和自我批评严肃认真、不走过场、解决问题。

2. “六好”

(1)党内风气好。“十三五”期间，达川区牢固树立“四个意识”，严肃党内政治生活，巩固发展良好的基层政治生态，形成又有集中又有民主、又有纪律又有自由、又有统一意志又有个人心情舒畅的生动活泼的政治局面[60,61]；规范和纯洁党内同志交往，形成清清爽爽的同志关系、上下级关系。党员干部注重家庭、家教、家风，自觉净化社交圈、生活圈、朋友圈。

(2)班子队伍好。“十三五”期间，达川区各级基层党支部书记组织协调能力强，带头抓好党建工作和其他各项工作，在干部群众中威信较高；党组织班子成员团结协作，认真执行“四责”制度、“五讲”要求，做到忠诚干净担当，发挥表率作用；党员在本职岗位上政治坚定、业务过硬，积极参加党员责任区、党员示范岗、党员志愿服务等活动，做到党性坚强，发挥先锋模范作用。

(3)担当落实好。“十三五”期间，达川区大力弘扬担当精神，全面落实“各项工作创一流、多项工作争第一”的工作基调；严格执行上级决策部署，属于地方、部门职权范围内的工作部署，以贯彻党中央、省委、市委和区委决策部署为前提，无自行其是、各自为政行为，无有令不行、有禁不止行为，无上有政策、下有对策行为；严格执行重大问题请示报告制度，除情况紧急必须临机处置并迅速报告外，及时请示报告，不搞先斩后奏。开展“中梗阻”专项治理，“中梗阻”问题得到有效解决。

(4)服务群众好。“十三五”期间，达川区紧密联系群众，党员领导干部起好带头作用，乡镇党委书记每年走遍辖区内每个村(居)民小组、走访每个贫困户，部门负责人每年走遍联系的每个村(社区)、走访联系的贫困户；其他党员结合岗位职责和组织安排，做好结对帮扶、“双报到”等直接联系服务群众工作。同时，做好群众工作，坚持“315”群众工作法，既服务群众又带领群众；改善民计民生，大力解决群众办事难、出行难、增收难、上学难、就医难等具体问题，群众获得感有效提升。

(5)工作业绩好。“十三五”期间，达川区有序推进和全面完成本职工作、上级交办工作、脱贫成果巩固工作、服务群众工作及其他各项工作任务，工作思路清晰，工作措施有力，工作实绩显著。

(6)社会反响好。“十三五”期间，达川区各级党组织和党员社会形象好，党内评价和群众评价满意度高，党支部领导班子民主评议满意率达 90%以上，党员民主评议满意率达 90%以上，党群干群关系融洽，党风廉政建设社会满意度调查显著提升晋位。

“十三五”期间，达川区通过全面开展“六严六好”党组织创建活动，解决了全面从严治党要求在基层落地落实的问题，严肃党内政治生活、形成党内清风正气取得了明显成效。

3. “沉底指数”管理方法

原贫困村第一书记是基层党组织和基层党员的“主心骨”、领路人，达川区深入推进脱贫成果巩固，增强村党组织第一书记的责任意识和担当意识，有效发挥其在决战脱贫成果巩固中的生力军作用，创造性地建立了第一书记“沉底指数”管理方法，大大加强了对第一书记的常态化考核监督。“沉底指数”管理方法，要求第一书记生活、工作、业绩、情感“四个在村”。

“沉底指数”管理方法监督主体为达川区委组织部，负责对全区面上第一书记进行考核，各乡镇(街道)党(工)委主要负责对本乡镇(街道)第一书记日常驻村工作情况进行考核督查，第一书记派出单位配合区、乡镇(街道)开展考核督查工作。区委组织部成立专项考核督查组，各乡镇(街道)党(工)委组建考核督查组，层层组织开展第一书记工作考核督查。

“沉底指数”管理方法考核督查是通过查阅资料、实地走访、个别访谈、听取汇报、电话查询、随机抽查等方式，对第一书记工作情况进行考核督查。同时，运用随机督查、明察暗访、交叉检查等办法开展督查。达川区委组织部及乡镇(街道)每月至少开展 1 次全面考核督查。各地把第一书记选派、管理、考核等工作纳入党建工作述职评议的重要内容，各级党组织书记每年向上级党组织述职交账，第一书记本人向所在乡镇(街道)党(工)委和派出单位党组织述职交账。

“沉底指数”管理方法考核督查内容主要有以下两个方面。

1) 第一书记管理服务情况

(1) 制度机制建设情况。主要包括乡镇(街道)党(工)委建立第一书记管理台账、及时更新第一书记基本信息表、制订第一书记管理服务工作制度机制及目标计划等情况。

(2) 日常管理情况。主要包括乡镇(街道)党(工)委和派出单位选任第一书记情况、定期开展第一书记工作指导、考核督查、交流座谈，对不合格人员及时约谈通报、召回撤换及加大第一书记培养使用力度等情况。

(3) 信息宣传情况。主要包括各级派出单位以及乡镇(街道)党(工)委报送第一书记工作信息简报、对外宣传等情况。

(4) 工作保障情况。主要包括乡镇(街道)党(工)委和派出单位为第一书记提供必要生活保障，按规定发放驻村期间津补贴；拨付驻村工作组驻村工作经费，开展体检，落实人身意外伤害保险等情况。

2) 第一书记沉底履职情况

(1) 生活在村情况。主要包括在村食宿，有居住场所、寝炊用品、明显生活痕迹等情况。

(2) 工作在村情况。主要包括驻村工作时间、驻村工作经费使用、参与各项工作以及贯彻落实中央“八项规定”和省委省政府“十项规定”、市委市政府“十一项规定”、区委区政府“十二项规定”、遵规守纪等情况。

(3) 业绩在村情况。主要包括推进精准扶贫、建强基层组织、为民办事服务、发展集体经济、提升治理水平等情况。

(4) 情感在村情况。主要包括联系关心贫困家庭、五保户、残疾人、空巢老人等特殊群体，培育社会新风文明及群众对第一书记的知晓率满意度等情况。

“沉底指数”管理方法对各村第一书记的考核督查结果进行了说明，主要包括三种情况。一是通报约谈。对抓第一书记工作不力的党组织及其负责人，进行通报批评。第一书记个人工作不在状态、不按规定到村、未按期完成目标任务、群众意见强烈，经综合测评评定为“基本称职”等次的，根据干部管理权限，由主管部门分级约谈第一书记和派出单位负责人。有关党组织抓第一书记工作制度不健全、管理有漏洞、工作推进成效不明显的，按照干部管理权限分别对派出单位负责人、乡镇党委书记进行约谈。二是召回撤换。第一书记严重违反驻村工作纪律，工作消极应付，经约谈仍不整改，工作出现重大失误造成重大影响，经综合测评评定为“不称职”等次的，按照干部管理权限责令派出单位予以召回并撤换，并给予相应处理。三是表彰重用。定期评选第一书记先进典型，对驻村期间认真履职尽责、目标任务完成好、经综合测评评定为“优秀”等次的，及时通报表扬。对驻村期间表现特别优秀或做出重大贡献的第一书记，党政干部可优先提拔使用，驻村期满考核合格后再到岗履职，专业人才同等条件下优先聘用。

“沉底指数”管理考核分值共计 100 分，其中生活在村情况为 10 分，工作在村情况为 25 分(工作在村情况包含三个指标：工作纪实情况 10 分、组织关系 5 分、严格考勤 10 分)，业绩在村情况为 50 分(业绩在村情况包含五个指标：建强基层组织 10 分、推动精准扶贫 20 分、发展集体经济 5 分、为民办事服务 10 分、提升治理水平 5 分)，情感在村情况为 15 分。具体考核指标及分值分配见表 7-1。

表 7-1　达川区贫困村党组织第一书记“沉底指数”考核表

考核内容		分值	考核指标及分值
生活在村情况(10 分)		10 分	1.在所在村有居住场所，有生活用品(2 分) 2.严格食宿在村，不能有“走读”现象，发现一次扣 1 分，扣完为止(6 分) 3.在所在村有餐饮用品、明显生活痕迹的情况(2 分)
工作在村情况(25 分)	工作纪实情况	10 分	1.严格工作纪实制度，按规定填写《工作纪实手册》，填写不全扣 2 分，未填写不得分(3.5 分) 2.每季度报送 1 篇以上工作信息或心得体会，每少 1 篇扣 0.5 分，未报送不得分(2 分) 3.每半年有工作计划总结，每少 1 篇扣 0.5 分，未撰写不得分(2 分) 4.有办公场所、有办公设施、有办公资料，每缺一项扣 0.5 分(2.5 分)
	组织关系	5 分	1.党组织关系转入派驻村，未转入不得分(2 分) 2.坚持脱产驻村，与派出单位工作彻底脱钩，未脱产不得分(3 分)
	严格考勤	10 分	1.严格工作考勤制度，每个月驻村工作时间为 22 日及以上得 10 分，各月单独统计，每少一天扣 0.5 分，扣完为止(8 分) 2.严格按照《达州市达川区村党组织第一书记日常管理办法》履行请销假手续，请假 1 天以上由乡镇审批，请假 3 天以上经派出单位和所在乡镇同意后报区委组织部和区直工委备案，未履行请假手续出现一次扣 1 分(2 分)
业绩在村情况(50 分)	建强基层组织	10 分	1.村“两委”班子团结协作、积极作为，遇事不推诿、不卸责，没有内耗现象(2 分) 2.注重培养后备干部，大力发展党员，每年培养后备不少于 2 名，每少 1 名扣 0.5 分，培养入党积极分子不少于 1 名，每少 1 名扣 0.5 分(2 分) 3.村级活动场所、服务设施达标，未完成阵地建设任务不得分，未规范打造扣 2 分(4 分) 4.落实“三会一课”报告制度，每季度上 1 次党课，每少 1 次扣 0.5 分(2 分)
	推动精准扶贫	20 分	1.大力宣传并贯彻落实党的扶贫开发和强农富农政策(2 分) 2.熟悉村情民情，贫困户识别精准，帮扶规划切实可行，并能认真组织实施(3 分) 3.水、电、路、网络等村内基础设施得到改善(3 分) 4.积极争取引导资金，引进扶贫项目，并逐一推进(3 分) 5.党员精准扶贫示范工程启动实施(2 分) 6.按规划开展危房改造、易地扶贫搬迁等工作，新村医疗、文化等公共服务和社会管理水平得到提高(2 分) 7.积极发动群众参与，强化就业创业培训，群众脱贫致富内生动力和智力能力大幅提高

续表

考核内容		分值	考核指标及分值
业绩在村情况（50 分）			（2 分） 8.村容整洁，环境优良，没有污染环境的产业项目（3 分）
	发展集体经济	5 分	1.有符合实际的集体经济发展规划（1 分） 2.建立了集体经济收益机制，并惠及全体村民，优先惠及贫困户（2 分） 3.有一个以上效益好或立足实际、有市场前景的集体经济项目（2 分）
	为民办事服务	10 分	1.带领村级组织开展为民服务全程代理、民事代办等工作（3 分） 2.组织村组干部经常入户走访，听取意见建议，建好困难群众、民生诉求、稳定工作“三本台账”，为群众办实事（2 分） 3.紧密联系贫困户，贫困户结对帮扶一对一全覆盖，帮助解决生产生活困难 1 件以上（5 分）
	提升治理水平	5 分	1.完善党组织领导下的村民自治机制，村民自治水平有较大提升（1 分） 2.落实“四议两公开一监督”，村务公开透明（1 分） 3.坚持依法治村，多种方式开展法治宣传教育，村干部法治观念和依法办事能力有较大提升（1 分） 4.积极化解群众矛盾纠纷，无非正常上访情况，无邪教组织或人员，无群体性事件发生（1 分） 5.村规民约完善并有效执行（1 分）
情感在村情况（15 分）		15 分	1.每季度逐户看望慰问贫困户、五保户、残疾人、空巢老人等特殊群体不少于 1 次（3 分） 2.对全村每一名村民进行走访，熟悉村情，了解村民需求（3 分） 3.对村精准扶贫工作调研并有详细的调研报告（3 分） 4.为群众办好事实事，帮助群众解决困难 5 件以上，少 1 件扣 1 分，扣完为止（3 分） 5.每年度进行群众满意度测评，满意度率低于 80%的不得分（3 分）
加分项目（以最高标准计算，不重复计分）			1.驻村帮扶工作典型案例或先进事迹得到区领导肯定性批示每次加 0.5 分，市领导肯定性批示每次加 1 分，省领导肯定性批示每次加 2 分 2.驻村帮扶工作经验做法或先进事迹材料被区委、区政府、区委组织部采用的每篇加 0.5 分，被市委、市政府、市委组织部采用的每篇加 1 分，被省委、省政府、省委组织部采用的每篇加 2 分 3.被安排在区级大会发言介绍经验做法或先进事迹的每次加 0.5 分，市级大会每次加 1 分，省级以上大会每次加 2 分 4.经验做法或先进事迹被区级主流媒体宣传报道的每篇加 0.5 分，市级主流媒体每篇加 1 分，省级主流媒体每篇加 2 分，中央级主流媒体每篇加 3 分

达川是农业大区，行政村数量、农业人口为全市最多，为顺利完成脱贫成果巩固、乡村振兴等重大战略任务，紧盯村情复杂、管理薄弱等软弱村、难点村，全面调查摸底、逐一分析研判，精准确定“一肩挑”目标村。通过全覆盖调研，并结合村两委换届“再回头看”，软弱涣散村党组织整顿，调优调强村党组织书记、优秀农民工回引培养等工作，组建 5 个调研组深入 597 个行政村，对推行“一肩挑”意愿、村两委成员履职情况、群众认可度、后备力量储备等进行全覆盖调查，做到底数清、情况明。通过精准化问诊，综合摸底情况，区委组织部会同乡镇党委专题研判，以提升村党组织组织力、强化村党组织政治功能为着力点，坚持问题导向，将党组织虚化弱化边缘化、班子内耗严重、村务管理混乱、集体经济薄弱、党群矛盾突出等 12 类现象的行政村作为“一肩挑”重点村，确保方向准、有目标。分梯次实施，在全面摸排、综合研判的基础上，根据推行“一肩挑”意愿、两委班子运行现状、后备力量储备等情况，将 597 个行政村划分为“绿”“黄”“红”3 个梯次，逐村建立“一肩挑”推进台账，“绿”梯次的立即启动，“黄”梯次的物色好人选后及时启动，“红”梯次的集中整治待条件成熟后再启动，先易后难、成熟一个实施一个。截至 2019 年 12 月，达川区已有 239 个村顺利实现“一肩挑”，占比达 40%，村党组织领导核心地位显著提升，党在农村的执政基础得到

有力夯实[62]。

达川区通过制定“党支部标准工作法”“一肩挑”等工作方法，对基层党支部进行严格管理，通过开展“六严六好”等活动确保了全面从严治党各项措施在基层落地落实，通过建立“沉底指数”管理办法，加强了对贫困村党组织第一书记的常态化管理，从而形成了一个从上而下的基层党组织管理体系，打造了一批坚强的基层党组织。

“十三五”期间，作为省定贫困县(区)，达川区始终坚持在脱贫成果巩固中检验干部的成色，检验政治生态建设的成效；出台超常规推进脱贫攻坚 20 条措施，采取“十比十赛”现场竞比、分片区召开现场推进会的推进办法，制定巩固脱贫成果帮扶机构不撤、队伍不散、责任不减、要求不降“四不”办法，开展“脱贫奔小康争先锋”主题活动，探索推行抓党建促脱贫“六制工作法”，推行驻村帮扶工作“沉底指数”考核办法，制定党员干部脱贫攻坚“十不准”规定，全方位促进党员干部投入脱贫攻坚[63]。

7.2.2 严格选人用人标准，配强基层班子

达川区严格选人用人标准，采取内选、外引、下派等措施，不拘一格选优配强村级两委班子队伍，切实提升基层党组织的领导力、凝聚力、战斗力。达川区在选用贫困村扶贫队伍时，对干部能力素质提出了更高的要求，如何选出群众信服、组织信任的能人？达川区采取“正反定标”方式，将政治素质、学历、年龄、带富能力等指标作为“一肩挑”人选的基本资格条件；优先选配培养成熟的优秀农民工和有务工经历、年富力强的现任村干部；确实没有合适人选的，注重从卸任干部、大学毕业生等群体中选拔补充。通过调研，2019 年达州市达川区贫困乡镇新上任正职干部 39 人，具体年龄结构、学历结构如图 7-3 和图 7-4 所示。

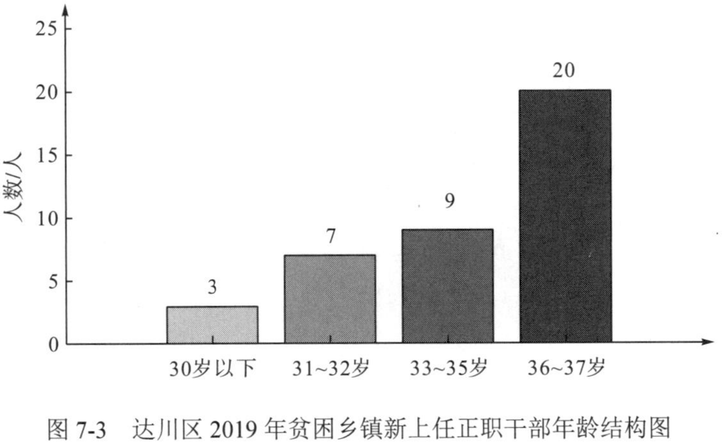

图 7-3　达川区 2019 年贫困乡镇新上任正职干部年龄结构图

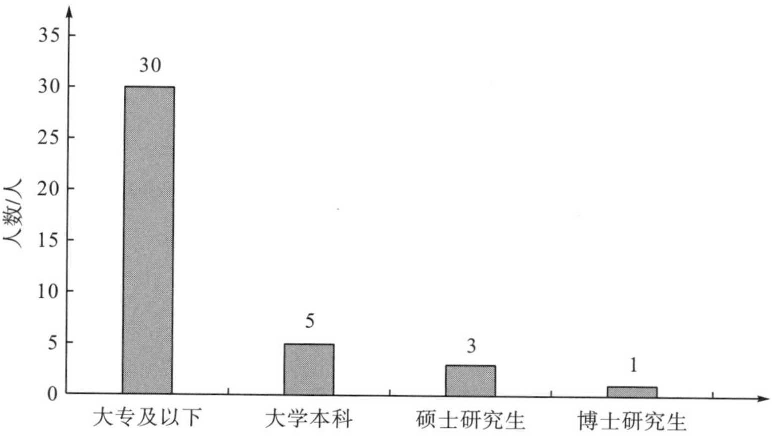

图 7-4　达川区 2019 年贫困乡镇新上任正职干部学历结构图

从以上统计数据不难看出，在达川区 2019 年新上任的贫困乡镇正职干部中，年龄趋于年轻化，以 36～37 岁的年轻干部为主要扶贫力量，其余年龄阶段的贫困乡镇干部也占据较大比例。在学历方面，趋于高学历化，以上数据侧面反映了达川区出台的人才支持政策的落实情况。人才的大力引进，为脱贫成果巩固和乡村振兴提供了坚实的人才支撑和智力保障。

在政策支持方面，“十三五”期间，达川区委、区政府高度重视和关心脱贫一线干部，出台了《关于进一步加大力度关心爱护脱贫攻坚一线干部激发干事创业活力二十一条措施》《激励村组(干部)决战决胜脱贫攻坚五项措施》《充分激发干部干事创业活力十项措施》，在经济上给予奖励，人文上给予关怀，先后提拔重用脱贫攻坚一线优秀干部 103 人，并从第一书记、大学生村官、优秀村干部中定向选拔一批乡镇领导班子成员[64]，全区干部干事决战决胜脱贫攻坚动力极大迸发，为贫困村建立了一支带不走的工作队。

7.2.3　各类人才示范带动，充实基层力量

一方面，“十三五”期间，达川区配备专职队伍，每个乡镇(街道)党(工)委副书记分管扶贫工作，每个乡镇(街道)设立扶贫办公室，每个扶贫办公室配备至少 2 名工作人员。另一方面对专业人才进行充分利用，达川区计划每年引进一批急需紧缺人才、培养一批本土实用人才、遴选一批专业技术人才，示范带动各类人才参与脱贫成果巩固。同时建立“3C 人才战略联盟”，即与四川农业大学、四川师范大学、四川轻化工大学结成人才战略联盟，共建四川新农村建设学院，借力高校培训、教育、科技等方面资源，重点针对贫困户开展理想信念、实用技能、科技知识等专题培训，提供了强大的智力支持。截至 2019 年，达川区 151 个贫困村共培训培育了 469 名致富带头人，基层力量进一步充实。

7.2.4 着力推行“六制”工作法，深化基层治理

“十三五”期间，达川区坚持把基层治理和党建脱贫相结合，出台《六制工作规范》等制度，着力推行“六制“工作法(图 7-5)，提升村级治理水平，助力脱贫成果巩固，构建了以村级党组织为核心的农村基层治理体系。

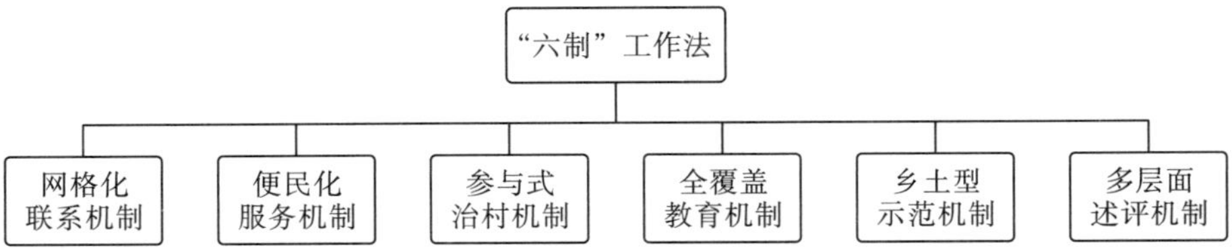

图 7-5 “六制”工作法

(1)网格化联系机制。“十三五”期间，达川区以院坝为单位，全区划分出 7774 个管理服务网格，推选出村社干部 3375 名、骨干党员 3203 名、骨干群众 1196 名担任院坝长，广泛开展群众教育引导和管理服务活动，及时收集信息、宣传政策、调解纠纷、排查隐患。对存在的较大矛盾和群众诉求，形成“村主要干部-院坝长-院坝群众”的党群联系网络，截至 2019 年已解决较大矛盾纠纷 1204 起、群众诉求 12 595 次。

(2)便民化服务机制。“十三五”期间，达川区依托村级活动阵地建立“民事代办工作室”，实行“常设服务+流动服务+代办服务”模式，将无职党员、热心村民充实到代办员队伍，并推行错时上班制度、预约服务制度、服务代办制度和 AB 角相互承接办理制度。代办范围涵盖低保、再生育服务证、老年人优待证等 20 余条事项。

(3)参与式治村机制。“十三五”期间，达川区坚持由“自上而下”的管理方式向“自下而上”的治理模式转变。通过建立健全村民会议、村民代表会议制度、村级协商民主制度和村民说事日制度，实现“三个层面”的全程参与，即全体党员全程参与到党内事务、全体村民全程参与到脱贫成果巩固事务、全体村民全程参与到村内公共事务的决策管理中。

(4)全覆盖教育机制。“十三五”期间，达川区狠抓党员先行教育，鲜明农村党员学习政策在先、自立自强在先、发展产业在先、宣传群众在先“四在先”行为规范；针对贫困群众及村民主动脱贫意识不强，存在等、靠、要思想的现象，广泛开展形势政策、自立自强和感恩意识教育，增强脱贫奔小康的信心和主动性；创新爱心超市，群众可用爱心积分到超市换取物品，将物质奖励和思想引导相结合，让扶贫扶志真正落地落实。

(5)乡土型示范机制。“十三五”期间，达川区培育、宣传一批本区、本乡镇、本村的“四好”家庭示范村(户)，以身边典型影响带动广大群众，全区共培树区级典型 20 人、乡镇级典型 300 余人、村级典型 700 余人；积极引导新型农业经营主体与贫困户构建利益联结机制，明确带动 10 户及以上贫困户增收脱贫的，按照每户 1000 元标

准，给予新型农业经营主体奖励。

(6)多层面述评机制。“十三五”期间，达川区在继续开展好基层干部公开述评的基础上，重点抓好党员、贫困群众公开述评活动[65]；通过扎实斗硬的述评，全面建成倒逼机制，全面激发干部、党员、贫困户的内生动力；达川区龙会乡花石岩村每月逢 14 日开展“村民说事日”活动，让群众有事敞开说、把计找出来、把谱定下来，实现了乡村社会更和谐、基层治理基础更稳定。

7.3　培育文明乡风，实现乡村文化振兴

乡村振兴不仅仅是让村民过上好日子、住上好房子，还包括乡村文化的振兴。没有乡村文化的振兴，就谈不上真正的乡村振兴。乡村不仅要下大力气发展产业，同时也要注重满足村民精神需求，让村民保持自尊与自信，让乡村得以安放“乡愁”，让乡风更加文明。乡风好不好，直接影响着村民对待个体、家庭、社会的态度。

(1)营造文明乡风，必须有“破”有“立”。“破”就是要向不良习俗和风气开战。摒弃陈规陋习是一个循序渐进的过程，要移之以情、易之以理、管之以法。政府要在考虑村民意愿的前提下，主动担当、积极作为，找准突破口。与此同时，还要充分发挥村规民约的约束作用，将清风正气融入村规民约，使法治精神在乡村落地生根。“立”就是要树立新风。通过培育文明乡风、良好家风、淳朴民风，让正确导向立起来、奋斗精神强起来，以村民精神新风貌、乡村文明新气象，为乡村振兴注入强大思想文化力量，为乡村振兴提供源源不断的精神动力。

(2)“风成于上，俗化于下”。党风正，则民风淳朴。俗话说，村看村，户看户，村民看干部。文明乡风重在实践。在此过程中，村民是主体，干部就是一面旗帜。党员干部要起到“标杆”作用，带头抵制歪风邪气，动员亲朋好友喜事省办、丧事简办、小事不办，坚决抵制黄赌毒和封建迷信，既做倡导者，又做先行者。

(3)移风易俗非一日之功，更不可能毕其功于一役。党员干部要做好打持久战的准备，持续将文明新风化入人心、融入生活，以政风转变带动乡风转变，促进形成人人弘扬传统美德、家家树立文明新风的乡村新局面。

(4)“求治之道，莫先于正风俗”。乡村振兴离不开文化的引领，文化振兴要抓好乡风和政风。只有让“尊良俗、去低俗、废恶俗”成为广大村民和党员干部的思想自觉和行动自觉，让文明乡风、良好家风、淳朴民风在乡村蔚然成风，才能让乡村不断焕发新的活力，让乡村振兴既然有“面子”也有“里子”[66]。

那么，如何以文化扶贫实现乡村振兴呢？达川区在 2018 年和 2019 年分别出台了“22 个扶贫专项实施方案”与“19+1 扶贫专项实施方案”。其中，达川区根据每年文化行业工作实际，特别制定了有达川区特色的文化扶贫方案。2018 年文化专项实施方案提出，开展文化扶贫行动，建设贫困村综合文化服务中心(文化院坝)37 个，实现广播村村响、电视户户通、电影月月放、图书常更新，村村有多功能室、文化广场、阅报栏、体育设施和文化活动，文化资源得到有效保护和利用，与“四好村”相衔接，文化扶贫同

扶志、扶智有机结合，引导群众养成好习惯、形成好风气，进一步激发群众脱贫奔小康的内生动力，确保文化扶贫专项各项工作走在全省前列。达川区在文化建设方面的具体措施可归纳总结为以下几个方面。

7.3.1 加强公共文化设施建设、功能完善与管理

(1)建设贫困村综合文化服务中心(文化院坝)。“十三五”期间，达川区按照指导标准，整合村文化室、村级广播、农家书屋、党员远程教育、阅报栏(屏)和体育健身设施等，设置标识与信息立牌，推进综合配套建设，完善管理运行机制，开展群众文体活动，打造“一村一院一品牌”，建设 37 个(其中，达州经开区 6 个)村综合文化服务中心。

(2)标准化建设贫困村文化室。“十三五”期间，达川区集中推进 37 个村文化室达标建设，每个贫困村文化室面积不小于 $50m^2$，配备相应的文体器材，统一标识，健全制度，满足艺术普及与群众文化活动需要。

(3)实现贫困村广播村村响。“十三五”期间，达川区通过广播电视有线网络、无线调频、地面数字电视等方式，修建了具有应急广播功能的村级广播系统 64 个(其中，达州经开区 6 个)，符合了退出贫困村“有村级广播系统”的要求。

(4)实现贫困村电视户户通。“十三五”期间，达川区采用有线电视、地面数字电视、直播卫星 3 种方式，解决了建档立卡贫困户看电视难问题，共计新建 10257 户电视户户通(其中，达州经开区 71 户)，实现了脱贫户家庭通电视信号。

(5)建设贫困村阅报栏。阅报栏是贫困村重要的图文信息载体，能够有效地在贫困村进行教育、引导和传播国家时事政治、社会新闻、文化知识以及法律知识等内容，阅报栏的配置，可以有效地展现政治、社会、国家的实时性信息，让贫困地区的人们与社会的步伐同步。

(6)实现贫困县县级文化设施达标。“十三五”期间，达川区推动广播电视台能力提升工程，建设 1 个县(区)级应急广播平台，实现贫困摘帽县均有应急广播平台目标。

(7)建设乡村学校少年宫。“十三五”期间，达川区按照省上统一安排建设乡村学校少年宫项目。

7.3.2 加大公共文化产品与服务有效供给

(1)购买文化惠民服务。“十三五”期间，达川区承接四川省对达川区进行的定向补助，开展文化遗产保护，购买公共文化服务到基层举办文艺演出和公益讲座。

(2)送文化下乡与戏曲进乡村。“十三五”期间，达川区以举办“文化惠民在身边”系列文化活动和实施国家“西部文化下乡计划”为载体，组织文艺单位和社会文艺团体开展“流动舞台进基层”文艺演出活动，全年不少于 170 场(其中，达州经开区 50 场)，其中每个贫困村不少于 1 场。

(3)农村公益电影放映。“十三五”期间，达川区在全区贫困村放映公益电影 1812

场(其中，达州经开区 108 场)，让群众每个月至少能观看一场公益电影。

(4)持续补充更新农家书屋图书。“十三五”期间，达川区根据群众读书需求，对贫困村农家书屋图书进行有针对性的补充更新，每个农家书屋补充更新不少于 60 种，在有条件的地方启动“耕读传家”乡村阅读示范点建设，讲好新时代“乡村龙门阵”。

(5)推进“万千百十”文艺扶贫。“十三五”期间，达川区组织动员区图书馆文艺家协会向贫困村农家书屋捐赠图书及文艺作品、开展文艺帮扶慰问等活动；鼓励全区文艺工作者创作一批反映达川脱贫成果巩固成效的文艺精品，讴歌新时代背景下的脱贫成果巩固奋斗历程。

7.3.3　开展示范创建与精神文明建设

“十三五”期间，达川区大力开展示范创建与精神文明建设行动，鼓励行政村积极参加省级“文化扶贫示范村”创建活动，实现文化扶贫“有阵地、有队伍、有经费、有活动、有效果、有机制”，在补齐短板、健全机制、传承文化、移风易俗等方面进行探索和积累，总结挖掘示范经验并进一步推广，积极参加省级“文化扶贫示范村”创建活动、开展文明村镇与文明家庭创建活动。同时，注重挖掘“养成好习惯、形成好风气”的有益经验，创建县级及以上文明村镇，做好“新家园新生活新风尚”示范点建设，建设家风文化主题示范院坝，开展文明家庭、星级文明户、道德模范、身边好人、新乡贤等推选创建工作。

(1)开展学雷锋爱心联盟志愿服务。“十三五”期间，达川区夯实贫困县学雷锋爱心联盟的工作基础，广泛开展脱贫帮扶志愿服务；配合省上开展学雷锋“四川志愿携手圆梦”新书节和“互联网+圆梦村小”等主题志愿服务活动以及“用心关爱·呵护成长”关爱未成年人系列教育活动。

(2)弘扬和践行社会主义核心价值观，以农民群众喜闻乐见的方式，深化群众性精神文明创建活动；在乡村深入开展“听党话、感党恩、跟党走”宣讲活动；创建区级及以上文明村，普遍开展文明家庭、星级文明户评选活动，广泛开展“家风、家教、家训”教育实践活动。

7.3.4　实施乡村文化振兴行动

乡村振兴，既要塑形，也要铸魂，文化振兴就是在为乡村振兴铸魂。“十三五”期间，一方面，达川区加强对历史文化名镇名村、传统村落等文化遗产的保护，加大文物保护力度，推进文物保护工程；其次，加强民族传统工艺和非物质文化遗产的保护与开发，振兴贫困县传统工艺，为达川区文化振兴添砖加瓦。

7.3.5　加强文化人才队伍建设

(1)文艺人才培养工作。“十三五”期间，达川区开展非遗传承人培训工作，培养戏曲人才、农村戏曲团队和戏曲志愿者。

(2)文化管家培养工作。“十三五”期间，达川区加大购买服务和培训工作，培养当地文化能人、文化管家和文化演出队伍，为每个贫困村招募1名文化志愿者，实施文化志愿者“帮村行动”。

(3)开展基层文化队伍专题培训。“十三五”期间，达川区组织全区宣传文化部门相关负责人、基层文化工作者开展专题培训。

7.4 加强生态文明建设，实现乡村生态振兴

现阶段，我国正处于乡村振兴与脱贫成果巩固叠加推进、历史交汇的时期，生态环境保护在两项战略中均发挥着重要作用。生态扶贫和生态振兴具有内在一致性，通过合理可持续地利用生态资源发展生态产业。生态扶贫和生态振兴有机衔接，实际上是要解决短期扶贫与长期发展的问题[67]。在脱贫成果巩固阶段，达川区的生态扶贫通过公益岗位设置、人居环境整治、生态产业发展等方面取得了积极进展，为生态振兴做了一定铺垫。达川区根据中央和省、市、区脱贫成果巩固重大决策部署和要求，深入践行“绿水青山就是金山银山”理念，坚持生态优先绿色发展，强化森林灾害防治体系，全面完成生态建设扶贫专项任务，助力乡村振兴战略实施。

7.4.1 大力推进生态工程建设

2018年起，达川区以季度为节点阶段性地推进生态建设工程。实施天然林保护工程、新一轮退耕还林工程，结合农户需求，各项重点工程尽量向贫困村倾斜。支持推进中幼林抚育、低产低效林改造，精准提升森林林分质量和经济产出。

以2018年为例，在公益林建设工程方面，第一季度向上级财政部门争取公益林建设资金；第二季度完成公益林建设作业设计的编制及评审；第三季度做好造林前期准备工作，等待造林时节；第四季度全面完成上级下达的公益林建设任务。在退耕还林工程方面，第一季度积极向上申报计划和争取项目资金，退耕还林10.56万亩；第二季度进行农户退耕意愿摸底调查，退耕还林10.56万亩；第三季度完成作业设计编制，退耕还林10.56万亩；第四季度完成新一轮退耕还林大部分栽植任务(新一轮退耕还林为跨年度实施项目，其余任务在2019年春季完成造林栽植)，退耕还林10.56万亩，退耕还林巩固投资473.62万元。

7.4.2 不断加强生态工程保护

“十三五”时期，达川区争取国家专项资金和统筹生态保护资金，为有劳动能力的建档立卡贫困户争取一批生态护林员公益岗位，并及时选聘落实生态护林员。

以2018年为例，达川区第一季度向上级财政部门争取项目资金，完成生态护林员选

聘，管护国有林 0.8 万亩，集体和个人所有公益林 37 万亩；第二季度完成护林员考核并按照选聘方案发放补助，管护国有林 0.8 万亩，集体和个人所有公益林 37 万亩；第三季度完成护林员考核并按照选聘方案发放补助，管护国有林 0.8 万亩，集体和个人所有公益林 37 万亩；第四季度完成护林员考核并按照选聘方案发放补助，管护国有林 0.8 万亩，集体和个人所有公益林 37 万亩，完成投资 671.15 万元。

2019 年，达川区持续争取并利用国家专项资金和统筹生态保护资金，考核并兑现了 2018～2019 年 250 个生态护林员岗位及其管护报酬，为有劳动能力的建档立卡贫困人口争取一批生态护林员公益岗位，并及时选聘落实 2019～2020 年生态护林员；按时足额发放国有公益林 0.8 万亩、集体和个人所有公益林 33.17 万亩的森林生态效益补偿资金。

达川区在实行生态工程保护的同时，制定了周密的行动计划以落实各项工作计划。以 2019 年的生态工程保护行动为例：①在生态护林员岗位方面，首先在第一季度争取项目资金，及时完成 2018～2019 年生态护林员选聘稳固工作，落实管护区域与面积，管护国有公益林 0.8 万亩，集体和个人所有公益林 33.17 万亩；在第二、三季度完成 2018～2019 年护林员考核并按照选聘方案发放补助，管护国有公益林 0.8 万亩，集体和个人所有公益林 33.17 万亩；第四季度完成护林员考核并按照选聘方案发放补助，管护国有公益林 0.8 万亩，集体和个人所有公益林 33.17 万亩，完成管护投资 120 万元资金全部发放到位。同时按程序落实 2019～2020 年生态护林员公益岗位。②在生态效益补偿方面，首先在第一、二季度将国有林、集体和个人所有的国家级、省级公益林面积及补偿政策落实到山头地块，对补偿对象、补偿标准、补偿面积、补偿金额等进行公示，制定相关表册，签订管护合同，建立纸质和电子档案。强化政策宣传，做到家喻户晓。在第三、四季度组织开展检查验收，验收合格后，协调财政部门向林农兑现补偿资金。达川区通过制定行动计划与进度安排，加上对生态保护的重视，由此完成对整个达川区生态工程的保护工作。

7.4.3　持续推进生态资源利用步伐

“十三五”期间，达川区依托全区丰富的森林资源和农林产业项目，对成功创建的星级森林人家、省级森林康养人家、省级康养基地进行大力保护；并有序开发利用森林、湿地等资源，大力发展生态旅游和生态康养产业；完善生态旅游经营主体与贫困户建立利益联结机制，促进更多贫困群众参与生态旅游、生态康养、立体林业和循环经济、林下野生菌和森林蔬菜培育等产业项目而增收。

7.4.4　持续开展人居环境治理

从脱贫成果巩固到乡村振兴，达川区持续推进以大气、水、土壤为重点的污染防治工作、持续推进农业面源污染防治。2020 年达川区制定了“‘宜居乡村·美丽达川十大行动’工作方案”，大力推进农村“厕所革命”“垃圾革命”“污水革命”，同时推进农村的绿色清洁能源建设，推进达川绿化行动；将农村人居环境整治要求纳入村规民约，全面实施村庄清洁行动，加快推进村容村貌改造提升，扎实开展铁路沿线和城乡接合部环境综合整治。截至 2020 年，达川区新建“美丽四川·宜居乡村”达标村 150 个，市级乡村振兴战略先进乡镇 2 个、示范村 10 个，省级乡村振兴战略先进乡镇 1 个、示范村 5 个。同时，达川区建立健全“宜居乡村·美丽达川”建设长效机制，通过科学规划、财政多元化投入、城乡统一保洁和“厕污共治”长效利用和管护等多种机制，为生态振兴提供了机制保障；通过开展人居环境整治行动，达川区构建起了人与自然和谐共生的美丽乡村发展新格局。

7.4.5 持续推进地质防灾减灾避灾

达川区结合实施乡村振兴战略，在群众自愿的前提下，有计划、有步骤地开展地质灾害避险搬迁安置，加大地质灾害的防治力度，强化地质灾害隐患工程治理，加强地质灾害监测预警。

7.5 重视人才培育与管理，实现乡村人才振兴

过去，达州市达川区作为一个边远山区、革命老区、秦巴山区连片扶贫开发重点区域和劳务输出大区，人才资源匮乏，人才外流严重等现象严重阻碍着达川区的发展。通过深入实施“头雁引领”计划，达川区开展“村级党组织带头人队伍优化提升行动”，推进“优秀农民工回引培养工程”，落实促进返乡下乡创业 22 条政策措施，把优秀农民工逐步培养成为新型农业经营主体带头人、村社干部、职业农民；通过实施农村创新创业带头人培育行动，强化人才吸纳、创新人才培育模式、优化人才发展环境，开创了人才辈出、人尽其才的生动格局，为全区高质量发展注入了强劲动力；汇聚了一大批优秀人才，有效服务脱贫成果巩固，助力乡村振兴。

7.5.1 坚持党管人才原则，强化统筹协调，牵头抓总作用进一步彰显

(1)强化思想引导。达川区结合“大学习、大讨论、大调研”，以听一次报告、开一次座谈、办一次沙龙、谈一次感悟“四个一”形式，让广大知识分子把爱国奉献、建功立业内化于心、外化于行，先后涌现出“大美医者”吴滔、“知心法官”柏燕等先进典型。

(2)筑牢政策支撑。达川区新设立人才发展专项资金 150 万元，按不低于区财政经常性收入增幅逐年增加。创新人才专项事业编制储备库，调剂编制 120 个，用于引进紧缺型人才。

(3)全力推动实践。达川区动员各行业领域优秀人才进院坝、进小区、进学校、进医院，提供优质服务，鼓励支持人才创新、攻关。

7.5.2　坚持人才优先理念，持续深化改革，引才育才步伐进一步加快

(1)拓展引才渠道。达川区以“达州英才计划”为统揽，创新“硕博名师荟达川”，仅 2018 年就赴部属、省属师范院校和“双一流”高校引进急需紧缺教育人才 53 名。

(2)开发本土人才。达川区依托四川新农村建设学院(达川)，创新开办“田园课堂”，培育新型职业农民、农业专业技术人才、农村实用人才。

(3)加强培训提能。达川区深化达商企业家培养工程，培育创新型企业经营管理人才；在重庆等地召开异地优秀达商企业家座谈会，组织部分企业家赴浙江大学、香港城市大学充电。

7.5.3　坚持以用为本导向，突出示范引领，重大平台建设进一步加强

(1)推动创新发展。达川区将达川商贸物流园区作为人才优先发展试验区，推动资源进一步开发、结构进一步调整、投资进一步保证、制度进一步创新。截至 2018 年，该园区入驻企业 53 家、项目 86 个。

(2)注重平台搭建。达川区指导推荐四川天王牧业有限公司和达川区林业科技推广中心成功创建“达州市第五批院士(专家)工作站”，达县职业高级中学崔庆文成功申创“达州市第二批技能大师工作室”。

(3)助力乡村振兴。2018 年，达川区选派 137 名农业专家、30 名科技特派员，到贫困村指导产业发展、推进项目实施。

7.5.4　坚持精细精实标准，优化服务环境，创新创造活力进一步激发

(1)强化项目带动。达川区完善项目评审、监管机制，对重点项目最高资助 10 万元，对顶尖、杰出人才及其团队申报人才项目的，资助额度专项研究审定，提供“一站式”“保姆式”服务。

(2)注重荣誉激励。达川区致力于增强人才的归属感和获得感，达川区三江园生态家庭农场负责人秦志波同志获全市唯一“全国农业劳动模范”称号，达川区农技站站长王仁贵同志获“全国农业先进工作者”称号。

(3)提供优质服务。达川区依托区高端人才服务团，提供 15 类 26 项精细化服务，按照“简陋不简单、好事要办好、用心更用情”要求，高标准打造 1 个人才活动中心和 81 套人才公寓，解决人才后顾之忧。

7.5.5　培训模式多管齐下，培育乡村人才，内生决定力量进一步加强

(1)“农广校+农民夜校”培育模式。“农广校+农民夜校”是一种利用实验性学习增强农民专门技能的教育形式，是有组织的农民实践活动。该模式的主要特点是政府推

动，合作互动，在政府扶持、上下联动、服务产业、科技支撑、管理规范的原则下进行，由市(区)农业农村局统一管理，由农业技术推广部门牵头组织，鼓励科研院所、协会、企业、合作组织等积极参与，是农民素质提高和能力建设的重要途径。

(2)现场培训培育模式。现场培训对象以从事农业生产的一线农民(含家庭农场主)为主。该模式通过在农村田间地头、工厂车间、工程建设基地等现场，对农民开展讲解、示范、操作和解答等活动，着重解决当前生产和工作中的问题及推广运用新技术。培训内容力求突出实用性和针对性，农民易学易懂；目标则力求精准，一次培训只解决一个问题、传授一门技术。培训时间主要结合农艺活动进行，培训教师必须具有丰富的实践经验和较强的实践操作能力，培训教材力求简明。

(3)示范推广培育模式。示范推广是一种政府、高校或企业通过兴办农业科技示范园和示范场，树立区域农业科技发展典型，构建农业科技成果转化平台，形成农业科技培训基地，引导广大农民自觉自愿学习科技的培育模式。该模式首先是由政府、高校或者企业出面组织兴办农业实用技术、高新技术的示范推广基地，通过实施农业科技项目，吸引或创办农业企业，以求产生经济效益。然后，利用经济效益吸引广大农民自觉自愿地参与到科技培训中，从而产生强大的科技示范辐射功能。

(4)项目推动型培育模式。项目推动是以某一具有开发价值的农业科技项目为载体，以服务于农民致富、提高农民素质、实现科技成果转化为目的，采用现场指导、课堂教学、广播电视、参观考察等多样化的培训途径和方法进行项目培训，并提供产、供、销配套综合服务的培育模式。该模式首先是要选准选好项目，进行项目的试点示范，提高广大农户参与的积极性。然后，组织农科教各方力量，着手开展项目培训；通过项目培训和推广，形成贸工农一体化、产加销一条龙生产经营体系，走农业产业化道路。

(5)媒体传播型培育模式。媒体传播培育是通过传统的电子媒体(广播、电视、音像)和印刷媒体(报纸、杂志)及现代的网络媒体(局域网、因特网、卫星网)等技术手段对农民进行农业科学技术知识培训。该模式首先针对农民开展培训信息需求调研，根据实际需求制订培训计划；其次是开发培训信息资源，建设农业技术多媒体素材库，制作实用技术多媒体课件，开通农业信息网站等，通过构建媒体传播培训内容的技术手段平台，建立市、县、乡、村、户五级网络服务体系；最后是通过电子媒体、印刷媒体、网络媒体等传授培训内容，并抓好典型，以点带面，稳步提升培训效果和扩大培训辐射面[68]。

第8章 达川区脱贫成果巩固与乡村振兴衔接机制推广

2019 年 4 月，达川区所有贫困村全部实现脱贫，退出贫困县序列。本书课题组在实践调研中发现，达川区脱贫情况较好，脱贫成果巩固与乡村振兴衔接较紧密，乡村发展具有持续性，对于在脱贫成果巩固与乡村振兴过渡阶段，研究两大战略衔接机制具有典型意义。2021 年的中央一号文件指出要“实现巩固拓展脱贫攻坚成果同乡村振兴有效衔接”“到 2025 年，农业农村现代化取得重要进展，城乡基本公共服务均等化水平明显提高，农业生产结构和区域布局明显优化，城乡居民收入差距持续缩小，农村生态环境得到明显改善，乡村文明程度得到了新的提升，农村发展安全保障更加有力，农民获得感、幸福感、安全感明显提高”。

本章通过对前面章节分析巩固脱贫攻坚成果、推行乡村振兴战略较好的原因，结合 2021 年中央一号文件与国民经济和社会发展第十四个五年规划要求，总结脱贫成果巩固与乡村振兴的衔接机制，为全国其他类似地区脱贫成果巩固与乡村振兴有机衔接提供导向和借鉴[69]。

8.1 以产业为主导的衔接机制推广

产业发展是原贫困地区实现稳定脱贫、稳定增收的关键，是乡村振兴的重要战略安排与基础性工作。达川区的脱贫实践证明，原贫困乡镇和贫困村只有依据国家相关政策，结合地方实际，因地制宜发展本土化的特色产业，建立和完善产业组织体系，推动集体经济增收和农户产业增收，才能实现产业兴旺。此外，为落实国家关于乡村振兴重要要求——坚持 18 亿亩耕地红线不突破，乡村地区承担着粮食生产的重要任务，为提高粮食商品率，增加粮食产量，产业发展要增加农业科技投入，节约劳动力，提高农业生产效率。同时，要始终把绿色可持续发展理念贯穿农业生产的各个环节，结合地区自然资源、历史文化资源、民俗资源等加快发展生态农业、休闲农业等，推动农业可持续发展。

8.1.1 因地制宜，发展特色产业

产业是发展的主导，不同地区因自然历史文化因素以及交通条件等的不同，导致产

业生产条件存在区域差异，所以在发展过程中要扬长避短，突出区域优势，结合区域独特的自然资源、历史人文资源、民风民俗、交通条件等，确立主导产业或优势特色产业，并在此基础上大力发展各种新兴产业。例如，发展休闲农业和乡村旅游，促进农旅融合；鼓励有条件的地区开展农产品原产地初加工，延伸产业链，既可以增加就业岗位，又可以提高产品附加值；繁荣农村电子商务，推动农产品进城和工业品下乡，拓宽产业发展形式和销售渠道；推动养老服务稳定发展，既解决本村孤寡老人养老问题，又可以利用乡村优美的自然环境和完善的养老设施吸引城市退休老人来乡村养老；开创农村文化创意产业，既可以促进乡村传统文化传承，又可以丰富乡村旅游形式，推动农村三产融合发展，形成一村一品、多村一品、一乡一业的产业发展格局。比如，肖家村结合乌梅种植历史发展乌梅产业，并形成乌梅加工业，同时结合独特的“青梅文化”发展乡村旅游。

8.1.2 积极培育新型经营主体，提升产业组织体系

产业的持续健康发展离不开主体带头人。当地政府要以放活土地承包经营权为突破口，积极协调农户与业主间进行土地流转，为产业发展提供土地载体；积极培育龙头企业、产业帮扶类合作社、种养大户、家庭农场等新型农业经营主体，采取“龙头企业+合作社+农户”等合作方式，通过龙头企业、种养大户等带动，农户在带动下发展产业和就地就业，推动利益联结机制的完善，带动群众增收致富，加快推进乡村振兴进程。

8.1.3 加强农业科技投入，提高农业生产效率

健全农业产业发展技术支撑体系，配齐配强乡镇农技人员，优化配置驻村农技员、农业技术巡回服务小组和农业专家服务团，帮助原贫困户协调解决生产经营问题；大力培育新型职业农民，把符合条件的原贫困户优先列为新型职业农民培育对象；针对农业生产薄弱环节，支持丘陵山区小型农机装备研发制造，提高农业灌溉设施覆盖面，加强高标准农田、农产品初加工设施等建设，提供农户农机购置补贴，大力提升农机装备水平。

8.1.4 以绿色发展理念促进农业可持续发展

将绿色发展贯穿到农业生产经营的整个过程中，大力推行生态农业。生态农业是生态系统的观点，顾名思义，它通过模拟自然生态系统的结构和功能，将农、林、牧、副、渔相结合，协调农村经济发展与生态保护相结合，实现农业的可持续发展。大力推进农业清洁生产，开发利用沼气、太阳能等新能源，加强家禽粪便资源化利用，推广使用有机肥，改变农田的施肥结构，集中处理和回收废旧地膜和农药包装废弃物，有效保护土地资源。在生态农业的基础上，为了实现农业经济发展，还应实施绿色农产品品牌战略，加快无公害、绿色农畜产品认证和农畜产品宣传，强化本地知名产品、名牌产品打造，按照“三品一标”标准，积极开展特色农产品建设，打造一批农产品区域公用品牌和农产品品牌，注册推行扶贫产品公益性集体商标。

8.2 以生态为基础的衔接机制推广

原贫困地区生态建设既包含自然环境建设，也包括农村人居环境建设，二者对推动农村生态建设同等重要。脱贫成果巩固与乡村振兴战略衔接实施必须坚持生态优先、绿色可持续发展的原则，在依托生态扶贫、农村人居环境改造、易地扶贫搬迁等政策改善原贫困地区生态环境的同时，加强农村基础设施建设，转换乡村生产、生活方式和能源利用结构，实现清洁生产，建立生活环境优美、生态系统健康、人与自然协调发展的宜居美丽乡村。

8.2.1 加强原贫困地区生态建设

部分原贫困地区既承担着重要生态功能的作用，又面临着生态环境脆弱问题，加快生态脆弱地区环境治理步伐，要坚持生态工程建设、保护与恢复重建并举。

首先要持续推进林业生态工程建设。开展森林管护、生态公益林建设、新一轮退耕还林工程、中幼林抚育、低产低效林改造等重大生态工程建设，结合农户需求，各项重点工程尽量向原贫困村倾斜。利用造林合作社开展造林项目实施，积极开展林业造林技术培训及其服务，注重原贫困村、非贫困村原建档立卡贫困人口的脱贫成果巩固和持续增收。其次要进一步强化生态工程保护。通过国家生态保护专项资金统筹生态保护，为有劳动能力的原贫困户提供生态护林员职位并发放护林报酬，既保护原贫困地区生态环境，又解决了就业问题；按时足额发放国有、集体以及个人的公益林生态效益补偿资金。最后要逐步推进受损生态工程恢复重建。加强区域受损生态恢复重建，使生态功能得到进一步提升。

8.2.2 推进基础设施建设和农村环境建设提档升级

要继续把基础设施建设重点放在农村，实施农村硬化路、电力、通信网络、安全饮水等全覆盖，推动农村机耕道、旅游道、村内主干道建设，加强道路维修管护；加大农村电网改造力度，提高电力保障水平；将信息建设与农村电商、农业产业相结合，推动数字乡村建设；农村饮水始终做到安全稳定，水价水费定制标准合情合理，要控制在农村居民可承受范围内；卫生室、文化室满足村民基本的医疗需要和精神需求，改善原贫困地区居住环境。持续推进原贫困地区农村改厨改厕，生活垃圾按照有害物品处理、可回收物品资源利用的原则，实行“户分类、村收集、镇转运、区处理”模式，日清日转；因地制宜建立农村生活污水集中处理智能净化系统以实现雨污分流；设立村庄保洁员，深入推进村庄保洁和绿化，全面提升乡村人居环境，建设美丽新村。

8.2.3 深入推进危房改造和易地搬迁

因地制宜解决危房建设的资金和标准问题，逐步扩大改造农村危旧房屋范围，提高危房改造补助标准，确保农户住得安全、住得舒适。按照生态宜居可持续的原则，新建聚居点的基础设施建设、产业建设等应满足原贫困户发展需求，确保原贫困户搬出后有稳定的收入、有和谐的邻里关系等。

8.3 以组织为保障的衔接机制推广

习近平总书记强调“要推动乡村组织振兴”，必须“深化村民自治实践”“建立健全党委领导、政府负责、社会协同、公众参与、法治保障的现代乡村社会治理体制，确保乡村社会充满活力、安定有序”。筑牢乡村基层党组织建设基础，培育村级党组织带头人，引导有能力、肯作为的干部深入原贫困乡村第一线，充分发挥党在脱贫成果巩固与乡村振兴中的领导作用，建立健全新时代农村社会治理体系。同时密切联系群众，创新乡村治理模式，坚持村民自治组织建设，发挥群众在乡村建设中的主体作用，是推进两大战略有机衔接的重要保障，对统筹协调布局乡村振兴各项规划有重要作用。

8.3.1 强化基层党组织建设

按照乡村振兴战略，强化基层党组织建设。首先，要坚持党的领导，加强基层党组织在村事村务管理上的领导作用，继续完善乡村发展相关事项、重大问题由党组织讨论决定的机制，推进在乡村大型产业企业建立党组织。其次，要选好配强村级领导班子，改善领导班子老年化和学历不高的问题，鼓励和选派真心为群众服务、致力于从事农村事业的优秀高校毕业生、退伍军人等到原贫困村工作，尤其是对于从原贫困村走出去的高校人才，这部分人才具有更强烈的家乡情怀，要重视回引工作。最后，针对部分原贫困村基层组织涣散、干部思想懈怠等问题，要逐步探索向原贫困村安排驻村干部、成立跨村党组织、强村弱村结对帮扶等办法，加强村干部思想培训，防止部分同志思想滑坡，努力把村级党组织建成听得见民意、肯吃苦、能致富的“战斗堡垒”。

8.3.2 突出群众主体作用

农民群众既是脱贫成果巩固与乡村振兴的参与者，也是脱贫成果巩固与乡村振兴的主体，中央与地方的各项政策举措最终都要落实到群众身上。要坚持自治为基础，提高村民参与基层治理的程度，建立“村民议事会”“村务监督委员会”等自治组织，通过“村委信箱”、院坝会、群众会等形式，建立透明有效的民主评议通道，强化群众监督和群众评价，提高群众民主评议参与度；创新乡村治理，加强农村群众性自治组织建设，建立老年干部协会和众口调节法，让村民自主管理，实现政通民畅、民心相通。

8.4　以文化为引领的衔接机制推广

文化是人类社会相对于经济、政治而言的精神活动及其产物，分为物质文化和非物质文化，对于脱贫成果巩固与乡村振兴具有精神引领作用。原贫困乡村具有各自独特的民俗文化、耕作文化、思想道德文化等。因此，要在始终坚持社会主义核心价值观的基础上，不断传承和发扬优良乡土文化，转变农民落后的思想观念，与时俱进，推动传统文化与现代文明相结合，实现文化在新时期的时代引领作用。同时，要丰富乡村文化生活，建立健全文化服务体系，增加公共文化产品与服务供给，开展形式多样的群众文化活动。以乡村文化队伍为载体，搭建乡村文化活动平台，繁荣乡村文化艺术事业，建设有活力、重文明的和谐美丽乡村。

8.4.1　加强农村思想道德建设，厚植农民文明意识

始终以社会主义核心价值观为引领，巩固农村思想文化阵地，建立原贫困村农家书屋、活动院坝等文化活动阵地，让农户有地方丰富精神文化生活、开展文化活动；倡导诚信道德规范，构建村规民约，党员同志和村委会带头遵守，并组织村民学习，将村规民约内化为村民内心道德标准；持续开展“脱贫致富光荣户”及“好夫妻、好公婆、好邻里、好媳婿、好少年、新乡贤”为主的“五好一新”评选表扬活动，不断激发群众内生动力，教育引导群众弘扬传统美德，提高农村文明程度。

8.4.2　弘扬优秀传统文化，推动乡村文化振兴

原贫困村可以重点做好以下几方面。一要充分发掘自身优秀传统文化，结合当地实际情况和乡村振兴的现实要求，对承载艰苦奋斗、无私奉献精神以及传统技艺等的物质文化与非物质文化进行保护并加以利用；二要重塑乡村文化生态，紧紧结合特色小镇、美丽乡村建设，深入挖掘乡村特色文化符号，对具有地方和民族特色的文化资源加以盘活，坚持走“人无我有、人有我优”的特色化、差异化发展之路，以市场为导向，充分了解消费者需求，打破乡村文化与城市文化的二元对立，将特色文化资源与现代消费需求有效对接，推动文化、旅游与其他产业深度融合、创新发展；三要发展乡村特色文化产业，乡村振兴的核心要求是实现城乡融合发展，让各类生产要素与农村的土地、生态、景观、文化等资源有效结合进而形成产业，其中，农业是乡村产业第一发展要务，在农业的基础上再适当发展第三产业，尤其要做好农业、旅游业、文创业的整合统筹。建设和发挥好互联网文化平台作用，开发和建设“一站式”且“互联互通”的文化资源集成云服务平台，加速云计算、物联网等先进技术在农村文化服务领域的转化和应用，开展“菜单式”“订单式”文化信息服务[70]。

8.4.3 丰富乡村文化生活，提高乡风文明水平

丰富的文化生活有助于提升乡风文明水平，实现文化的振兴，但丰富的文化生活需要较大的投入。因此，各地方政府要加大对原贫困乡村购置公共文化服务的财政补贴投入。

(1)健全乡村公共文化服务体系。首先要改进农村公共文化服务的有效供给，挖掘和保护乡村乡土文化资源，利用“互联网+”模式，构建农村公共文化服务体系有效供给的新突破，进行创造性传承；引入市场主体，提升公共文化服务平台运营效果，避免出现“僵尸平台”的情况；建立完善意见建议收集反馈机制，及时了解群众文化需求。其次要完善基层公共文化服务体系建设的管理机制。坚持政府统筹协调，建立健全由党政部门主要领导、相关部门参加，文化部门具体协调的工作机制，形成推动公共文化服务体系建设的合力；依法依规管理，严格落实有关法律法规和具体实施要求，为每个乡镇综合文化站(中心)配备公益性服务岗位工作人员，规模较大的乡镇可适当增加；建立健全公共文化服务绩效评估和监督检查机制，并引入社会力量参与评价，强化监督检查，确保工作落地见效[71]。

(2)增加公共文化产品与服务供给。通过完善原贫困乡镇数字广播、农家书屋、健身器材等文化服务载体，大力推进广播电视村村通、农村电影放映、信息共享等文化惠民工程，推广村级淘宝网店、村级免费上网服务站等[1]，免费配备农村急需的科技农业应用书籍、生活健康养生常识和相关影像声音资料，增加农民科技学习机会，保证农民能随时获取农业、科技、生活健康、文化等知识，为脱贫成果巩固进而实现乡村振兴提供精神支撑。

(3)广泛开展群众文化活动。针对不同群体需求，组织开展全民阅读活动，鼓励全民阅读进家庭、进社区、进农村、进校园等，鼓励和支持相关文化团体与机构及社会组织开展公益阅读活动，以青少年为突破口，推进家庭尤其是农村家庭阅读活动开展；鼓励和支持各地群众结合本地特色与优良传统文化，开展文化展演和节日民俗活动，提供文化活动场地，推进红色文化、乡土文化、家庭文化等不同文化形态积极健康发展；广泛开展群众体育活动，传承和发展民族民间传统体育，引导城市和农村地区广场文化活动健康、有序开展。

8.4.4 建设乡村文化队伍，焕发农村群众精神面貌

文化队伍建设是实现乡村文化振兴的基础性工作，也是焕发脱贫人群精神风貌的重要举措，是繁荣乡村文化艺术事业的关键。中央对乡村文化建设的扶持和重视力度越来越大，要不断促进乡村文化能人队伍增长，提高文化人才的素质。脱贫地区，一要根据中宣部等部门印发的《关于加强基层宣传思想文化工作的意见》，高度重视乡村文化能人建设，充分利用政策支持，发现、挖掘、培养一大批服务基层的乡村文化能人队伍；二要立足提高素质水平，进一步加大乡村文化培训规模，组织和参加文物普查、非遗保

护、文化市场、文化艺术、社会体育指导员等各类包括基层乡村文化人才队伍参加的专业培训，提高乡村文化人才的德、艺修养，同时努力推动德艺双馨优秀人才传、帮、带作用的发挥，进一步推动乡村文化人才队伍整体素质的提高。

8.5　以人才为动力的衔接机制推广

人才是脱贫成果巩固与乡村振兴的重要支撑，乡村地区要实现两大战略的有效衔接，离不开人才的培育。人才成长重在教育，要始终坚持教育为先导，稳步提升原贫困地区义务教育质量，夯实人才培养基础。农民是乡村振兴的主体，要通过各种技能提升工程和素质培育工程，培育乡村发展实用人才。同时，实行更加积极、开放、有效的人才政策，弥补本地人才缺口，推进各类人才在脱贫成果巩固与乡村振兴中充分展现技能与才华。

8.5.1　坚持扶贫同扶智相结合

在学生层面，要严格落实国家学前教育、义务教育、高等教育和职业教育政策，确保每一个孩子都有享受义务教育的权利。教育可以拓宽孩子们的知识眼界，为以后的发展奠定坚实基础。在教师层面，首先通过选派教师参加国培计划、特岗计划等能力提升工程，提高教师职业素养与教学能力；其次要加大对原连片特困地区乡村教师的补助政策，提高补助标准，对于教师子女上学问题，给予一定的优惠政策，如户籍地上学优先择校、学费减免等，吸引优秀人才稳定、长期在原贫困地区任教。

8.5.2　重视农民职业技能培训，提升农业农村科技水平

(1)重视农民职业技能培训。针对农业种植技术水平不高的情况，建立夜校+远教、产业基地、专业合作社三种不同的职业技能培训工程，坚持产教融合、校企合作，按照分类指导、按需施教原则，开展创业就业专题培训、实用技术专题培训和经营管理专题培训，理论与实践相结合，培育新型职业农民、农村实用人才，让培养出来的人才既能扎根于土地，又不局限于土地，推动乡村产业朝着质量高、形式多元方向发展。

(2)提升乡村科技应用水平。要充分发挥科技创新在脱贫成果巩固与乡村振兴中的引领支持作用，结合农民职业技能水平培育，推动农业农村现代化。首先要引入农业科技人才进入农业农村发展第一线，推动先进农业科技成果服务转化。其次农业科技管理部门要明确分工，整合农业发展优质资源，制订农业产业项目发展计划，提高管理能力和服务水平。最后要依托现代信息技术，发挥高等院校、新农村发展研究院的作用，如龙会乡花石岩村依托农业科学研究院，因地制宜发展优质主导产业；与相关院校合作，成立乡村振兴学院等。

8.5.3 建立健全人才激励机制，吸引人才向乡村流动

原贫困地区，一要细化人才吸引政策、方式与措施，进一步量化人才管理配套方法，拓宽人才引进“绿色通道”，建立更具可操作性的奖励激励政策，尤其是要增加基层人才的补贴，提高待遇。同时要以需求为出发点，引进高层次、紧缺、急需的产业发展人才、企业管理人才、文化创意人才、乡村旅游人才等，促进原贫困地区资源优势向经济优势转化。二要建立健全城乡、校地以及区域之间的人才培养合作与交流机制，引导企业家、专家学者、医生、教师等人才投入乡村振兴事业。鼓励城市相关企业、个人与原贫困乡村、原贫困户建立或继续维持结对帮扶机制，促进城乡要素之间转化，使城市优质人才、技术等资源服务乡村发展。

第 9 章　达川区脱贫成果巩固与乡村振兴衔接路径推广

达川区在脱贫成果巩固与乡村振兴的衔接中，已实现特色化的突破与创造。达川区根据自身自然条件、社会经济发展状况，摸索出一整套适合自身的脱贫成果巩固与乡村振兴衔接路径，并在此基础上，不断深化提高，以理论引导实际，以经验教导实际，由此形成本地区特色丰富的路径理论，并体现出巨大的推广价值。本章从产业、生态、基层治理、乡风文化、人才五大方面，总结凝练出达川区五大有效衔接实施路径推广理念，即：以多产业融合发展为主导的路径推广、以多层次生态发展为基础的路径推广、以基层党组织治理为核心的路径推广、以特色乡村文化为引领的路径推广、以乡土人才培养为动力的路径推广。五大路径，层次分序，协同展开，共同推进，在为达川区乡村振兴提供巨大活力的同时，也为广大位于丘陵地带的地区提供了推广经验与价值。

9.1　以多产业融合发展为主导的路径推广

9.1.1　尊重市场，构建区域发展格局

习近平同志强调，没有农业现代化，没有农村繁荣富强，没有农民安居乐业，国家现代化是不完整、不全面、不牢固的。传统农户和新型经营主体是市场的基本组成部分，在提升乡村产业发展效率中发挥着不可替代的作用，是乡村振兴最具主观能动性的单元[72]。

以多产业融合发展为主导，做好产业规划，首先就是要尊重市场、了解市场，结合本地区的农业产业发展特点，以本地区主导产业为引领，在充分尊重了解市场的情况下，进行产业的改造升级。市场，是一只“看不见的手”，乡村多产业融合发展，就是要勇于拓宽市场、不畏惧市场风险，让本地区人力、物流、产业链充分融入市场，吸取经验，弥补自身短板，完善不足。其次，在此基础上，推动发展并打响自身产业品牌，形成优质的产业宣传销售链，以构建“脱贫攻坚+电商”“脱贫攻坚+金融”为抓手，通过当今流行的电商运作，将本地区的产品进行网络在线营销、包装，提升关注量与点击量；同时，电商的运用极大优化了传统物流体制，使得本地区的优质农产品能源源不断输送至任一地区与城市，极大扩大销路，形成多样化的销售渠道，降低了一般物流广告销售的成本。所以，市场化道路是乡村振兴中产业振兴的必要选择，也是推动传统农产

品不断升级换代、产业不断更新发展的一大关键因素。

达川区政府积极作为，根据自身实际情况，合理布局，从达川区东部、西部、南部三大片区入手，构建全区范围内的发展格局，以点及面，三区优化联合，实现域内的产业互补与完善，进一步融合各个片区的产业发展动力，不断深化改革自身产业机制与管理，实现各片区的高效良性互动，以此促进整个区域产业的协同式发展。同时主动承担产业项目管理主体，制定乡村振兴建设的相关标准，规范企业、村民的旅游经营与服务，引导处理好与企业、村民的关系，引导镇村成立旅游开发公司，与企业在承包土地、开发旅游休闲项目时协商合作，合理经营，增加要素配套收益，形成良好的共建共享的合作关系。另外，达川区积极制定返乡创业人员的利好政策，吸引返乡人员回乡创业，带动村庄乡村振兴建设。同时充分调动村民成为三产经营者的积极性，优先鼓励本地村民在遵循建设管理要求、规范经营要求的前提下积极参与到旅游经营中。

9.1.2 发挥特色，突出区域产业优势

达川区产业发达，基础坚实。2017 年，粮食总产量突破 50 万吨，连续 3 年荣获四川省政府粮食“丰收杯”。建有达川商贸物流园区、达川秦巴物流园区、马家产业新城三大产业发展平台；规划建设有三里坪新区、翠屏山新区、小河嘴新区、亭子新城等“六新区”，形成了支撑达川发展的综合发展体系。

不管是“乌梅文化产业带”，还是传统较为发达的生猪产业链，甚至“森林疗养产业体系”，都体现了达川区独有或比较价值较高的特色产业。把握乡村特色产业的本质，关键是要把握其“特色”。特色是一个事物或一种事物显著区别于其他事物的风格和形式，是由事物赖以产生和发展的特定的具体的环境因素所决定的，是其所属事物独有的[73]。一个地区乡村的自然与人文资源、乡村地域性特征等因素决定着乡村产业的特色，区域特色是特色产业的基础。同时，乡村产业特色是乡村区域特色的重要内容，乡村特色资源形成的乡村特色产业，特定乡村产业发展的经营方式、产业业态、产品特点及服务方式，形成特色产业发展的重要元素，表现产业发展的特点。乡村特色产业是依据特色的市场需求发展而成的，旨在满足特殊人群或者社会大众的功能化需求，如文化体验、休闲养生，从而相对其他产业而具有鲜明的时代特征，而特色产业生产经营对农民增收带动作用明显，是增加农民收入的重要来源，是富民产业。发展特色农业可以促进土地、资金等要素的合理流动，特色农业既能容纳本地的一部分劳动力就业，又能接收部分外来劳动力就业。大力发展乡村特色产业，挖掘特色农业潜力，有利于促进适度规模经营、加强全产业链建设、推动产业融合发展；有利于创造新产品、催生新业态、发展新模式、拓展新领域；有利于完善利益分享机制，拓宽农民增收渠道。

特色产业的创新发展，除了丰富经济物质财富，还能极大地保留传承本地区的一些优秀地域文化，并在原有文化基础上，实现新的腾飞，如花石岩村的“美德”“孝道”文化。所以，乡村特色产业兴旺发达，是乡村其他方面振兴的基石。

9.2 以多层次生态发展为基础的路径推广

达川区植被丰富，森林覆盖面积达 103 万亩，年平均气温为 17.2℃，气候宜人、生态宜居。拥有国家 4A 级旅游风景区真佛山、“中国红色第一街”石桥列宁街、国家级森林公园铁山及省级森林公园雷音铺。多层次生态发展，含义更多体现在多层次，这个多层次，不仅涉及生态本身的多层次领域，如森林、湖泊、空气等；还包括与生态息息相关的各个层面，如社会经济发展、产业、人才治理等。在多层次的生态发展上，达川区以以下措施为抓手，提升完善本地区生态发展。

9.2.1 推动保护自然环境

生态发展是可持续发展的一个重要方面，人类的可持续发展，离不开健康、绿色的生态环境，保护本地区自然风光，是地区实现可持续发展的首要任务。面对不同区域的不同自然条件状况，应制定不同的生态保护方略。达川区位于川东北地区，处于丘陵地带，不管是农业生产还是社会经济发展，都要遵循本地区独有的自然生态特点。在这方面，达川区积极构建多样化生态屏障，保障本地区植被生态。由于达川区位于川东丘陵地区，森林广布，所以对于森林地带的保护培植，是达川区生态工作的重中之重。在达川区森林生态体系的建设中，可以吸取一批可借鉴的经验。首先，达川区根据本地区的自然生态环境与经济情况，建成一批省级森林康养基地和省级森林康养人家，发展康养事业，是惠民惠林的双向好事，一方面，推动了本地区的多样化服务产业，提升了本地区服务行业水平与知名度；另一方面，康养基地的建立有力地推动了本地区农林事业、生态事业的发展，尤其是促进了森林生态系统的改善与保护。在此良性循环基础上，又进一步培育现代林业产业基地，推动经济产业林的建立，此番举措，是新时代生态产业发展的标杆与典范。其次，达川区继续稳步推进退耕还林政策，并及时足额兑现森林生态效益补偿、退耕还林政策补助等惠农资金，这些举措，一来继续鼓励广大原贫困地区人民积极参与生态事业建设；二来有效治理了本地区的环境污染，为建设川东北“绿水青山”的美丽达川打下坚实基础。

9.2.2 提升改善人居环境

改善农村居住环境是提升广大农民群众幸福感的大事，达川区在此方面做出了卓越的贡献。在农村道路建设、农药化肥喷洒、养殖禽粪处理、污水治理、垃圾处理及农村“厕所革命”等方面，达川区都切实将人与自然和谐共处的理念贯穿其中。到 2021 年底，全区农村山水林田湖草系统治理和农业农村环境突出问题治理取得阶段性成效，农村人居环境明显改善，村庄干净整洁有序，村容村貌大幅提升，村民卫生习惯与健康意识普遍增强，环境管护长效机制初步建立，农业废弃物基本实现资源化利用，村内水库、水塘、水渠的水质功能性达标[74]，全区建成“美丽达州·宜居乡村”达标村 300 个。

9.2.3 打造特色自然人文风光

达川区根据整体生态产业、自然环境区域，可分为近郊休闲农旅环、远郊现代产业环、东中西引领区、三条风景线上的村庄。达川区在新时代下，找准自身定位，以耕读文明、田园风光、地域特色、乡村情趣、民俗风情的幸福美丽新村为主要特点，体现“住上好房子、过上好日子、养成好习惯、形成好风气”的总体局面，使望得见山、看得见水、依山傍水、微田园等成为农村房屋建设的常态。下面以花石岩村、肖家村以及成都村为例进行介绍。

(1) 龙会乡花石岩村以专业合作社+农户为主轴，建设“花石岩秦巴生态农业观光村”和“花石岩秦巴民俗文化产业园”。该村的具体措施：建秦巴人品主题走廊、秦巴牛魂艺术园、秦巴民俗文化石刻园、秦巴传统农耕文化体验区、秦巴民俗文化广场，体现原汁原味的秦巴文化，提升自我品牌价值。已构成“果药花钓”的特色景观基础产业，其中，无花果 300 亩，青脆李 700 亩，九叶菊和金银花 200 亩，而四个美丽的湖泊可同时容纳 1000 人进行野钓，同时花石岩村在打造国家“AAA”级旅游景区。

(2) 马家镇肖家村是达川区南部引领百—马—赵—双—木—申乡村旅游环线核心区，地处百节、景市、马家三镇交界处，邻近打造景区涵盖有：仙女山、乌梅山庄景区和梅博园。该村整体规划为一廊、一轴、七区。其中，一廊：沿铜钵河岸种植竹子，形成竹韵长廊；一轴：以“茶园聚居点—庙边新村点—男耕女织广场—乌梅山庄—蔡家坡”形成旅游交通主轴；七区：田园牧歌[以茶园聚居点(包括土法烧石灰遗址)、邓家坡聚居点、粮油基地，共同打造以民宿接待、农事活动体验为主的乡村农旅度假区；同时形成特色的文化旅游发展带]、桃李争妍[以庙边新村(包括村级活动中心、琴瑟和鸣广场)、萧家庙、桃园、李园共同形成桃李采摘体验区]、望松止渴[以乌梅园(包括青梅亭)、男耕女织广场(包括农耕文化陈列馆、孺子牛星级农家乐)共同形成乡村旅游接待中心]、余霞成奇[指丁氏农场(包括乌梅山庄、朝思亭、暮想台、花前月下自驾营地、土法造纸遗址、土法烧白炭遗址)，位于村域最高处，东可看日出、西可观落日，全村景物尽收眼底]、烟云供养(指骑龙寺康养中心及周边林地，肖家村有山有水，常年云雾缥缈，环境幽静、气候宜人，适合老年康养)、神怡心醉(指千丘塝酒厂，被誉为“深山里的军人酒厂”，主产高粱酿造的白酒，该酒加上青梅、冰糖，就可制成沁人心脾的青梅酒)、河盟山誓(指对鹤山寺庙、铜钵河、竹马台)。

(3) 成都村乡村特色生态旅游项目则是以玫瑰为载体，具有完整的玫瑰产业链，打造成为爱情文化主题乡村旅游综合体。已引进龙沙宝石、玛格丽特王妃、秋日胭脂、纽曼姐妹、朱红女王、大游行、菲扇、光谱等国内外各类玫瑰品种 180 多个，建成并对外开放区域 1600 多亩。该项目是集观光、旅游、休闲及玫瑰深加工、苗木栽培销售为一体的综合性观光园。

秦巴文化、乌梅文化、玫瑰文化，3 个原贫困村以各自特色鲜明的地区特点，构建起全方位的特色文化旅游产业发展带，独特、优质的乡村风光，极大激发了本村人民的发展热情，也提升了本村的品牌价值与知名度，特色鲜明的风土人情，吸引了大量游客的到来，为本村带来了丰厚的经济价值。可以看出，结合本地区的历史文化、自然条件，打造特色的风土人情文化是提升地区影响力和价值的一条重要途径。

9.3　以基层党组织治理为核心的路径推广

达川区政通人和，欣欣向荣。达川区政府先后荣获全国科技进步先进县(区)、全国文化工作先进区、全省农民增收先进区称号。“财政因素分配法”被《新闻联播》《人民日报》《光明日报》等主流媒体和节目宣传报道。“十大民生救助制度”在民政部做经验交流，“社会救助大平台”被民政部通报表彰，“315 群众工作法”入选四川省法治蓝皮书。

9.3.1　达川区党委统筹规划

“十三五”期间，在基层党组织治理中，达川区构建县乡两级指挥体系，成立由区委书记、区长任总指挥长的区决胜脱贫摘帽总指挥部，领导、组织、指挥全区决胜脱贫摘帽工作。各乡镇(街道)成立决战脱贫摘帽前线指挥部，由区级联系领导担任指挥长，同时成立临时党支部，统筹推进所在乡镇(街道)脱贫成果巩固工作，构建起区级领导、行业扶贫部门、帮扶单位、乡镇(街道)、第一书记、村(社区)两委、帮扶责任人、包片指导组“八方同责”机制。

针对基层组织财政管理问题，达川区创新“财政因素分配法”。过去乡镇财政预算“零基+增长”模式衍生出了乡镇发展“缺钱”办事、乡镇干部“跑部钱进”等问题，为了让乡镇(街道)干部职工腾出更多时间和精力投入到脱贫成果巩固工作中，创新实施“财政因素分配法”，对乡镇(街道)的机关事业单位人员经费、公用经费、村级组织运转经费等基本财力保障，分保障性、工作类、激励性三大块和户籍人口、距离远近、工作成效等 9 个因素，按权重比例科学分配财政资金，同时健全完善资金监督管理机制，保证了基层一线“有钱办事”、“有精力抓发展”、资金用在“刀刃上”，有力有效激发了乡镇活力。

“十三五”期间，在激励基层村组(干部)决战决胜脱贫攻坚五条措施上，达川区制定“绩效考评”“巩固发展资金”“摘帽奖励”“意外保险”“健康体检”五条措施，从经济上给予奖励，人文上给予关怀，充分激发村组干部决战决胜脱贫攻坚动力，让每名村组干部主动参与、主动担当、主动作为。

“十三五”期间，达川区委、区政府从政策支持、资金帮扶、创业扶持、社会资本参与等方面入手，对于基层组织全方位放手放权放政策，以前所未有的力度支持贫困村发展。特别是在区本级财政极其困难的情况下，挤出 2 亿元用作贫困村、贫困户扶持基金，明确每个贫困村扶持基金不低于 100 万元。设立 1500 万元贫困村集体经济发展周转基金，用于帮助贫困村发展农村集体经济[75]，规定 2016～2020 年实行财政贴息，5 年内年村集体经济收入超过 1 万元的，奖励 10 万元；收入为 5000～10 000 元的，奖励 5 万元；收入在 5000 元以下的，不予奖励；周转金损失 50%以上的，村支书、村主任就地免职或辞职。同时，在易地扶贫搬迁政策兜底、工商资本和农民工回乡创业、撬动金融资本参与脱贫成果巩固等方面均明确政策，规定区级部门项目资金整合投入贫困村、贫困户的比例不低于 70%。

对基层组织实行第一书记“沉底指数”管理。具化第一书记考核管理办法，按照“生活在村、工作在村、业绩在村、情感在村”4 个大类，细化 43 条具体指标，全面压实第一书记责任，真正实现第一书记与群众同吃同住同劳动，一心一意谋发展，村村户户心连心。

实施党员“先锋指数”考评办法。设置基本指数、正向指数、反向指数、归零指数，对全区党员干部帮扶情况进行量化计分考评，并按考评结果划分优秀党员、合格党员、警示党员和不合格党员四个等次，进行奖惩。

开展“民情户户通”活动。动员全区党员干部职工沉入基层，进村入户，与广大群众面对面交流，广泛了解群众疾苦、倾听群众呼声、解决群众困难、化解社会矛盾，切实提升群众的获得感和满意度。

实行“四议五公开”制度。为了切实解决一些群众、贫困户对扶贫项目资金知晓度、参与度不高及监督不够等问题，达川区委、区政府决定对到村扶贫项目资金实行“四议五公开”制度。其中，“四议”指村党支部会提议、村两委会商议、贫困户代表会议评议、村民代表会议或村民大会决议；“五公开”指村民代表会议决议公开、项目承包公开、项目实施公开、项目验收结果公开、资金使用情况公开。“四议五公开”制度进一步增强了群众对扶贫项目的认可度、满意度。该制度被《四川省脱贫攻坚简报》刊发，在全省推介。

“十三五”期间，达川区为每个贫困村储备 2 名以上 35 岁左右、高中及以上文化程度的村级后备干部。强化贫困村“5+2”和非贫困村“3+2”帮扶力量管理，派出单位严格落实项目、资金、责任捆绑要求，加大保障支持力度。实施党员精准扶贫示范工程和“农村家庭能人”培养计划，推广“强村带弱村、跨村联建”扶贫模式。

9.3.2 基层党组织立足自身特色管理

“十三五”期间，达川区各贫困村结合自身基层组织的实际情况，在各自的基层治理中推行党支部标准工作法，如以“两张清单”“三道程序”“四个结合”“五个基本”“六严六好”为抓手，积极推行本村基层治理，巩固基层党建核心作用。同时辅以村组干部“歇职”管理八项规定这一独特监督体系，严肃本村各项党务、职务，树本村清廉之风。在脱贫方向，从基层党建出发，形成独特的以抓党建促脱贫的“一核四驱”工作法。部分村又提出了“六制”工作规范，即：网格化联系、便民化服务、参与式治村、全覆盖教育、乡土型示范、多层面评述。

综上，不管是从达川区政府层面，还是从本村实际基层事务出发，都彰显了达川区坚持基层党建为核心的勇气与意志，这些切实的经验，推动了党组织全面覆盖乡村振兴的方方面面，党的力量不断推动各项事业稳步发展。

9.4　以特色乡村文化为引领的路径推广

中国特色社会主义进入新时代，亿万农民的美好生活需要日益广泛。只有大力推动乡村文化振兴，繁荣发展乡村文化，才能更好满足农民过上美好生活的新期待，为乡村振兴注入强大动力。

9.4.1　发挥文化设施基石作用

文化发展需要经济政治支撑，文化设施的打造与更新，是文化发展的基础与根基，只有健全的文化设施，才能催生特色且独具风情的乡土文化。“十三五”期间，根据本地区实际，达川区首先完善提升贫困村文化室功能，依托已达标建成的贫困村综合文化服务中心(文化院坝)，充分利用村文化室、村级广播、农家书屋、党员远程教育、阅报栏(屏)和体育健身设施等资源整合功能；其次推动贫困村广播“村村响”项目、贫困户电视“户户通”项目；同时完成乡(镇)、村阅报栏建设，推动村级农民体育健身工程项目，同步国家、省体育局相关规定，实现村级农民体育健身工程全覆盖，配套相应路径等健身器材。从这些举措不难看出，文化发展，必须设施先行，基础先行，健全的、具体的文化设施建造升级是诞生特色乡村文化的基石。

9.4.2　提升公共文化产品服务效能

拥有基础文化设施，只是文化发展的一个基础层面，如何实现全覆盖式的文化供给，将文化资源源源不断地供应给广大乡村、广大人民群众，给予其丰沛的文化供养，就需要统筹规划，合理调动，实现公共文化产品服务的有效甚至高效供给。为此，达川区加强文化惠民购买服务项目、实行农村公益电影放映项目、继续进行农家书屋图书补充更新项目、推动“万千百+”文艺扶贫项目等都是根据自身实际情况，推行的切实有效的文化产品与服务供给行为，为推动特色乡土文化的衍生，贡献了重要力量。

9.4.3　立足精神文明建设发展

精神文明建设是树立时代新公民、提升公民整体素质水平的一件大事，对于整个地区公民文化素养的提升，有着至关重要的作用，在任何时期，构建任何文化，都少不了精神文明建设的身影。达川区积极参加或开展省级“文化扶贫示范村”创建活动、学雷锋爱心联盟志愿服务、“用心关爱 呵护成长”关爱未成年人系列教育活动等，就是认识到精神文明建设的重要性。

9.4.4 鼓励孕育乡村特色文化

特色的乡村文化是吸引鼓励广大人民的一大法宝。前述的秦巴文化、乌梅文化、玫瑰文化，正是达川区打造特色乡村文化的优秀果实。文化遗产保护项目、文物保护工程、传统工艺振兴项目，在这些村落里随处可见，已经成为这些特色乡村文化发展的旗帜。

9.4.5 培养优质文化人才队伍

培养广大文化人才，是乡土文化发展的一项收尾之举，具有升华作用。为此，达川区“十三五”期间开展非遗传承人培训工作，为每个贫困村巩固招募文化志愿者，组织全区宣传文化部门相关负责人、基层文化工作者开展专题培训等都体现了达川区对于文化人才的尊重与鼓励。

9.5 以乡土人才培养为动力的路径推广

党的十八大以来，习近平总书记高度重视人才工作，关于发现人才，强调“要树立强烈的人才意识，寻觅人才求贤若渴，发现人才如获至宝，举荐人才不拘一格，使用人才各尽其能”；关于培养人才，指出“必须造就一支规模宏大、素质优良、门类齐全、结构合理的人才队伍”；关于人才制度建设，强调“加快构建具有全球竞争力的人才制度体系，聚天下英才而用之”。乡村人才是一个植根于中国社会实践的本土化概念，它包含四个方面属性：一是空间属性，指人才与乡村在空间意义上的关联，主要是服务乡村发展和在乡村工作的人才；二是社会属性，指人才在社会实践中所形成的基本属性，主要表现为职业、社会关系、家庭环境、社会影响力等与农业和农村发展之间的关系；三是素质属性，主要指人才的知识素质、思想素质、能力素质和心理素质；四是价值属性，可以归纳为符合乡村现实发展需要[76]。达川区通过拓宽渠道引进人才、优化人才管理方式，扩大了本地区的人才渠道，也提升了人才队伍的工作积极性。

9.5.1 拓宽渠道引进培养人才

达川区依托高校教育资源，承接高校各类领域青年才俊，让高校优质有为的青年力量，参与到脱贫成果巩固与乡村振兴事业上来，扩大本地区的人才渠道，用高校专业的理论知识丰富自身实际经验，实现有机结合。乡村人才战略就是与广大高等院校充分合作，共进共得，以优质的高等教育服务于广大不发达地区，高校可以在日常社会实践课程上，精准服务于乡村，如在人才培养目标顶层设计上，构建科学合理的创新创业人才培养课程体系。通过大规模的政策鼓励各类人才回流，参与到不同事业方面，有效构建起达川区较为完整的人才体系。以政策、福利惠及人才，鼓励促进人才队伍的积累与创新，达到和谐高效的良性互动模式。

9.5.2 改善方式优化管理人才

基层干部人才，是乡村事务的基石与核心，改善他们的工作生活条件，解除他们的后顾之忧，也就稳定且提升了整个基层干部队伍打赢脱贫成果巩固与乡村振兴伟大事业之战的军心。达川区各乡镇各村，根据自身实际情况，出台适用于自身的干部队伍管理办法，并通过工作实践有效实施，贯彻了我们党“从群众中来，到群众中去”的工作路线与“全心全意为人民服务”的核心宗旨，同时这也极大巩固了本地区的干部人才队伍力量，为本土干部人才队伍的发展打下基础。广大干部人才队伍具有深厚广泛的任职经验与观察视角，能从本乡本村出发，找准乡村问题弊病，有效协调处理乡村各项事务。对于广大基层干部人才，做到奖惩合理、有度，是一项具有双赢意义的重要措施，一方面增强了人才队伍的干劲，另一方面促进提升了人才队伍的工作积极性，凝聚出整个达川区各类人才的向心力。

通过以上方式，达川区将人才实现有效的统筹与整合，一方面鼓励吸引了大量人才；另一方面，人才队伍的力量不断支撑达川区脱贫成果巩固与乡村振兴事业，由此创造出更多人才。乡村振兴是围绕农村主体展开的，积极做好在地化人才队伍建设是实现乡村振兴的关键部分。乡村振兴战略与人才力量，是相辅相成、切实联合的两个有机的载体，承载了广大不发达地区的发展愿景、空间规划与具体实施方略。乡村振兴战略对乡村人才建设提出了新的要求，“产业兴旺、生态宜居、乡风文明、治理有效、生活富裕”是实施乡村振兴战略的总要求，为乡村人才发展指明了方向。

第 10 章　达川区脱贫成果巩固与乡村振兴衔接模式推广

党的十八大以来，达川区积极贯彻中央和省委、市委决策部署，在脱贫成果巩固、农业供给侧结构性改革、农村基础条件、文明新风、农村改革五方面取得成绩的同时，全区按照区二届三次党代会提出的“一个时期、两个阶段”来实施乡村振兴战略，按照“产业兴旺、生态宜居、乡风文明、治理有效、生活富裕”的总要求，紧扣“四个好”总目标，以乡村振兴战略统领全区“三农”工作，突出脱贫成果巩固和农业供给侧结构性改革两大抓手，强力推进现代农业融合发展示范区、脱贫成果巩固引领区、农建综合示范区、幸福美丽新村示范区、农村改革综合试验区“五区共建”，扎实推进现代农业提质增效、幸福美丽新村建设、生态绿色发展、农村基础设施建设、农村改革攻坚、乡村治理建设和精准脱贫决战七项重点工作[77]，创新实施美丽乡村“十大行动”，全面推进达川农业农村工作再上新台阶，形成了达川区脱贫成果巩固与乡村振兴衔接可推广模式。

10.1　创新构建“五三”模式，实现脱贫成果巩固与乡村振兴有效衔接

达川区在认真总结打赢脱贫攻坚战经验，运用好脱贫攻坚成果的同时，积极探索解决相对贫困的长效机制，通过实施“三大工程”、开展“三大行动”、抓好“三个统筹”、深化“三大改革”、建立“三大机制”，推进脱贫成果巩固与乡村振兴有效衔接，实现了推动减贫战略和工作体系的平稳转型。

10.1.1　实施“三大工程”模式，推动农业产业化水平迈上新台阶

农业兴则基础牢，农民富则国家盛。对于达川区，更应把握政策机遇，加快转型、奋力发展，坚持“抓二带一促三”，全面提升农业产业化水平。

大力实施农产品加工提升工程，用好用足支持民营企业发展的激励政策，围绕粮油、生猪等大宗农产品和特色产业，加快对现有农业企业的改造升级、做大做强；瞄准国内外知名大公司、大品牌招大引强，落地见效，着力打造 2 个或 3 个全国、全省的行业“排头兵”，让民营企业和民营经济成为实现乡村产业振兴的重要支撑。

同时，大力实施品牌创建工程，围绕做响做亮区域公用品牌，制定实施公共标识、准入标准、管理规范和市场推广方案。

此外，要注重实施农村新产业新业态培育工程，依托现代农业园区和巴山生态资源，加快培育“农业+旅游”等新产业新业态，打造乡村民宿、田园综合体和森林康养基地，其次还应加快发展农村电商，建设农产品物流信息系统，发展订单直销、连锁配送等现代流通贸易。

10.1.2 开展“三大行动”模式，推动生态宜居乡村建设展示新面貌

良好的生态环境是人和社会持续发展的基础。要建设美丽中国，其中美丽乡村是美丽中国的基本单元，制定实施《美丽达州·宜居乡村推进方案》，持续开展农村生态环境综合整治。

开展好“垃圾、污水、厕所”治理行动，推进农村垃圾集中处置，因地制宜地推广农村污水处理设施建设，推进农村户用厕所改造，建立行政村常态化保洁制度。截至 2020 年底，达川区 90%以上行政村的生活垃圾、50%以上行政村的生活污水已得到有效处理，户用卫生厕所普及率达到 85%以上。

积极开展村容村貌提升行动，做到“建改保”结合，统筹推进农村危房改造，注重传统村落修缮保护，持续开展农村土坯房改造；推进农村面源污染治理和农业生产废弃物资源化利用，实施村容村貌提升“六化”工程，整治农村公共空间和人居环境，集中清理乱堆乱建乱搭现象。

同时，大力开展“文明乡村”建设行动，强化基层党组织战斗堡垒作用，健全村民自治机制，深入推行依法治村，探索建立农村德治体系，提高农村社会管理水平；以社会主义核心价值观为引领，加强乡风文明和感恩奋进教育，塑造文明乡风、良好家风、淳朴民风。

10.1.3 抓好“三个统筹”模式，推动城乡融合发展开创新局面

城乡融合是社会发展的必然趋势，是城乡发展的终极目标。达川区把补短板摆在更加突出的位置，夯实乡村全面振兴的基础支撑。

一是统筹推进农田水利基本建设，加快“1+6”大中型水库工程建设，推进重要灌区渠系配套与节水改造；开展农田、农机、耕地“三力”提升的高标准农田建设，提升农田基础设施的整体效能。

二是统筹推进乡村“五网”建设，实施通乡油路、通村硬化路工程，推进村组联户道路建设；开展塘库堰渠整治，新增(恢复)有效灌面，推广节水灌溉技术；加快农网改造升级，推进沼气工程、太阳能利用；加快发展农村通信网络设施，推进“智慧乡村”建设，逐步实现农村光纤全覆盖、网络村村通。

三是统筹推进农村公共服务设施建设，全面推进城乡义务教育均衡发展，加快发展农村职业教育，建好建强乡村教师队伍；建立统筹城乡的基本医疗保险制度，改善乡镇

卫生院和村卫生室条件，加强乡村卫生队伍建设；提高城乡居民基本养老保险水平，逐步建立健全全民覆盖、普惠共享、城乡一体的基本公共服务体系。

10.1.4 深化“三大改革”模式，推动农村资源要素激发新动能

乡村振兴战略取得成就最关键的要素是人，落实到发展还是需要有人去干。加快构建城乡融合发展政策体系，促进“人、地、钱”要素配置流向农村、留在农村。

深化乡村人才制度改革，开展“乡村人才回引行动”和新型农业经营主体示范创建活动，抓好农村工作队伍、新型职业农民、农业科技人员、农业企业经营管理人才和新乡贤“五支队伍”的培育，引导激励各类人才向基层流动、往农村汇集。

进一步深化农村集体产权制度改革，加快推进集体资产清产核资，开展成员身份确认和集体资产股份量化；全面落实农村承包地“三权分置”制度，发展土地股份合作社；完善农村新增用地保障机制，盘活农村存量生产用地和建设用地，释放农村土地制度改革红利。

持续推动乡村投入保障机制改革，健全完善多元投入保障机制，用好各类财政涉农项目资金；建立金融支持政策，探索建立农业产业贷款风险制度，扩大特色农产品保险范围；拓宽投融资渠道，组建农业产业投资发展基金，引导社会资金。

10.1.5 建立“三大机制”模式，推动乡村振兴各项工作取得新进展

建立有效的统筹推进机制，达川区对乡村振兴战略实施情况进行跟踪分析和绩效监测，并做好农业农村发展形势研判和工作谋划，建立健全“清单式”落实机制，发现并解决问题，总结推广经验。

建立高效的分类推进机制，达川区对纳入全省乡村振兴规划试点的“一区一乡一镇”进行工作指导，统筹协调各县(市、区)有计划、分步骤地推进县域、特色乡镇乡村振兴规划和重点村(特色村)实施方案的编制，对已摘帽和未摘帽的县(市、区)，分层次、分步骤推进乡村振兴试点示范。

此外，达川区根据《达州市实施乡村振兴战略激励考核办法》，强化奖优罚劣、问效追责，争创省级先进示范区。同时，充分调动各方力量，优化要素资源配置，汇聚起全区推动实现乡村全面振兴的强大合力[78]。

10.2 立足“三个坚持”，确保达川持续巩固提升

达川区始终坚定不移地贯彻落实习近平总书记“防止返贫和继续攻坚同等重要”的指示精神，持续精耕细作、克难攻坚，下足一番“绣花”功夫，坚决确保脱贫的群众持续巩固提升。

10.2.1　坚持“三个不变”，严防脱贫户反弹返贫

“十三五”期间，达川区要求对脱贫户坚持做到“三个不变”，严防反弹返贫：一是帮扶力量不变，不论是否摘帽，贫困村“5+2”和非贫困村“3+2”帮扶力量保持人员不变、工作不断，因工作变动出现人员空缺的，第一时间补位，确保帮扶力量不断档、帮扶工作不掉链；二是帮扶政策不变，本着“扶上马，送一程”原则，继续对脱贫户全覆盖落实产业、医疗、教育、金融等扶持政策，坚决防止政策调整或“缩水”，影响脱贫户稳定脱贫；三是帮扶要求不变，对脱贫户的帮扶要入户再规划、措施再深化、过程再监管、结果再严格、教育再深入，确保稳得住、提升快、能奔康，从而推动巩固脱贫成果向纵深发展，提升农村群众满意度、获得感、幸福感，开创乡村振兴新局面。

10.2.2　坚持“三个不减”，保证未脱贫户如期脱贫不落下

“十三五”期间，在开展脱贫成果巩固工作过程中，达川区围绕“两不愁三保障”目标，持续加大对未脱贫户的帮扶力度，确保如期脱贫、2020 年同步小康。一是增收劲头不减，按照有完全劳动能力、有一定劳动能力的不同情况，紧扣产业和就业两个关键，扭住能力提升和资金撬动两个重点，分类施策、量身定制，确保家家有增收项目、户户有奔小康门路、人人有一技之长。二是保障力度不减，立足未脱贫户尤其是无劳动能力户贫困程度深、脱贫难度大的实际，在实现住房保障的前提下，重点针对低保、医疗、教育等保障政策再加强、再落实，坚决筑牢未脱贫户的保障线和兜底线。三是帮扶措施不减，继续在“六个精准”上下功夫，量身订制“六个一批”帮扶“菜单”，做到未脱贫户享有的扶贫政策、帮扶措施内容不减、标准不降，坚决杜绝“打折扣”、执行不到位等现象的发生。

10.2.3　坚持“三个强化”，确保所有群众同步小康不掉队

“十三五”期间，达川区对全区所有贫困户和非贫困户，进一步加大帮扶解困和教育引导力度，确保全面建成小康社会道路上不让一个人掉队。一是强化分类帮扶理念。继续坚持分类管理、精准帮扶，对脱贫户细化巩固提升措施、对未脱贫户强化精准帮扶措施，分类建立清单、因户辨证施治，持续“下深水”啃“硬骨头”。二是强化均衡发展观念。扎实稳步推进乡村振兴战略，持续完善贫困村和非贫困村交通、饮水、用电、医疗、教育等基础设施条件，整体提升贫困村和非贫困村、贫困户和非贫困户的公共服务水平。三是强化群众主体意识。不断完善正向激励机制，深入开展感恩奋进教育，切实强化典型示范带动作用，进一步激发广大群众脱贫奔小康的内生动力，真正转化为自觉行动。

10.3 巩固拓展脱贫攻坚成果，全面实施乡村振兴战略

为全面实施乡村振兴战略，促进农业高质高效、乡村宜居宜业、农民富裕富足，开启农业农村现代化建设新征程，根据《中共中央 国务院关于全面推进乡村振兴加快农业农村现代化的意见》《中共四川省委四川省人民政府关于全面实施乡村振兴战略开启农业农村现代化建设新征程的意见》和达州市委、区委农村工作会议精神，达川区结合脱贫成果巩固与乡村振兴战略实际，通过设立衔接过渡期、持续巩固脱贫攻坚成果、加强农村低收入人口常态化帮扶、建设乡村振兴先行示范区等工作方法，为脱贫成果巩固平稳迈向乡村振兴指明了道路。

10.3.1 设立衔接过渡期

根据2021年中央一号文件要求从脱贫之日起设立5年过渡期，过渡期内保持现有主要帮扶政策、帮扶力量总体稳定，并逐项分类优化调整，逐步实现由脱贫攻坚向全面推进乡村振兴平稳过渡，推动“三农”工作重心历史性转移[37]。同时，结合中央省市政策出台各项符合达川区实际的政策，不断完善优化具体实施办法。

10.3.2 持续巩固拓展脱贫攻坚成果

达川区健全防止返贫动态监测和帮扶机制，对易返贫致贫人口及时发现、及时帮扶，守住防止规模性返贫底线；扎实做好易地搬迁后续帮扶工作，持续加大就业和产业扶持力度，继续完善产业园区配套设施、公共服务设施，切实提升社区治理能力，加强扶贫项目资产管理和监督。

10.3.3 加强农村低收入人口常态化帮扶

通过开展农村低收入人口动态监测，实行分层分类帮扶；对有劳动能力的农村低收入人口，坚持开发式帮扶，鼓励发展产业、参与就业，提高内生发展能力，依靠双手勤劳致富；对脱贫人口中丧失劳动能力且无法通过产业就业获得稳定收入的人口，以现有社会保障体系为基础，按规定纳入农村低保或特困人员救助供养范围，并按困难类型及时给予专项救助、临时救助[37]。

10.3.4 建设乡村振兴先行示范区

达川区以乡村建设行动为抓手，紧扣产业、人才、文化、生态、组织“五大振兴”总要求，坚持东、南、西“三带”并举，突出特色镇、中心村、聚居点三个重点，实施

农业园区建设、乡村旅游培育、村容村貌提升三大工程，建设一批农业强、农村美、农民富的示范乡镇(村庄)，着力争创全省实施乡村振兴战略先进区(县)，建成 1 个覆盖范围不低于 2 个乡镇 10 个行政村、覆盖面积不低于 3 万亩的“乡村振兴示范区”和省级乡村振兴先进镇 1 个、示范村 5 个，市级乡村振兴先进镇 2 个、示范村 10 个。

10.3.5　健全乡村振兴考核机制

达川区不断完善乡镇(街道)、村(社区)书记抓乡村振兴和党政领导班子推进乡村振兴战略实绩考核制度，考核结果作为干部选拔任用、评先评优、问责追责的重要参考；落实乡镇(街道)党(工)委、政府(办事处)和区级相关部门主要负责人每年向区委、区政府报告乡村振兴战略实施情况工作制度；实施乡村振兴战略考评激励制度，强化问责约谈机制，乡镇(街道)党政领导班子和区级相关部门主要负责人不履行或不正确履行农村工作职责的，依照有关规定予以问责；将巩固拓展脱贫攻坚成果纳入乡村振兴考核；持续纠治形式主义、官僚主义，将减轻村级组织不合理负担纳入督查重点内容。坚持实事求是、依法行政，把握好农村各项工作的时度效；通过加强乡村振兴的宣传工作，营造了共同推进乡村振兴的浓厚氛围。

参 考 文 献

[1] 中华人民共和国中央人民政府网. 中共中央，国务院印发《乡村振兴战略规划(2018—2022 年)》[EB/OL]. http://www.gov.cn/zhengce/2018-09/26/content_5325534.htm, [2018-09-26].

[2] 胡彬彬. “精准扶贫”理念需精准理解[N]. 光明日报，2016-12-18.

[3] 曹伟波. 习近平关于乡村振兴重要论述研究[D]. 大连：大连海事大学，2019.

[4] 汪晓东，宋静思，崔璨. 历史性的跨越 新奋斗的起点[N]. 人民日报，2021-02-24.

[5] 习近平. 把乡村振兴战略作为新时代“三农”工作总抓手[J]. 当代党员，2019(13)：4-6.

[6] 浩农. 为乡村振兴描绘美好蓝图——2021 年中央一号文件重要精神解读[J]. 党课参考，2021(5)：59-76.

[7] 刘彩霞. 征管实践视域下土地增值税立法问题探讨[J]. 党政干部论坛，2019(8)：25-26.

[8] 罗光洁. 以生态文明建设为引领推动云南乡村产业发展振兴[J]. 云南农业，2020(6)：32-36.

[9] 孔冰欣. 乡村兴国笃健[J]. 新民周刊，2018(44)：50-53.

[10] 胡春华. 加快农业农村现代化[N]. 人民日报，2020-12-01.

[11] 中共中央党史和文献研究院. 习近平关于“三农”工作论述摘编[M]. 北京：中央文献出版社，2019.

[12] 于靖园. 乡村振兴承载的中国梦[J]. 小康，2019(24)：38-40.

[13] 董宁庆. 浅谈农村商业银行如何抢抓乡村振兴战略机遇期实现高质量发展[J]. 经济管理文摘，2020(21)：13-14.

[14] 关云龙. 农民教育对农户可持续生计的影响研究[D]. 杨凌：西北农林科技大学，2010.

[15] 魏后凯. 推动脱贫攻坚转向乡村振兴[N]. 中国纪检监察报，2020-10-15.

[16] 韩佳丽，王志章，王汉杰. 国内外精准扶贫问题的研究进展与评述[J]. 财会月刊，2018(4)：121-125.

[17] 豆书龙，叶敬忠. 乡村振兴与脱贫攻坚的有机衔接及其机制构建[J]. 改革，2019(1)：19-29.

[18] 高强. 脱贫攻坚与乡村振兴有机衔接的逻辑关系及政策安排[J]. 南京农业大学学报(社会科学版)，2019，19(5)：15-23，154-155.

[19] 庄天慧，孙锦杨，杨浩. 精准脱贫与乡村振兴的内在逻辑及有机衔接路径研究[J]. 西南民族大学学报(人文社科版)，2018，39(12)：5.

[20] 汪三贵，冯紫曦. 脱贫攻坚与乡村振兴有机衔接：逻辑关系、内涵与重点内容[J]. 南京农业大学学报(社会科学版)，2019，19(5)：8-14，154.

[21] 李晓园，钟伟. 乡村振兴中的精准扶贫：出场逻辑、耦合机理与共生路径[J]. 中国井冈山干部学院学报，2018，11(5)：122-130.

[22] 左停. 脱贫攻坚与乡村振兴有效衔接的现实难题与应对策略[J]. 贵州社会科学，2020(1)：7-10.

[23] 廖彩荣，郭如良，尹琴，等. 协同推进脱贫攻坚与乡村振兴：保障措施与实施路径[J]. 农林经济管理学报，2019，18(2)：273-282.

[24] 冯勇，刘志颐，吴瑞成. 乡村振兴国际经验比较与启示——以日本、韩国、欧盟为例[J]. 世界农业，2019(1)：80-85，98.

[25] 于开红，付宗平，李鑫. 深度贫困地区的“两山困境”与乡村振兴[J]. 农村经济，2018(9)：16-21.

[26] 罗庆, 李小建. 国外农村贫困地理研究进展[J]. 经济地理, 2014, 34(6): 1-8.

[27] 唐任伍. 习近平精准扶贫思想阐释[J]. 人民论坛, 2015(30): 28-30.

[28] 肖正中，陈熹，杨秀春，等. 精准扶贫工作机制探讨——基于施秉县新光村扶贫实践[J]. 湖南农业科学，2017(6): 98-101, 106.

[29] 何小英. 技术创新的生态化与可持续发展研究[D]. 长沙: 湖南大学, 2002.

[30] 陆宏芳, 蓝盛芳, 李雷, 等. 评价系统可持续发展能力的能值指标[J]. 中国环境科学, 2002(4): 93-97.

[31] 郭少锋. 城市工业废弃地生态修复与更新思路初探[D]. 天津：天津大学，2007.

[32] 柏建伟. 延边州林业产业可持续发展研究[D]. 延吉：延边大学，2010.

[33] 荆立新. 东北国有林区林业生态经济发展模式研究[D]. 哈尔滨：东北林业大学，2009.

[34] 徐晖. 东营市社会经济发展战略研究[D]. 济南：山东大学，2008.

[35] 人民网. 习近平总书记在全国脱贫攻坚总结表彰大会上的重要讲话在滨海新区引起热烈反响[EB/OL]. http://tj.people.com.cn/n2/2021/0226/c375366-34595439.html，[2021-02-26].

[36] 吴琼. 海岛及其周围海域监视监测指标体系研究[D]. 青岛：中国海洋大学，2013.

[37] 中共中央，国务院. 关于全面推进乡村振兴加快农业农村现代化的意见[N]. 人民日报，2021-02-22.

[38] 中共中央，国务院. 关于实施乡村振兴战略的意见[N]. 人民日报，2018-02-05.

[39] 何晓丽. 中共达州市委关于决战决胜扶贫攻坚同步全面建成小康社会的决定[N]. 达州日报，2015-07-31.

[40] 四川省人民政府网. 关于打赢脱贫攻坚战三年行动的实施意见(摘要)[EB/OL]. http://www.sc.gov.cn/10462/10464/10797/2018/10/29/10461666.shtml，[2018-10-29].

[41] 桂丹倪，陈小玲，蒲正杰. 脱贫奔康的达川答卷[N]. 达州日报，2020-12-31.

[42] 四川省人民政府网. 中共四川省委关于集中力量打赢扶贫开发攻坚战 确保同步全面建成小康社会的决定[EB/OL]. http://www.sc.gov.cn/10462/12771/2015/7/16/10343771.shtml，[2015-07-16].

[43] 邱霞，桂丹倪. 你好，小康! [N]. 达州日报，2021-03-03.

[44] 曹芮铭. 达川区：让优秀文化遗产“活”起来[N]. 达州日报，2018-12-12.

[45] 何帮明，李晓波，李仕斌. 达川区有效保护与合理利用文化遗产资源的实践与思考[J]. 达州新论，2016(3)：50-51.

[46] 习近平. 高举中国特色社会主义伟大旗帜 为全面建设社会主义现代化国家而团结奋斗——在中国共产党第二十次全国代表大会上的报告[M]. 北京：人民出版社，2022.

[47] 陈占江. 乡村振兴的生态之维：逻辑与路径——基于浙江经验的观察与思考[J]. 中央民族大学学报(哲学社会科学版)，2018，45(6)：55-62.

[48] 刘姣，刘欢. 达川区：一场由表及里的嬗变[N]，达州日报，2019-06-20.

[49] 黄松. 推动新时代乡村文化振兴的路径[N]. 广西日报，2020-01-07.

[50] 本刊编辑部. 第七篇 实施文化繁荣兴盛工程 焕发“桂风壮韵”新气象[J]. 广西城镇建设，2019(9)：52-57.

[51] 王海. 乡村振兴战略背景下贫困地区农村治理路径分析——以黔西南州兴仁市波阳镇新寨村为例[J]. 重庆科技学院学报(社会科学版)，2020(5)：11-14.

[52] 刘先星，杨微. 乡情凝聚力量 回村振兴家乡[J]. 四川党的建设，2018(17)：44-45.

[53] 罗丹. 达川区探索实施公职人员回村任职[N]. 达州日报，2018-11-17.

[54] 曹立，王声啸. 精准扶贫与乡村振兴衔接的理论逻辑与实践逻辑[J]. 南京农业大学学报(社会科学版)，2020，20(4)：42-48.

[55] 姜正君. 脱贫攻坚与乡村振兴的衔接贯通：逻辑、难题与路径[J]. 西南民族大学学报(人文社会科学版)，2020，41(12)：

107-113.
[56] 韩淑予. 市政协主席会成员视察乡村振兴战略实施情况[N]. 达州日报，2020-12-05.
[57] 魏华. 奋力开创农业大市向农业强市跨越的崭新局面[N]. 达州日报，2019-03-08.
[58] 徐晓宗，罗大蒙. 农村基层党组织标准化建设机制探析——以达州党支部标准工作法为例[J]. 长白学刊，2019(4)：28-35.
[59] 曾俞皓. 推行“党支部标准工作法” 筑牢战斗堡垒[J]. 四川党的建设，2017(23)：20-21.
[60] 中国共产党第十八届中央委员会第六次全体会议. 关于新形势下党内政治生活的若干准则[N]. 人民日报，2016-11-03.
[61] 陈虹. 中共达州市委关于加强和规范党内政治生活 严格党内监督 巩固发展良好政治生态的决定[N]. 达州日报，2017-01-26.
[62] 何南观，罗丹，江吉. 巴山红旗飘[N]. 达州日报，2019-12-26.
[63] 熊建. 从严治党实施“细胞强健”工程[N]. 人民日报，2017-09-17.
[64] 陈卉彤，佘沙丽. 达川区：构建良好政治生态 干事创业显活力[J]. 四川党的建设，2017(14)：44-45.
[65] 达川组. “六制”工作法构建党群联动脱贫工作格局[J]. 四川党的建设(农村版)，2016(12)：54.
[66] 张燕. 以文明乡风助力乡村文化振兴[N]. 重庆日报，2018-08-01.
[67] 胡钰，付饶，金书秦. 脱贫攻坚与乡村振兴有机衔接中的生态环境关切[J]. 改革，2019，308(10)：141-148.
[68] 徐爽，郭小文. 乡村人才培训模式研究——以达州市达川区为例[J]. 四川农业与农机，2018(4)：43-46.
[69] 王国丽，罗以洪. 打赢脱贫攻坚战与实施乡村振兴战略衔接耦合机制研究[J]. 农业经济，2021(1)：35-37.
[70] 王冠，罗友平. 重塑乡村文化生态 助力乡村振兴[N]. 经济日报，2020-12-04.
[71] 甘忠琴. 乡村振兴战略背景下农村公共文化服务体系建设的问题与建议[J]. 农村经济与科技，2020，31(23)：286-287，291.
[72] 彭超，张效榕. 乡村产业振兴中的市场主体发展及启示[J]. 农村经营管理，2019(8)：34-35.
[73] 罗玲. 基于生态位视角的地方高校办学特色建设[J]. 长春工业大学学报(高教研究版)，2010，31(3)：21-22.
[74] 四川省委办公厅，四川省政府办公厅. 省委办公厅、省政府办公厅印发《“美丽四川·宜居乡村”推进方案(2018—2020年)》[N]. 四川日报，2018-11-16.
[75] 覃鹏. 达川区打出精准脱贫“组合拳”[N]. 达州日报，2017-11-02.
[76] 苗成斌，沙勇，李义良，等. “十四五”江苏乡村人才振兴战略研究[J]. 江苏海洋大学学报(人文社会科学版)，2020，18(6)：132-144.
[77] 谭楚甲. 全力推动乡村振兴战略开好局起好步[N]. 达州日报，2018-03-02.
[78] 高云才，常钦，李晓晴. 全面推进乡村振兴 加快农业农村现代化[N]. 人民日报，2021-02-22.

附　　录

附录 1：达川区脱贫成果巩固与乡村振兴有机衔接机制研究问卷（脱贫户专题）

您好！我们组织本次脱贫户调研是为了准确了解贫困村发展的真实状况，并及时掌握您对本村发展建设的心声和期盼，从而为更好地规划建设本村提供有效的决策依据。本问卷共有七个部分，包含较多题项，请您耐心作答，谢谢您的配合!

本调查仅用于开展科研工作，我们承诺会为您做好问卷内容保密工作，请您放心填写!请您务必根据自身的真实感受作答，再次感谢您对本次调查工作的支持!

A.农户基本情况

A1.您的姓名________；性别________；民族________。

所在地区：_______市(州)______县(市、区)______乡(镇)______村______社(组)。

A2.您的文化程度

□小学及以下　　□初中　　□职校、中专

□高中　　□大专及以上

A3.您家户籍人口有________人，其中 60 岁以上老人有________人，16 岁以下未成年人有_______人；

具有劳动能力______人，其中常年在家务农______人，常年在外打工______人；家庭常住人口______人。

A4.您家哪一年被确定为建档立卡贫困户？

□2014 年　□2015 年　□2016 年　□2017 年　□2018 年

A5.您家建档立卡的人数是_______人。

A6.您家是哪一年脱贫的？

□2014 年　□2015 年　□2016 年　□2017 年　□2018 年

A7.您家脱贫前的主要致贫原因是？

□因病　　□缺土地　　□缺资金

□因残　　□缺水　　□其他

□因学　　□缺技术

□因灾　　□缺劳力

A8.您家顺利实现脱贫的主要途径是什么(可多选，按重要性先后顺序填写)？

□特色产业的发展增加了收入　　□生态补偿

□外出务工 □子女上学负担减轻
□看病有保障 □养老保险减轻了赡养老人的负担
□居住条件改善 □其他

B.基础设施保障

B1.您家是否有安全住房？
□是 □否
B2.您家住房是否满足生产生活需要？
□满足 □不满足
B3.2014 年以来是否享受以下住房改造政策？
□易地扶贫搬迁 □彝家新寨
□危房改造 □藏区新居
□地质灾害避险搬迁 □其他
□没有享受
B3.1 若有，您是哪一年开始享受的？
□2014 年 □2015 年 □2016 年 □2017 年 □2018 年
B3.2 政府补贴______元？补贴是否到位？
□是 □否
B3.3 若借钱建房，金额是______(万元)？
B3.4 若为易地扶贫搬迁，扶贫搬迁后您家的收入来源为(可多选，按重要性顺序填写)？
□务工 □政府提供的生活保障性资金
□务农 □其他
B3.5 易地扶贫搬迁后政府解决了哪些问题(可多选)？
□就业 □无
□医疗 □其他
□教育
B3.6 您现在对易地扶贫搬迁是否满意？
□是 □否
若否，原因是____。
B4.您家有没有义务教育阶段辍学的孩子(一般指 6～16 岁)？
□有 □没有
B4.1 若有，辍学主要原因是什么？
□家庭负担不起 □身体条件不允许(生病、做手术等)
□不想上学 □其他
□上学不便
B4.2 在义务教育阶段，您家孩子享受过哪些政策(可多选)？
□免学杂费 □寄宿补贴
□免书本费 □其他

□免费营养餐

B5.您家是否购买城乡居民基本医疗保险(新农合)、大病医疗保险?

□是 □否 □不知道

B6.家里是否有人患慢性病或大病?

□是 □否

B6.1 患病期间，是否得到过医疗救助或补助?

□是 □否

B7.家庭饮用水来源是什么(可多选)?

□自来水厂供水 □村组蓄水池集中供应的山泉水

□井水 □沟塘河等地表水

□其他

B8.缺水程度情况?

□常年均有水喝

□有缺水的时候，但连续时间不到 30 天

□一年连续 30 天以上缺水

B9.是否通电?

□是 □否

B10.是否能接收到广播电视信号?

□是 □否

B11.硬化道路是否通到您家?

□是 □否

C.社会保障政策

C1.您家是否属于五保户或低保户?

□是 □否

C1.1 若是，享受了_____年。享受五保或低保的原因是什么(可多选)?

□无劳动能力 □因灾 □其他

□因病 □因残

D.扶贫小额信贷政策

D1.您是否知道扶贫小额信贷?

□是 □否

D2.您家是否借过扶贫小额贷款?

□是 □否

D2.1 若是，是否享受政府贴息?

□政府全额贴息 □政府不贴息

□政府部分贴息 □不清楚

D2.2 使用方式是什么?

□自贷自用

□户贷企用或类似情况

D2.3 是否能按期还款？

□是 □否

E.产业扶贫政策

E1.您村是否有外来产业入驻？

□是 □否

E2.是否获得资金或实物支持，自己独立发展产业？

□是 □否

E2.1 若是，自己发展了什么产业(可多选)？

□种植和养殖业

□加工业

□旅游和其他服务业

□其他

E2.2 现在该产业是否还在继续做？

□是 □否

E2.3 是否接受过专业的产业技术指导？

□是 □否

E3.是否在企业、合作社、大户的带领下发展产业？

□是 □否

E4.是否加入了合作社(成为社员)？

□是 □否

E5.您是否知道产业扶持基金？

□是 □否

E5.1 您家是否向村上借过产业扶持基金？

□是 □否

E6.产业帮扶前，您家人均年收入为______元？帮扶后，人均年收入为______元？

F.就业创业扶贫政策

F1.建档立卡以来，家里有没有人参加过就业培训？若有，有________人？

□有 □没有

F2.是否通过参加培训找到了工作或提高了就业收入？

□是 □否

F3.建档立卡以来，家里有______人通过政府安排外出务工？

F4.建档立卡以来，家里有_____人获得了稳定的本地就业机会？其中：家里_____人获得公益岗位(如保洁员、护林员等)？

F5.知不知道有扶贫车间？

□知道 □不知道

F6.您家是否有自主创业？

□是 □否

G.精准识别和精准退出机制

G1.是否在识别程序中召开村民代表大会民主评议？

□是 □否

G2.是否在识别程序中进行认定公示？

□是 □否

G3.脱贫退出时您所在村是否召开村民代表大会？

□是 □否

G4.脱贫退出时您家是否签字或者按手印认可？

□是 □否

G5.贫困户退出结果是否公示公告？

□是 □否

G6.您家对脱贫退出是否满意？

□是 □否

G7.您认为您家现阶段进一步发展最需要的帮助是什么(多选)？

□加大资金支持力度

□提高社会保障力度和覆盖率

□积极培育和推进产业发展

□加强生产和生活设施建设

□解决子女上学难的问题

□提供技能培训和技术指导

□其他需求

附录 2：四川集中连片特困地区达川区脱贫成果巩固与乡村振兴有机衔接机制研究问卷(村干部专题)

您好！我们组织本次脱贫户调研是为了准确了解贫困村发展的真实状况，并及时掌握您对本村发展建设的心声和期盼，从而为更好地规划建设本村提供有效的决策依据。本问卷共有六个部分，包含较多题项，请您耐心作答，谢谢您的配合!

本调查仅用于开展科研工作，我们承诺会为您做好问卷内容保密工作，请您放心填写！请您务必根据自身的真实感受作答，再次感谢您对本次调查工作的支持!

A. 村基本情况

A1.您所在村退出时间是：

□2016 年 □2017 年 □2018 年 □2019 年 □2020 年

A2.您所在村 2014 年底农业户籍人口______人，贫困户______人。

A3.您所在村 60 岁以上的老年人占人口总数的______%。

A4.您所在村外出打工人数占全村总人口的______%。

A5.2018 年底本村有建档立卡户______户______人。

A6.2018 年底剩余贫困户______人。

A7.2018 年底贫困发生率为_______%。

A8.您所在村村民的主要收入来源为______(可多选)。

□种植业 □务工收入

□养殖业 □土地流转、股息、利息

□自主经营 □其他

B.村“五有”情况

B1.您村村集体经济收入______元，人均______元？

主要构成明细：1.____

2.____

3.____

B2.村集体收入来源是否合理、持续稳定？

□是 □否

B3.村集体经济收入是否有健全的运行机制？

□是 □否

B4.您村通信设施是否健全？

□是 □否

B5.是否有通村硬化路？

□是 □否

B5.1 2018 年底村硬化路入户率为________%。

您所在村庄距离乡镇所在地为：

□3km 以内 □5～10km □10km 以上

B5.2 您所在村庄主干道宽度为：

□3～5m □5m 以上

B6 是否有达标卫生室？

□是 □否

B7.村卫生室业务用房面积多少平方米？

B8.有多少合格乡村医生，如执业(助理)医生或巡回医生？

B9.文化室建筑面积是多少平方米？

B10.是否有基本文化、健身器材？

□是 □否

B11.是否有室外文化、健身活动场地？

□是 □否

B12.您所在村庄是否有老年活动场所？

□是 □否

B13.规章制度是否健全？

□是 □否

C.认可度调查

C1.您对本村实施的扶贫政策是否了解？

□是 □否

C2.您对本村扶贫产业项目是否认可？

□认可 □比较认可 □不认可

C3.您对本村基础设施和公共服务设施改善状况是否认可？

□认可 □比较认可 □不认可

C4.建档立卡以来您所在村人均纯收入变化情况如何？

□大幅度提高 □有所提高

□变化不大 □没有变化

C5.您对本村脱贫攻坚工作成效是否认可？

□认可 □比较认可 □不认可

C6.根据您个人了解的相关信息，您认为目前的扶贫政策应在哪些方面做出改进(可多选)？

□基础设施 □就业岗位

□教育 □农村危房改造

□医疗卫生 □其他

□生态环境

D.产业发展情况

D1.您所在村主要生产类型为：

□种植业 □加工业 □种养结合

□养殖业 □服务业

D2.您所在村主要种植农作物是？

□大田粮食作物 □其他特色农产品

D2.1 您所在村主要特色农产品是否属于地理性标志农产品范畴(是否有地域代表性)？

□是 □否

D3.您所在村是否有转化当地产出农产品的加工企业？

□是 □否

D4.您所在村农业生产是否适合机械化操作？

□是 □否

D4.1 您所在村实现机械化程度为：

□全部实现 □部分生产环节 □没有机械化

D5.您所在村是否有农民合作组织？

□是 □否

D6.您所在村是否实现土地流转？

□是 □否

D7.您所在村农业生产是否有产前生产订单？

□是 □否

D8.您所在村是否有农资销售网点？

□是 □否

D9.您所在村在生产过程中是否有农技指导？

□是 □否

D10.您所在村从事农业生产过程中是否有市场信息渠道引导？

□是 □否

D11.您所在村所生产的农产品销售是否困难？

□是 □否

D12.您所在村是否有电商销售渠道？

□是 □否

D13.您所在村住房形式是否有地方(民族)特色？

□是 □否

D14.您所在村是否有旅游资源？

□是 □否

D14.1 您所在村是否开展乡村旅游活动？

□是 □否

D14.2 您所在村是否有独特的传统文化节庆活动？

□是 □否

D14.3 您所在村是否有宗族文化、乡贤文化、地方戏曲、传统技艺等特色传统文化？

□是 □否

D15.您是否愿意在本村发展旅游业？

□是 □否

E.对口帮扶情况

E1.您对本村精准扶贫帮扶队伍工作是否认可？

□认可 □比较认可 □不认可

E2.您所在村是否有对口帮扶单位？

□是 □否

E2.1 若有，对口帮扶单位有哪些(可多选)？

□省内对口帮扶单位 □民营企业

□国有企业 □社会组织或志愿服务机构

□金融机构

E2.2 若有，受帮扶单位有哪些(多选)？

□政府部门(单位) □学校

□乡镇(街道) □医院

□村(社区) □其他

E3.帮扶单位是否到村了解情况或落实帮扶工作？

□是 □否

E4.您所在村主要受到了哪方面的帮扶？

□资金 □技术

□人才 □设备

□其他

E5.您所在村是否引进帮扶地人才？

□是 □否

E5.1 若有，是哪些方面的人才？

□农业技术人才 □企业管理人才

□产业技术人才 □行政管理人才

E6.在帮扶的过程中，您所在村主要输出的是哪方面的资源？

□劳动力 □农产品

□木材 □土地

□其他

E7.帮扶地民营企业、社会组织和个人是否积极参加您所在村的脱贫攻坚行动？

□是 □否

E8.您所在村是否有帮扶企业退出现象？

□是 □否

E9.近年来是否有外出务工人员回乡创业？

□是 □否

E9.1 若有，创业主要在哪些方面(多选)？

□种植业 □乡村旅游业

□养殖业 □工业

E10.您认为帮扶地对您所在村发展的促进作用主要体现在哪些方面(多选)？

□改进农业技术

□改善生态环境

□完善基础设施

□提供就业岗位

□促进工业发展

E11.您认为企业帮扶是否为您所在村发展的长久之计？

□是 □否

F.村环境问题

F1.您所在村农业生产生活垃圾是否统一收集处理？

□是 □否

F2.您所在村是否有公共厕所？

□是 □否

F3.您所在村是否有统一生活污水排放设施和处理办法？

□是 □否

F4.您所在村是否有专职保洁人员？

□是 □否

F5.您认为本村脱贫攻坚工作目前还存在哪些问题？

F6 您对本村脱贫攻坚工作有何意见建议？

附录3：四川集中连片特困地区达川区脱贫成果巩固与乡村振兴有机衔接机制研究调查提纲(村干部专题)

访谈目的：国家政策执行，政府经济、资源使用，社会企业帮扶调动，农户自身动力调动。

访谈范围：本村产业发展、生态宜居、乡风文明建设、如何有效治理、降低贫富差距、增加农民收入、现存问题及未来规划。

访谈内容：

1.对于政府扶贫政策是如何理解、宣传和执行的？

2.政府政策资源主要投入哪些方面(产业、生态、生活保障、文化、基础设施等)？村委如何利用这些资源的？农户有什么态度，村委如何协调的？

3.社会帮扶主要在哪些方面(产业、文化、基础设施、生态、监管等)？村委怎么参与社会帮扶工作？农户的态度如何，村委如何协调的？

4.如何调动农户脱贫致富积极性(产业、文化、生态环境、监管、基础建设、生活保障等)？

5.本村现有产业发展市场回报率和持续性如何，对本村是否有经济带动作用(如有业主，如何吸引业主来本村发展，与业主的合作方式有哪些)？农户对于产业有什么态度，如何协调调动其积极性？选择该产业的原因是什么？产业继续发展有什么问题？未来对此产业有什么规划(是否融入文化或者转型)？

6.本村文化习俗还在传承吗？本村是否有村规民约？学校覆盖率和师资力量如何？在教育文化方面未来有何规划？

7.本村是否适合发展乡村旅游？是否具备发展乡村旅游的条件？若有，您认为本村发展乡村旅游的主要基础是什么(政策、资源、文化等)？

8.本村基础设施现状如何？生态现状如何？污染物如何处理？农户有什么意见？生活宜居方面未来有何规划？

9.扶贫三步化工作如何监管？来自政府、社会力量等的资金如何使用?如何具体到户或项目？本村综合服务站修建依据是什么？党支部书记有兼任村委会主任吗(如有，主要原因是什么)？本村集体经济的占比和收入用途是什么？现今治理上有什么难点和重点呢？监管过程是否有农户参与，如何调动农户配合治理？组织治理方面未来有何规划？

10.在前期的脱贫工作中，作为村干部，您认为哪些方面的工作为乡村振兴的五大振兴提供了支持和保障？

11.对于五大振兴，本村有何规划呢？是否有侧重？

附录 4：四川集中连片特困地区达川区脱贫成果巩固与乡村振兴有机衔接机制研究调查提纲(产业业主专题)

访谈目的：业主运营，当地政府政策结合，贫困户脱贫的连接。

访谈范围：业主前来发展的原因、成本投入量、市场回报率、产出效益、产业类型、投资动机以及目的、承包土地年限和价格、劳动力需求、与政策结合的具体手段、技术支持、产业稳定性、现存问题及未来规划。

访谈内容：

1.来当地发展的原因和目的是什么？是否为本地居民？

2.现今投入的资金为多少？现发展的产业是什么？为什么要选择这个产业？

3.来当地发展，政府的态度如何？获得了政府的哪些支持(经济、技术、政策、基础设施、市场等)？

4.来村上发展，村委会和当地村民的态度如何？获得了他们的哪些支持？

5.是否承包当地土地，如有，年限和价格是多少？

6.对劳动力的需求有哪些（如人数、年龄、学历等）？对于解决本村劳动力(贫困户)有什么条件?

7.现发展产业的市场性如何？市场的来源是否含有订单？成交率如何？

8.现有产业的产出如何，市场回报率大致为多少？和预期收益是否匹配？

9.现有产业发展的稳定性如何，后期有何规划？

10.现有产业给当地带来了多少收入？

11.产业发展到现在存在哪些问题？

12.未来产业发展的重心和特色是什么？

13.如果本村发展乡村旅游，您的产业是否能起到支持作用？能否从中取得收益?

14.在乡村振兴政策下，对于产业经营是否有规划？

15.作为业主，您认为产业对于支持乡村振兴的作用有哪些？